费孝通

江村经济

内蒙古人民出版社

图书在版编目（C I P）数据

江村经济 / 费孝通著. -- 呼和浩特 : 内蒙古人民出版社, 2010.4（2019.3 重印）

ISBN 978-7-204-10392-8

Ⅰ. ①江… Ⅱ. ①费… Ⅲ. ①农村－社会调查－吴江市②农村－社会调查－禄丰县 Ⅳ. ①D668

中国版本图书馆 CIP 数据核字(2010)第 058157 号

江村经济

作　　者　费孝通

责任编辑　王东生 王占英 王继雄 徐　飞
封面设计　严　萧
出版发行　内蒙古人民出版社
地　　址　呼和浩特市新城区中山东路 8 号波士名人国际 B 座 5 层
网　　址　http://www.impph.cn
印　　刷　呼和浩特市圣堂彩印有限责任公司
开　　本　880×1230　1/32
印　　张　12
字　　数　306 千字
版　　次　2010 年 7 月第 1 版
印　　次　2019 年 3 月第 2 次印刷
书　　号　ISBN　978-7-204-10392-8
定　　价　30.00 元

目　录

江村经济

乡土重建

江村经济[1]

——长江流域农村生活的实地调查

献给我的妻子王同惠

① 本文是作者1938年根据在家乡农村的调查材料用英文写成的博士论文。1939年出版。由于种种原因，一直到1984年作者才委托戴可景同志翻译成中文。

序[①]

我敢于预言费孝通博士的《中国农民的生活》（又名《江村经济》——译注）一书将被认为是人类学实地调查和理论工作发展中的一个里程碑。此书有一些杰出的优点，每一点都标志着一个新的发展。本书让我们注意的并不是一个小小的微不足道的部落，而是世界上一个最伟大的国家。作者并不是一个外来人，在异国的土地上猎奇而写作的；本书的内容包含着一个公民对自己的人民进行观察的结果。这是一个土生土长的人在本乡人民中间进行工作的成果。如果说人贵有自知之明的话，那么，一个民族研究自己民族的人类学当然是最艰巨的，同样，这也是一个实地调查工作者的最珍贵的成就。

此外，此书虽以中国人传统的生活为背景，然而它并不满足于复述静止的过去。它有意识地紧紧抓住现代生活最难以理解的一面，即传统文化在西方影响下的变迁。作者在科学研究中勇于抛弃一切学院式的装腔作势。他充分认识到，要正确地解决实际困难，知识是必不可少的。费博士看到了科学的价值在于真正为人类服务。对此，科学确实经受着严峻的考验。真理能够解决问题，因为真理不是别的而是人对真正事实和力量的实事求是。当学者被迫以事实和信念去迎合一个权威的教义需要时，科学便被出卖了。在欧洲某些国家里就有这种情况。

费博士是中国的一个年轻爱国者，他不仅充分感觉到中国目前的悲剧，而且还注意到更大的问题：他的伟大祖国，进退

① 本文是作者的老师布·马林诺斯基教授1938年为《江村经济》英文版所作的序。

维谷，是西方化还是灭亡？既然是一个人类学者，他毕竟懂得，再适应的过程是何等地困难。他懂得这一过程必须逐步地、缓慢地、机智地建立在旧的基础之上。他深切地关注到，这一切改变应是有计划的，而计划又须是以坚实的事实和知识为基础的。

此书的某些段落确实可以被看做是应用社会学和人类学的宪章。“中国越来越迫切地需要这种知识，因为这个国家再也承担不起因失误而损耗任何财富和能量。”费博士清晰地看到，纵然有最好的意图和理想的目的，如果一开始对变化的环境有错误的理解和看法，那么，计划也必定是错误的。“对形势或情况的不准确的阐述或分析，不论是由于故意的过错或出于无知，对这个群体都是有害的”，因为这会造成这样的错误：预先假设了不存在的力量或是忽视了前进道路上的障碍。

我感到，还必须引述前言中的一段话，“如果要组织有效果的行动并达到预期的目的，必须对社会制度的功能进行细致的分析，而且要同它们意欲满足的需要结合起来分析，也要同它们的运转所依赖的其他制度联系起来分析，以达到对情况的适当的阐述。这就是社会科学者的工作。所以社会科学者应该在指导文化变迁中起重要的作用。”这充分表达了中国文化和我们自己的文化的最大需要，也就是说，我们必须认识到，即使在机械工程中，只有傻子或疯子才会不顾科学的物理和数学而作出规划、设计或计算，故在政治行动中同样需要充分发挥理智和经验的作用。

我们的现代文明，目前可能正面临着最终的毁灭。我们只注意在机械工程中使用最合格的专家。但在政治、社会和道德力量控制方面，我们欧洲人越来越依从于疯子、狂人和歹徒。在界线的一边正越来越多地责备着那种个人随心所欲，毫无责任感或毫无恪守信义的道德义务的倾向，而在另一边我们尽管仍然可以在财富、权力和实力上具有压倒的优势，近数年来却始终不断地暴露出软弱、涣散以及对荣誉对所负的神圣义务的忽视。

我怀着十分钦佩的心情阅读了费博士那明确的令人信服的论点和生动翔实的描写，时感令人嫉妒。他书中所表露的很多箴言和原则，也是我过去在相当一段时间里所主张和宣扬的，但可惜我自己却没有机会去实践它。我们中间绝大多数向前看的人类学者，对我们自己的工作感到不耐烦，我们厌烦它的好古、猎奇和不切实际，虽然这也许是表面上的，实际并不如此。但我的自白无疑是真实的，我说过“人类学，至少对我来说是对我们过分标准化的文化的一种罗曼蒂克式的逃避”。

然而补救办法近在咫尺，如果允许我再引述我的一些其他看法的话，我认为“那面向人类社会、人类行为和人类本性的真正有效的科学分析的人类学，它的进程是不可阻挡的”。为达到这一目的，研究人的科学必须首先离开对所谓未开化状态的研究，而应该进入对世界上为数众多的、在经济和政治上占重要地位的民族的较先进文化的研究。本书以及在中国和其他地方开展的广泛的工作，证实了我的预言：“未来的人类学不仅对塔斯马尼亚人、澳洲土著居民、美拉尼西亚的特罗布里恩德群岛人和霹雳的俾格米人有兴趣，而且对印度人、中国农民、西印度群岛黑人、脱离部落的哈勒姆非洲人同样关注。”这一段引语中还包含着对现代实地调查和理论工作提出了重要的基本要求：研究文化变迁、文化接触的现象、现代文化的传播。

因此，约两年前，当我接待了燕京大学杰出的中国社会学家吴文藻教授来访，感到极大的欣慰，从他那里得知，中国社会学界已独立自发地组织起一场对文化变迁和应用人类学的真正问题进行学术上的攻关。这一学术进攻表达了我梦寐以求的愿望。

吴教授和他所培育的年轻学者首先认识到，为了解他们的伟大祖国的文明并使其他的人理解它，他们需要去阅读中国人生活这本公开的书本，并理解中国人在现实中怎样思考的。正因为那个国家有着最悠久的没有断过的传统，要理解中国历史还必须从认识中国的今天开始。这种人类学的研究方法对于现代中国学者和欧洲的一些汉学家所进行的以文字记载为依据的重要历史工作，是一种不可缺少的补充。研究历史可以把遥远过去的考古遗迹和最早的记载作为起点，推向后世；同样，亦可把现状作为活的历史，来追溯过去。两种方法互为补充，且须同时使用。

费博士著作中的原理和内容，向我们揭示了现代中国社会学派的方法论基础是多么结实可靠。本来的主要题材是对湖泽地带的平原乡村生活的一次实地考察。那水道纵横的平原是数千年来在物质上和精神上抚育中国人民的地方。不言而喻，在乡村生活、农村经济、农业人口的利益和需要中找到的主要是农业文化基础。通过熟悉一个小村落的生活，我们犹如在显微镜下看到了整个中国的缩影。

贯穿此书的两个主题是：土地的利用和农户家庭中再生产的过程。在本书中，费博士集中力量描述中国农民生活的基本方面。我知道，他打算在以后的研究中说明关于崇祀祖先的详细情况以及在村庄和城镇中广为流传的关于信仰和知识等更复杂的体系。他还希望终有一日将自己的和同行的著作综合起来，为我们展示一幅描绘中国文化、宗教和政治体系的丰富多彩的画面。对这样一部综合性著作，像本书这样的专著当是第一步。费博士的书和他同行的贡献，将成为我们可能完成的精雕细琢的镶嵌品中的一件件珍品。①

① 已经完成的作品，大多用中文写成，有下列诸题：《山东邹平的贸易系统》，杨庆堃著；《河北农村社区的诉讼》，徐雍舜著；《河北农民的风俗》，黄石著；《福州的族村》，林耀华著；《动变中的中国农村教育》，廖泰初著；《花蓝瑶社会组织》，费博士及夫人著。正在进行研究的有李有义的《山西的土地制度》，及郑安仑的《福建和海外地区移民的关系问题》。

序言作者的任务并不是再来复述一番本书已经动人地描述过的内容。随着本书的描述，读者本身将自然地被带入故事发生的地点：那可爱的河流，纵横的开弦弓村。他将看到村庄的河流、桥梁、庙宇、稻田和桑树的分布图，此外，清晰的照片更有助于了解这个村庄。他将欣赏到具体资料、数据和明晰地描述三者之间很协调的关系。对农村生活、农民生活资料、村民的典型职业的描述以及完美的节气农历和土地占有的准确定义等都为读者提供了一种深入的确实的资料，这在任何有关的中国文献中都是十分罕见的。

我已得到允许，引述E·丹尼森·罗斯爵士在读了该书手稿以后的一段话，他阐明了该书在科学文献中的地位："我认为这篇论文是相当特殊的。据我所知，没有其他作品能够如此深入地理解并以第一手材料描述了中国乡村社区的全部生活。我们曾经有过统计报告、经济研究和地方色彩浓厚的小说——但我未曾发现有一本书能够回答好奇的陌生人可能提出的各种问题。"这里所说的"好奇的陌生人"就是丹尼森·罗斯爵士，他恰是一个科学家、历史学家和世界知名的东方学专家。

我个人认为或许有关蚕丝业的这一章是本书最成功的一章。它向我们介绍了家庭企业如何有计划地变革成为合作工厂，以适应现代形势的需要。它证明，社会学需要研究社会工程的有关实际问题。它提出了一些附带的问题，我想这些问题将成为中国和其他地方的另一些研究的起点。

在这一章和其他很多章节的论据中，我们能够发现著书的道德品质，请允许我强调提出这一点，虽然这本书是一个中国人写给西方读者看的，文字中没有特殊的辩护或自宥的流露。相反倒是一种批评和自我批评。在"中国的土地问题"这一章中我们可以读到"国民党政府在纸上写下种种诺言和政策。但事实上，它把绝大部分收入都耗费于反共运动，所以它不可能采取任何实际行动和措施来进行改革，而共产党运动的实质，正如我所指出的，是由于农民对土地制度不满而引起的一种反抗。尽管各方提出各种理由，但有一件事是清楚的，农民的境况是越来越糟糕了。自从政府重占红色区域以来到目前为止，中国没有任何一个地区完成了永久性的土地改革。”这样一种公开批评政府不当行为的社会学工作，现在仍然进行着，想必得到政府的鼓励，这一方面证明了中国青年社会学家的正直和团结，另一方面也说明了官方的明智。

作者的一切观察所具有的特征是，态度尊严、超脱、没有偏见。当今一个中国人对西方文明和西方国家的政治有反感，这是可以理解的。但本书中未发现这种迹象。事实上，通过我个人同费博士和他的同事的交往，我不得不羡慕他们不持民族偏见和民族仇恨——我们欧洲人能够从这样一种道德态度上学到大量的东西。看来中国人是能够区别民族和政治制度的。日本作为一个民族来说，他们对它甚至不怀仇恨。在本书第一页上，作者提到这个侵略国，冷静地评价它的作用在于迫使中国建立起一条统一战线并调整它的某些基本的经济和社会问题，从而巩固了中国。我们所了解、评价，甚至逐渐依恋的那个村庄，现在可能已被破坏。我们只得响应作者预言式的愿望：在这个村庄和其他许多村庄的废墟中，“内部冲突和耗费巨大的斗争最后必将终止”，“一个崭新的中国将出现在这个废墟之上”。

布·马林诺斯基

1938年10月15日于伦敦大学人类学系

《江村经济》中译本前言①

本书是1939年英国Routledge书局出版我所写*Peasant Life in China*一书的中译本，原书扉页有《江村经济》中文书名，今译本即沿用此名。这书的翻译工作原应由我自己动笔，但在该书有条件翻译时，我一直忙于其他事务，无暇及此。今由戴可景同志译出，无任感激。应译者要求，我在书前说一说这书写作和翻译的经过。

这本书的写成可说是并非出于著者有意栽培的结果，而是由于一连串的客观的偶然因素促成的。话要从1935年我从清华大学研究院毕业时说起。我毕业后由该校社会学及人类学系推荐，取得该校公费留学资格。按惯例应于该年暑假出国，但出于指导我研究工作的导师史禄国教授的主张，在出国前应到少数民族地区实地调查一年，因偕前妻王同惠赴广西大瑶山。该年冬，在瑶山里迷路失事，妻亡我伤。经医治后，我于翌年暑期返乡休息，准备出国。在此期间，我接受家姊费达生的建议，去吴江县庙港乡开弦弓村参观访问，她在该村帮助农民建立的生丝精制运销合作社。我被这个合作社所吸引，在该村进行了一个多月的调查。在出国前夕才离开该村。这次调查并不是有计划的，是出于受到了当时社会新事物的启迪而产生的自发行动。

我去英国，乘坐一艘意大利的邮轮“白公爵”，从上海到

① 本文是1985年作者为《江村经济》中译本写的前言。

威尼斯航程要两个多星期。我在船上无事，趁我记忆犹新，把开弦弓调查的资料整理成篇，并为该村提了个学名叫“江村”。到了英国，进入伦敦经济学院人类学系。最初见到该系Reader，Raymond Firth博士，他负责指导我选择论文题目。我原来打算以《花蓝瑶社会组织》作底子编写论文。随后我谈到曾在江村进行过调查，他看了我已经整理出来的材料，主张编写《江村经济》这篇论文。不久该系教授B. Malinowski从美国讲学返英，我向他汇报了江村调查经过和内容，他决定直接指导我编写这篇论文的工作。该论文中主要的几章都在他主持的有名的“今天的人类学”讨论班上宣读、讨论、修改、重写过的。1938年春季，我申请论文答辩，通过后，由伦敦大学授予我博士学位。博士证明书上所标明的论文题目是：“开弦弓，一个中国农村中的农民生活。”

论文通过的那天晚上，由导师Malinowski把这篇论文介绍给Routledge书局出版。书局编辑阅后建议书名改为《中国农民的生活》。我看过该书清样后，离英返国，已是1938年的初秋。我记得，由于在轮船上得到广州沦陷的信息，所以临时决定在西贡登陆，直奔云南昆明。到了云南，不久就开始我的内地农村调查。

该书是1939年出版的，其时欧洲已发生战事。全球战乱连年，我已把这书置之脑后。我仿佛记得直到战后我回到清华园，才接到书店寄给我的这本书，当时届解放前夕，时局紧张，我哪里有闲情来想到翻译此书。解放后，我参加民族调查工作，此书的译事提不到日程上来。1956年英伦老同学W. R. Geddes博士，澳大利亚悉尼大学教授，参加该国文化代表团访华，得到周恩来总理的同意，访问了江村。他引起了我重访江村的兴趣。翌年成行，在调查工作进行过程中，有事返京，适逢反右斗争。在《新观察》发表的《重访江村》连载报告尚未结束，我已遭殃及，被错划右派。在被批判中，即使这本书并未译成中文发行，它还是作为一项“流毒深远”的“罪证”。

“文革”后期，我国对外开放，不断有西方学者来华访问，从他们的口上，我才知道，该书已重印了三次。在许多大学的人类学课程中把它列为必读参考书。还有不少现已成名的人类学者告诉我，这本书启发了他们研究人类学和研究中国社会的兴趣。我当时不免担心，生恐其“流毒”太广，增加我的“罪行”。这种历史条件排除了翻译该书的可能性。

这一页历史终于翻过去了。1981 年我得到老师 Raymond Firth 的来信，他告诉我：英国皇家人类学会将在 1981 年授我赫胥黎奖章。这是这门学科中最高的荣誉。他并说《中国农民的生活》又重印发行，建议我在接受奖章时要宣读的论文，最好是叙述江村在 40 多年中的变化。我因此又到江村进行了短期的访问，写了《三访江村》这篇文章。

从伦敦回国，我又回江村继续我的农村调查。1982 年就从江村作为起点“更上一层楼”开始研究作为农村政治、经济、文化中心的小城镇。从吴江县各镇入手，逐步扩大研究范围，包括苏州、无锡、常州、南通四个市。1984 年又扩大到苏北及南京、镇江两市。小城镇的研究，从我个人来说是江村研究的继续。在这段工作中，我已感到有需要把《江村经济》翻译出来给一起调查的同仁们作参考之用，而且江苏人民出版社已约定出版这个译本。但是我自己这几年恢复了学术活动，任务较重，实在抽不出时间和精力来做这项翻译工作。所以只能委托戴可景同志代劳。她在 1984 年就已经完成译稿，又请潘乃穆同志校阅过一遍。她把译稿交给了我，搁在我书架上，一搁几乎有一年。我应该对译者表示歉意。

屈指一算，离我最初在江村调查时，明年是整整半个世纪了。我自幸在今生能看到这项偶然形成的研究成果取得了国际上的承认，又在国内恢复了名誉。另一方面，经过这将近50年的阅历，自己对这本早年的著作，总觉得有许多不能惬意之处。作为我个人在人生道路上的一个脚印，自当珍惜；作为国家社会历史的一些历史记录，固然也有它存在的价值；但是我既然还活着，而且尚能工作，自觉有责任再把江村在这半个世纪里的变化写下来，作这本书的续编，并当尽力把这段时期自身的长进来补足早年的不足。因而，我决定和上海大学社会学系合作进行为期两年的江村再调查，编写一本《江村五十年》。在准备这项研究计划时，我才挤出时间，把译稿重读了一遍，做了些必要的修正后，交付出版。至于它的续编在两年之后是否能出世，目前还是难于预知之事，但是我自己是有决心去完成这个自己给自己规定的任务。

以上是本书中译本诞生的经过，就以此作为前言，写在译本的前面。

1985年4月15日

第一章　前　言

这是一本描述中国农民的消费、生产、分配和交易等体系的书，是根据对中国东部，太湖东南岸开弦弓村的实地考察写成的。它旨在说明这一经济体系与特定地理环境的关系，以及与这个社区的社会结构的关系。同大多数中国农村一样，这个村庄正经历着一个巨大的变迁过程。因此，本书将说明这个正在变化着的乡村经济的动力和问题。

这种小范围的深入实地的调查，对当前中国经济问题宏观的研究是一种必要的补充。在分析这些问题时，它将说明地区因素的重要性并提供实事的例子。

这种研究也将促使我们进一步了解传统经济背景的重要性及新的动力对人民日常生活的作用。

强调传统力量与新的动力具有同等重要性是必要的，因为中国经济生活变迁的真正过程，既不是从西方社会制度直接转渡的过程，也不仅是传统的平衡受到了干扰而已。目前形势中所发生的问题是这两种力量相互作用的结果。例如对我们观察的这个村庄的经济问题，只有在考虑到两方面的情况时才能有所理解，一方面是由于世界工业的发展，生丝价格下跌，另一方面是以传统土地占有制为基础的家庭副业在家庭经济预算中的重要性。对任何一方面的低估都将曲解真实的情况。此外，正如我们将在以后的描述中所看到的，这两种力量相互作用的产物不会是西方世界的复制品或者传统的复旧，其结果如何，将取决于人民如何去解决他们自己的问题。正确地了解当前存在的以实事为依据的情况，将有助于引导这种变迁趋向于我们所期望的结果。社会科学的功能就在于此。

文化是物质设备和各种知识的结合体。人使用设备和知识以便生存。为了一定的目的人要改变文化。一个人如果扔掉某一件工具，又去获取一件新的，他这样做，是因为他相信新的工具对他更加适用。所以，任何变迁过程必定是一种综合体，那就是：他过去的经验、他对目前形势的了解以及他对未来结果的期望。过去的经验并不总是过去实事的真实写照，因为过去的实事，经过记忆的选择已经起了变化。目前的形势也并不总是能得到准确的理解，因为它吸引注意力的程度常受到利害关系的影响。未来的结果不会总是像人们所期望的那样，因为它是希望和努力以外的其他许多力量的产物。所以，新工具最后也可能被证明是不适合于人们的目的。

对社会制度要完成一个成功的变革是更加困难了。当一种制度不能满足人民的需要时，甚至可能还没有替代它的其他制度。困难在于社会制度是由人际关系构成的，只有通过一致行动才能改变它，而一致行动不是一下子就组织得起来的。另外，社会情况通常是复杂的，参与改革的一个个人，他们的期望也可以各不相同。所以在社会变革的过程中，为组织集体行动，对社会情况需要有一个多少为大家所接受的分析和定义以及一个系统的计划。这种准备活动一般都需要一种语言形式。最简单的形式如一个船长在指挥一条船航行时，对他的船员们发出命令。又如在议会或国会里进行一场有准备的辩论。对形势或情况的不同解释和关于结果的各种期望形成辩论的中心。无论如何，这样的准备活动总是会在有组织的革新活动中出现的。

对形势或情况的不准确的阐述或分析，不论是由于故意的过错或出于无知，对这个群体都是有害的，它可能导致令人失望的后果。本书有许多例子说明了对情况或形势的实事求是的阐述或分析的重要性。下面我想先提几个例子：在亲属组织中，目前法律对财产继承问题的规定似已成为两性不平等的实例。一旦男女平等的思想被接受，这样的规定将产生一种修改单方亲属原则的行动。正如我要说明的，财产的继承是两代人之间相互关系的一部分。供养老人的义务，落在子女身上的社会里。在目前父居家庭的婚姻制度下，女儿和儿子不能分担同等的义务。因此，双系继承与单方立嗣相结合将形成两性的不平等。从这一点来看，立法的后果显然与期望是背道而驰的（四章六节）。

有时，对情况或形势的阐明或分析可能是正确的，但不完整。例如，在缫丝工业中，改革者主要从技术方面来分析情况，忽略了在丝价下降中国际贸易的因素，这就导致多年来，对村民许下的从工业中增加收入的诺言，未能实现（十一章八节）。

如果要组织有效果的行动并达到预期的目的，必须对社会制度的功能进行细致的分析，而且要同它们意欲满足的需要结合起来分析，也要同它们的运转所依赖的其他制度联系起来分析，以达到对情况的适当的阐述。这就是社会科学者的工作。所以社会科学应该在指导文化变迁中起重要的作用。

中国越来越迫切地需要这种知识，因为这个国家再也承担不起因失误而损耗任何财富和能量。我们的根本目的是明确的，这就是满足每个中国人共同的基本需要。大家都应该承认这一点。一个站在饥饿边缘上的村庄对谁都没有好处。从这个意义上说，对这些基本措施，在中国人中间应该没有政治上的分歧。分歧之处是由于对事实的误述或歪曲。对人民实际情况的系统反映将有助于使这个国家相信，为了恢复广大群众的正常生活，现在迫切地需要一些政策。这不是一个哲学思考的问题，更不应该是各学派思想争论的问题。真正需要的是一种以可靠的情况为依据的常识性的判断。

目前的研究，仅仅是一群懂得了这一任务的重要性的中国青年学生们的初步尝试。在福建、山东、山西、河北和广西都开展了同样的研究。将来还会有更广泛的、组织得更好的力量，继续进行研究。我不太愿意把这本不成熟的书拿出来，它之所以不成熟，是因为日本人占领并破坏了我所描述的村庄，我被剥夺了在近期做进一步的实地调查的机会。但我还是要把本书贡献出来，希望它能为西方读者提供一幅现实的画面，这就是：我的人民肩负重任，正在为当前的斗争付出沉痛的代价。我并不悲观，但肯定地说这是一场长期而严重的斗争。我们已做了最坏的准备，准备承受比日本的炸弹和毒气还会更坏的情况。然而我确信，不管过去的错误和当前的不幸，人民通过坚持不懈的努力，中国将再一次以一个伟大的国家屹立在世界上。本书并不是一本消逝了的历史的记录，而是将以百万人民的鲜血写成的世界历史新篇章的序言。

第二章　调查区域

一、调查区域的界定

为了对人们的生活进行深入细致的研究，研究人员有必要把自己的调查限定在一个小的社会单位内来进行。这是出于实际的考虑。调查者必须容易接近被调查者以便能够亲自进行密切的观察。另一方面，被研究的社会单位也不宜太小，它应能提供人们社会生活的较完整的切片。

A·拉德克利夫-布朗教授、吴文藻博士和雷蒙德·弗思博士①曾经讨论过这个基本问题。他们一致认为，在这种研究的最初阶段，把一个村子作为单位最为合适。弗思博士说，应当"以一个村作研究中心来考察这村居民相互间的关系，如亲属的词汇、权力的分配、经济的组织、宗教的皈依以及其他种种社会联系，并进而观察这种种社会关系如何相互影响，如何综合以决定这社区的合作生活。从这研究中心循着亲属系统、经济往来、社会合作等路线，推广我们的研究范围到邻近村落以及市镇。"

村庄是一个社区，其特征是，农户聚集在一个紧凑的居住区内，与其他相似的单位隔开相当一段距离（在中国有些地区，农户散居，情况并非如此），它是一个由各种形式的社会活动组成的群体，具有其特定的名称，而且是一个为人们所公认的事实上的

① A·拉德克利夫-布朗（A. Radcliffe-Brown）教授于1935年在北平燕京大学就深入研究中国农村的问题作了讲演；接着，吴文藻博士在天津《益世报》的《社会研究》周刊上就这个问题发表了一系列文章。近来，雷蒙德·弗思（Raymond Firth）博士在《中国农村社会团结性的研究》一文中讨论了这个问题。此文刊登在《社会学界》第10卷中。

社会单位。

这样一个村庄并没有正式进入保甲制。保甲制是中国的一种新的行政体制，是为了某种特殊目的而人为地设置的（六章五节）。开弦弓村在1935年才有这种制度。因此很难说得清，这种法律上的保甲单位，究竟到什么时候才能以其不断增长的行政职能取代现存的事实上的群体。但目前，在实施过程中，保甲制仍然大多流于形式。因此，我们所研究的单位必须是实际存在的职能单位——村庄。我们研究的目的在于了解人民的生活。

在目前阶段的调查中，把村庄作为一个研究单位，这并不是说村庄就是一个自给自足的单位。在中国，地方群体之间的相互依存，是非常密切的，在经济生活中尤为如此。甚至可以说，在上半个世纪中，中国人民已经进入了世界的共同体中。西方的货物和思想已经到达了非常边远的村庄。西方列强的政治、经济压力是目前中国文化变迁的重要因素。在这一点上有人可能会问，既然如此，那么在这样一个小的地区，在一个村庄里搞实地调查，对于这种外来力量及其所引起的变迁会取得什么进一步的了解呢？

显然，身处村庄的调查者不可能用宏观的眼光来观察和分析外来势力的各种影响。例如，由于世界经济萧条及丝绸工业中广泛的技术改革引起了国际市场上土产生丝价格的下跌，进而引起农村家庭收入不足、口粮短缺、婚期推迟以及家庭工业的部分破产。在这种情况下，实地调查者必须尽可能全面地记录外来势力对村庄生活的影响，但他当然应该把对这些势力本身的进一步分析留给其他学科去完成。调查者应承认这些事实，并且尽力约束自己去跟踪那些可以从村庄生活中直接观察到的影响。

对这样一个小的社会单位进行深入研究而得出的结论并不一定适用于其他单位。但是，这样的结论却可以用作假设，也可以作为在其他地方进行调查时的比较材料。这就是获得真正科学结论的最好方法。

二、地理状况

我所选择的调查地点叫开弦弓村，坐落在太湖东南岸，位于长江下游，在上海以西约 80 英里的地方，其地理区域属于长江三角洲。G. B. 克雷西曾经这样描述该区域的地理概况："在长江平原的土地上，布满了河流与运河。世界上大概再也没有其他地区会有那么多可通航的水路。长江、淮河及其支流形成了一条贯穿这个区域的通道，颇为壮观。不但河流多，而且还有许多大小湖泊，其中主要有洞庭湖、鄱阳湖、太湖、洪泽湖。然而赋予这个地貌以最显著的特征的是人工河渠。这些河渠正是生活的命脉。在长江三角洲地区，河渠形成了错综复杂的网络，起着人工水系的作用，取代了河流。据 F. H. 金的估计，仅三角洲南部的河渠长度就有 2.5 万英里左右。"

"这个地区是复合冲积平原，由长期以来河流带来的泥沙淤积而成，只有少数孤立的山丘，大部地区是平川。乡下土地平坦，但是无数的坟墩和村子周围的树林遮住了视线。这里，无论是乡村或城市的居住区都比北方地区人口密集。但由于气候、地理位置等因素的共同作用，使得这里成为中国最繁荣的地方。"①

"长江平原……显然受夏季季节风的影响……也经受大陆性旋风的巨大威力。"

"由于纬度偏南，夏季呈亚热带气候，气温经常升至 38 摄氏度……整个地区平均降雨量约为 1200 毫米(45 吋)……春、夏季多雨，6 月份的雨量很多。自 10 月至来年 2 月，气候较为干燥，天空晴朗，气温宜人，这时候，是一年中最爽快的季节。"

---

① 《中国的地理概况》(*China's Geographical Foundation*)，1934 年，第 283 页。

“冬天的气温，难得一连数日都在零下，在较冷的夜间才结薄冰，很少下雪……在上海，夏季平均最高气温37摄氏度，冬季平均最低气温为零下7摄氏度。”

“长江平原一年四季，大部分时间的气候条件都有利于农业，生长季节约持续300天。”①

这个地区之所以在中国经济上取得主导地位，一方面是由于其优越的自然环境，另一方面是由于它在交通上的有利位置。该地区位于长江和大运河这两条水路干线的交叉点上。这两条水路把这个地区与中国西部和北部的广大疆土联结起来。作为沿海地区，自从通过远洋运输发展国际贸易以来，它的重要性与日俱增。该地区的港口上海，现已发展成为远东的最大城市。这里的铁路系统也很发达，已经修建了两条重要线路，一条从上海经苏州至南京；另一条由上海经嘉兴至杭州。最近，也就是在1936年，苏州与嘉兴之间又增加了一条新线路，与上述两条干线形成环行铁路。为了便利地区内的交通，还修建了汽车路；除此之外，还广泛利用了运河及改成运河的河道进行交通运输。

该地区人口密集，大多数人口居住在农村。如从空中俯视，可以看见到处是一簇簇的村庄。每个村子仅与邻村平均相隔20分钟路的距离。开弦弓只不过是群集在这块土地上成千上万个村庄之一。

在数十个村庄的中心地带就有一个市镇。市镇是收集周围村子土产品的中心，又是分配外地城市工业品下乡的中心。开弦弓所依傍的市镇叫震泽，在开弦弓以南约4英里，坐手摇船单程约需两个半小时。震泽地处太湖东南约6英里，大运河及苏嘉线以西约8英里。目前，可乘轮船或公共汽车到达苏嘉线

---

① 《中国地理概况》(*China's Geographical Foundation*)，1934年，第295页。

的平望站。通过现有的铁路线，可在 8 小时以内从震泽到达上海。开弦弓的地理位置及其与上述各城市及集镇间的关系，详见所附图 1、2。

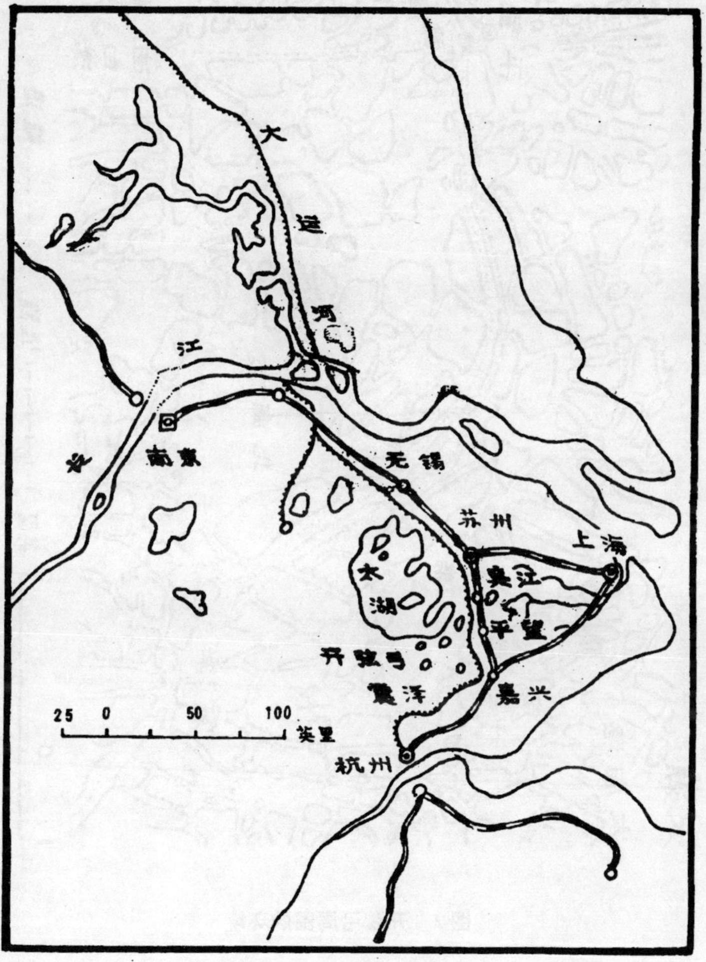

图 1　长江下游流域

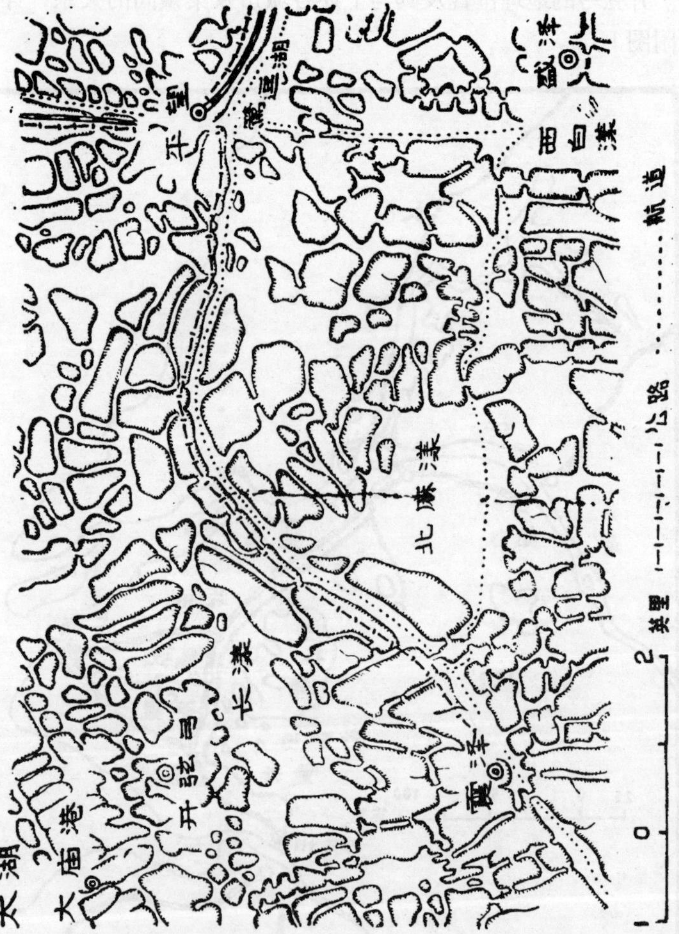

图 2　开弦弓周围的环境

三、经济背景

在这里，人文地理学者会正确地从人们所占据的土地的自然条件推论人们的职业。一个旅客，如果乘火车路经这个地区时，将接连不断地看到一片片的稻田。据估计，开弦弓 90% 以上的土地都用于种植水稻。该村每年平均产米 1.8 万蒲式耳（十章二节）。仅一半多一点的粮食为人们自己所消费（七章五节）。村里极少有完全不干农活的人家。占总户数约 76% 的人家以农业为主要职业（八章一节）。一年中，用于种稻的时间约占 6 个月（九章三节）。人们靠种稻挣得一半以上的收入（十二章二节）。因而，从任何一个角度看，种植水稻是居于首位的。

此地不仅产米，人们还种麦子、油菜籽及各种蔬菜，尽管它们与主要作物相比是无足轻重的。此外，江河里尚有鱼、虾、蟹及各种水生植物等，这些都是当地的食物。

桑树在农民的经济生活中起着重要的作用。人们靠它发展蚕丝业。赖特早在 1908 年写道："白色生丝，即欧洲市场中的'辑里丝'，是中国养蚕农家用手抽制的……最佳生丝产自上海附近地区，该地区出口的丝占出口额的绝大部分。"①

蚕丝业在整个地区非常普遍，在太湖周围的村庄里尤为发达。据当地人说，它之所以成为该地特产是由于水质好。据说，所谓的"辑里丝"仅产于开弦弓周围方圆 4 英里的地带。这一说法的真实性暂且不论，但这个村庄在当地乡村工业中的重要地位确是毫无疑问的。在繁荣时期，这个地带的丝不仅在

---

① 阿诺德·赖特编：《香港、上海及中国其他通商口岸二十世纪印象记》，（Arnold Wright, ed. *Twentieth Century Impression of Hong Kong, Shanghai and Treaty Ports of China*），第 291 页。

中国蚕丝出口额中占主要比重，而且还为邻近的盛泽镇（见图2）丝织工业的需要提供原料。在丝织业衰退之前，盛泽的丝织业号称“日出万匹”。

现代制丝业的先进生产技术引进日本、中国之后，乡村丝业开始衰退。这一工业革命改变了国内乡村手工业的命运。

“1909年以前……中国蚕丝出口量比日本大。例如1907年，两国出口量几乎相同。但到1909年，日本蚕丝出口便超过了中国，而且从此以后，日本一直保持优势。事实上近年来，日本的出口量几近中国的三倍。从我国外贸角度来看，自从1909年以来，蚕丝逐年减产。以前，蚕丝通常占我国出口总额的20%～30%，而从1909年至1916年的平均数下降至17%。”①

尽管如此，一直到1923年，蚕丝的产量虽不规则，但一直是在增加的。由于蚕丝价格下跌，出口量的增长并不一定意味着收入的增加。从1923年以后，出口量便就此一蹶不振。1928年至1930年间，出口量下降率约为20%。②1930年至1934年间，下降得更为迅速。“1934年下半年，由于日本向美国市场倾销蚕丝，中国蚕丝出口量随之降到最低水平。出口蚕丝量共计仅为1930年的1/5。这一事实，说明了中国蚕丝贸易的不景气。”

“1934年生丝价格跌到前所未有的更低的水平……同样质量的丝，1934年的价格水平仅为1930年的1/3。”③

工业革命影响丝织业的力量同样使国内蚕丝市场随之缩小。市场缩小的结果带来了农村地区传统家庭蚕丝手工业的破

---

①② 刘大钧：《上海缫丝工业》（*The Silk Reeling Industry in Shanghai*），1933年，第9页。

③ 《1935年～1936年中国年鉴·对外贸易》，第1094页。

产。蚕丝业的传统特点及其近年来的衰落就形成了我们目前所分析的开弦弓村的经济生活背景。

四、村　庄

现在让我们来观察一下村庄本身。村里的人占有土地共11圩。圩是土地单位，当地人称一块环绕着水的土地单位为“圩”。每个圩有一个名字。圩的大小取决于水流的分布，因此各不相等。该村土地的总面积为3065亩，或460余英亩。据1932年官方勘测，各圩的名称及面积如下表所示，其中有两圩部分属于其他村子，由于无明显的界限，我只能粗略地估计属于开弦弓那部分土地的面积：

西长圩	986.402亩
城角西多圩	546.141亩
龟字圩	458.010亩
城角圩	275.110亩
凉角圩	261.320亩
西多圩	174.146亩
潘乡背	173.263亩
多字圩	70.540亩
吴字圩	56.469亩
北城角	55.858亩
新添圩	8.545亩
总　计	3065.804亩

土地可略分为两部分：庄稼用地及居住用地。住宅区仅占相当小的部分，就在三条小河的汇集处，房屋分散在四个圩的边缘。这四个圩的名称及每个圩边的房屋数目如下：

1. 城角圩	133
2. 凉角圩	95
3. 西长圩	75
4. 谈家墩（吴字圩）	57
总计	360

研究住宅区的规划必须同村子的交通系统联系起来。在这个地区，人们广泛使用船只载运货物进行长途运输。连接不同村庄和城镇的陆路，主要是在逆流、逆风时拉纤用的，即所谓塘岸。除了一些担挑的小商人之外，人们通常乘船来往。几乎家家户户都至少有一条船。由于船只在交通运输上的重要位置，为便利起见，房屋必须建筑在河道附近，这就决定了村子的规划。河道沿岸，大小村庄应运而生；大一些的村子都建在几条河的岔口。正如我们可以从附图上看到，开弦弓的“脊梁骨”系由三条河组成，暂且定名为A、B和C。河A是主流，像一张弓一样流过村子，开弦弓便由此而得名。字面上的意思就是：“拉开弦的弓。”

在住宅区内，用船装载轻微的东西，或作短距离运输，不甚方便。因此在住房之间修起了道路以利往来。在这种情况下，河流就成了交通的障碍。各圩被河流所分割，必须用桥来连接。

这个村的陆路系统不能形成完全的环行路。在圩Ⅲ的北部，大部分土地用来耕种，田间仅有小路，不便于行走，雨天尤其如此，因此，河A西端的桥便成了交通中心。小店铺大多集中在各桥附近。特别是集中在村子西边的桥旁（十四章八节）。

虽然如此，村庄的规划中却没有一个人们集中起来进行公共活动的专用场所。自从一年一度的唱戏停止演出后，除了夏天夜晚人们随意地聚集在桥边乘凉以外，10 多年来，从未有过组织起来的公众集会。

村长的总部设在村子东端合作丝厂里面。厂址的选择是出于技术上的原因。河 A 的水自西向东流。由于河 A 供给沿岸居民的日常用水，所以把厂子建在下游，以免污染河水。

在住宅区外围有两座庙，一个在村西，一个在村北。这并不意味着人们的宗教活动都集中在村外边进行。实际上，他们的宗教活动多数都在自己家里开展。比较确切地说，庙是和尚及菩萨的住所。和尚、菩萨不仅同普通的人隔开一段距离，而且也与社区的日常生活隔开，但进行特殊仪式时除外。

公办小学在村的南端。校舍原先用作蚕丝改进社的办公室。合作丝厂建立以后便把房子给了学校。

住宅区周围都是农田，由于灌溉系统的缘故，农田地势较低（十章一节）。适宜于建筑的地区都已盖满了房屋，而且长期没有扩大。

新的公共机构，例如学校和合作丝厂，只有在老的住宅区外围找到地盘。它们的位置说明了社区生活的变化过程。

五、村里的人

1935 年该村的人口有过一次普查。因为出生、死亡情况一直没有连续的登记，所以我只能把这次普查结果作为分析的基础。在人口普查中，对村里的所有居民，包括暂时不在村里的人口，都做了记录。统计数字见下表。

对那些暂时寄居在村里农户家里的人口，普查记录专设了一栏。这些人口未包括在表中。这一栏的总人数为 25 人。

人口密度（计算时不包括水面面积）约为每平方英里 1980 人。这个数字不能与本省的平均人口密度相比，因为省人口密度是根据全省总面积（包括水面及未耕地）来计算的，那是一

年　龄	男	女	总　计
71 +	4	15	19
66 ~ 70	10	19	29
61 ~ 65	14	32	46
56 ~ 60	30	39	69
51 ~ 55	40	38	78
46 ~ 50	26	29	55
41 ~ 45	45	38	83
36 ~ 40	69	55	124
31 ~ 35	64	45	109
26 ~ 30	75	61	136
21 ~ 25	63	52	115
16 ~ 20	68	54	122
11 ~ 15	72	61	133
6 ~ 10	73	59	132
1 ~ 5	118	87	205
?	–	–	3
总　计	771	684	1458

个总密度。我的数字代表着人和被使用的土地之间的比率。托尼教授所引述的江苏省的人口总密度是每平方英里 896 人。[①]

人们并不认为所有住在村里的人一律都是本村人。如果问本村居民，哪些人是本村的，我们就会发现当地对于本村人和

① 《中国的土地和劳动》(*Land and Labour in China*)，第 24 页。

外来人有着明显的区别。但这种区别并不是法律上的；从法律观点看，一个人只要在某地居住三年以上，他就成为当地社区的一名成员。[①] 可是在人们的眼里，这样的人并不是真正的本村人。

为说明这种区别，不妨举一些具体的例子：那些被当作外来户的村里人。这样的外来户共有 10 家，其职业和本籍分述如下：

理发匠	2 镇江（江苏）
磨工兼鞋匠	1 丹阳（江苏）
杂货商	1 横扇（同区一村庄）
纺织工	1 吴家村（同区一村庄）
和　尚	1 震泽
水泵操作者	1 宁波（浙江）
银　匠	1 绍兴（浙江）
篾　匠	1 金华（浙江）
药　商	1 郭镇（浙江）

他们的共同特点是（1）都是移民，（2）从事某种特殊职业。我未听说一个外来人究竟需要在本村住多久才能算作本村人，但是我却听说过：外来人的孩子，虽生于本村，仍像其父母一样，被视作外来人。由此看来，并非完全根据居住期的长短来确定这种区别的。

① 《人口登记法》，1931 年 12 月 12 日。

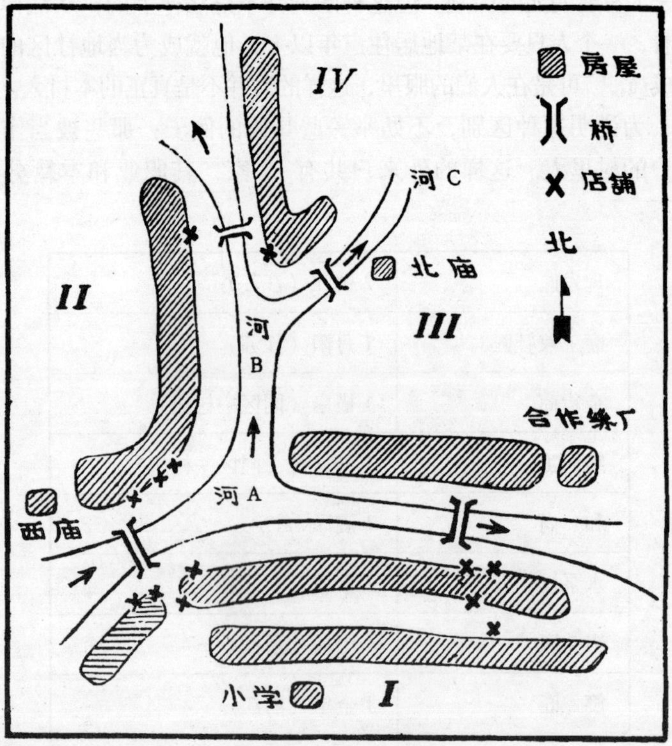

图3　村庄详图

另一方面，值得研究的是这样一个事实：凡是外来户都不是农民。虽然并非所有特殊的职业都是外来人干的，但他们仍构成了这类人的1/3（八章二节），从事特殊职业使他们不会很快被同化。

作为一个群体，本村人具有一定的文化特色。一个提供资料的本地人向我提到过三个显著特点：（1）本村人说话时，吐字趋于腭音化，例如“讲”、“究”等等。（2）妇女不下田干活。(3) 妇女总是穿裙子，甚至在炎热的夏天也穿着。在这几方面，本村人甚至与最近的震泽镇人都不相同。

那些被视为外来户的人，在生活上一直未被同化。我注意到他们的非本地口音及非本地穿着方式，例如，药店里的妇女不穿裙子。

只要外来户保留着他们自己的语言和文化差别，而且本村人注意到这些差别，那么，在这个社区内，外来户总是过着多少有所见外的生活。对本村人及外来户作出区别是颇有意义的，因为这种区别已经具有广泛的社会意义。外来户全部从事特殊职业，没有土地，仅这一事实就足以说明，区别是有其深远的经济后果的。

六、选择这个调查区域的理由

这个村庄有下列值得注意和研究之处：

一、开弦弓是中国国内蚕丝业的重要中心之一。因此，可以把这个村子作为在中国工业变迁过程中有代表性的例子；主要变化是工厂代替了家庭手工业系统，并从而产生的社会问题。工业化是一个普遍过程，目前仍在我国进行着，世界各地也有这样的变迁。在中国，工业的发展问题更有其实际意义，但至今没有任何人在全面了解农村社会组织的同时，对这个问题进行过深入的研究。此外，在过去10年中，开弦弓村曾经进行过蚕丝业改革的实验。社会改革活动对于中国的社会变迁是息息相关的；应该以客观的态度仔细分析各种社会变迁。通过这样的分析，有可能揭示或发现某些重要的但迄今未被注意到的问题。

二、开弦弓一带，由于自然资源极佳，农业发展到很高水平。有关土地占有制度在这里也有特殊的细节。开弦弓将为研究中国土地问题提供一个很好的实地调查的场地。

三、这个地区广泛使用水上交通，有着网状分布的水路，因而城乡之间有着特殊的关系，这与华北的情况截然不同。这样我们就能够通过典型来研究依靠水上运输的集镇系统。

除去这些考虑之外，我调查开弦弓村还具备特殊便利的条件。由于时间有限，我的调查必须在两个月之内完成。如果我在一个全然不熟悉的地方工作，要在这样短的时间内进行任何细致的研究是不可能的。开弦弓村属于吴江县，而我就是吴江人，我首先在语言上就有一定的有利条件。中国各地方言的差别是进行实地调查的实际困难之一。村里的人们除自己的方言外，一般不懂得任何其他方言。作为一个本地人，就不必再花费时间去学习当地方言。而且同乡的感情使我能够进一步深入到人们的生活中去，不致引起怀疑。

尤其是在这个村里，我可以充分利用我姐姐个人的联系。我姐姐负责蚕丝业的改革，村里的人确实都很信任她。我能够毫无困难地得到全村居民的通力合作，特别是村长们的帮助。他们理解我的意图，不仅尽一切可能提供材料，而且还提出一些可行的办法和有价值的建议，这使我的调查得以顺利进行。此外，我以前曾多次访问过该村，姐姐也继续不断地向我提供该村的情况。因此，我一开始就能直接进入调查本身，无须浪费时间去做那些初步的准备工作。

我的调查历时两个月，是在1936年的7~8月进行的。在这有限的时间内，我自然不能对完整的一年为周期的社会活动进行调查。然而，这两个月在他们的经济生活中是有重要意义的，包括了一年中蚕丝业的最后阶段及农活的最初阶段。以我过去的经历及人们口头提供的资料作为补充，到目前为止，我所收集到的关于他们的经济生活及有关社会制度的材料，足以进行初步的分析。

第三章　家

农村中的基本社会群体就是家，一个扩大的家庭。这个群体的成员占有共同的财产，有共同的收支预算，他们通过劳动的分工过着共同的生活。儿童们也是在这个群体中出生、养育并继承了财物、知识及社会地位。

村中更大的社会群体是由若干家根据多种不同目的和亲属、地域等关系组成的。由个人成员组成的社团很少而且占次要地位。以下四章将提供该村的社会背景以便我们研究其经济生活。

一、家，扩大的家庭

家庭这个名词，人类学家普遍使用时，是指一个包括父母及未成年子女的生育单位。中国人所说的家，基本上也是一个家庭，但它包括的子女有时甚至是成年或已婚的子女。有时，它还包括一些远房的父系亲属。之所以称它是一个扩大了的家庭，是因为儿子在结婚之后并不和他们的父母分居，因而把家庭扩大了。

家，强调了父母和子女之间的相互依存。它给那些丧失劳动能力的老年人以生活的保障。它也有利于保证社会的延续和家庭成员之间的合作。

在一定的经济条件下，这个群体本身无限的扩展很可能是不利的。在扩展进程中，其成员之间的摩擦增加了。我们即将看到，家是会分的，即所谓“分家”。而且，分只要较为可取，它就分。因此，家的规模大小是由两股对立的力量的平衡而取决的，一股要结合在一起的力量，另一股要分散的力量。在下面几节里，我将分析这两股力量。

关于这村里家的规模，有一些定量的数据可以帮助我们进一步开展讨论。尽管大部分对中国的研究强调中国大家庭制度的重要性，但非常奇怪，在这个村里，大家庭很少。在家的总数中，我们发现有一对以上已婚夫妇的家不到总数的1/10。

最常见的类型是，以一对已婚配偶为核心，再包括几个依赖于此家的父系亲属。事实上，超过一半的家，准确地说，占总数58%的家都属于此类。但并不是每一个家都有一对已婚配偶。有时候，在一个妇女丧夫之后，她就和她的子女在一起生活，而不去加入另一个单位。也有这样的情况，一个父亲和他儿子居住在一起，家中没有女人：这些都是社会解组的结果，主要是由于这个群体中从事劳动的成员死亡所致，因而它们是不稳定的。鳏夫会再结婚，孩子也会在不久的将来，一有可能就结婚。任何一种情况都能使一个不正常的家庭得到恢复。这一类不稳定的家占总数的27%。①

村中，一个家的成员平均为四人。这说明这种群体是很小

① 下表列出了各类不同的家的数字

1. 不包括一对已婚夫妇	99
（a）没有远亲	62
（b）有远亲	37
2. 包括一对已婚夫妇	223
（a）完全与家庭一致	85
（b）有远亲	138
3. 有一对以上的已婚夫妇	37
（a）父母和一个已婚儿子及其妻子	25
（b）父母之一，和两个已婚儿子及其妻子	9
（c）父母及两个已婚儿子及其妻子	3
总计（不包括和尚）	359

的，而且这绝不是一种例外的情况，从中国其他农村地区的材料也可以得出同样的结论。中国农村家庭，平均的人数大约是在4~6人之间。[①] 所谓大家庭，看来主要存在于城镇之中，很明显，它们具有不同的经济基础。就现有材料看，可以说，这个村里的家是一个小的亲属群体，以一个家庭为核心，并包含有几个依靠他们的亲属。

二、“香火”绵续

父母与子女，夫与妻这两种关系是家庭组织的基本轴心。但在中国所谓的家，前者的关系似乎更为重要。家的基本特征是已婚的儿子中往往有一个不离开他们的父母，父母之中如有一人亡故，更是如此。此外，为儿子找一个媳妇，被视为父母的责任。配偶由父母选就，婚礼由父母安排。另一方面，婚姻的法定行为尽管先于生孩子，但结婚总是为了有后代。生孩子的期望先于婚姻。在农村中，结成婚姻的主要目的，是为了保证传宗接代。选聘媳妇的主要目的是为了延续后代，保证生育男儿是向算命先生明白提出的要求。如果当媳妇的没有能力来完成她的职责，夫家就有很充足的理由将她遗弃而无需任何赔偿。妇女在生育了孩子之后，她的社会地位才得到完全的确认。同样，姻亲关系只有在她生育孩子以后才开始有效。因此，先从父母与孩子的关系着手来描述研究家的组织是有根据的。

传宗接代的重要性往往用宗教和伦理的词汇表达出来。传宗接代，用当地的话说就是“香火”绵续，意思是，不断有人继续祀奉祖先。关于活着的子孙和他们祖先鬼魂之间联系的信仰，在人们中间是不太明确和没有系统的说法的。大致的观

① R. H. 托尼（R. H. Tawney）：《中国的土地和劳动》（*Land and Labour in China*），第43页，注1。

点是，这些祖宗的鬼魂生活在一个和我们非常相像的社会中，但在经济方面他们部分地依靠子孙所作的奉献，这就是定时地烧纸钱、纸衣服和其他纸扎的模拟品。因此，看来死者在阴间的福利还是要有活人来照管的。

有人用纯伦理的观点来解释生育子女的重要性。他们认为这是一种做人的责任，因为只有通过他们的子女才能向自己的父母偿还他们对自己的抚育之恩。因此，要有子女的愿望是出于双重的动机：首先是传宗接代；第二是向祖宗表示孝敬。

这些信仰，无疑地和宗教及伦理观念联系在一起，同时也有实际的价值。在以后的章节里我将说明子女如何有助于建立夫妇间亲密的关系，因为丈夫和妻子在结婚前是互不相识的。子女还起着稳定家庭群体里各方关系的作用。子女的经济价值也是很重要的。孩子很早就开始给家庭福利做出贡献，常常在10岁之前，就打草喂羊。女孩在日常家务劳动及缫丝工业方面是非常有用的。再者，孩子长大结婚后，年轻的夫妇代替父母担负起在田地上及家庭中的重担。当父母年老而不能劳动时，他们就由儿子们来赡养。这些可以由以下的事实来说明：这个村子中有145名寡妇，她们不能靠自己的经济来源维持生活，但这并没有形成一个严重的社会问题，因为她们之中的绝大多数都由成年子女赡养。从这个意义上来说，孩子是老年的保障，即所谓"养儿防老"。

亲属关系的社会延续问题，由于强调单系的亲属关系而变得复杂起来。一个人的身分和财产并不是平等地传递给子女的。总是把重点放在男性这一边。在幼年时期，男孩和女孩都由父母抚养。他们都用父亲的姓氏。但当他们长大成亲后，儿子在分家前还继续住在父母的房屋里，而女儿则离开父母去和自己的丈夫住在一起。她在自己的姓名前要加上丈夫的姓氏。她除了能得到自己的一份嫁妆外，对自己父母的财产不能提出什么要求。出嫁的女儿，除了定时给父母送礼品及有时给父母一些经济帮助外，她也没有赡养自己父母的责任（十五章二节）。财产由儿子继承，他的责任是赡养其父母（四章三节）。在第三代，只有儿子的儿子接续他的家系。女儿的孩子则被视为亲戚关系，他们使用自己父亲的姓氏。因此，在村子中，传代的原则是父系的。

然而，这个原则有时也可以根据需要加以修改。经过协议，女儿的丈夫也可以在自己的姓名前面加上他妻子的姓，他们的孩子则接续母亲的家系。也有时夫妇双方各自接续双方的家系。总之，这些是总的原则在特定条件下的次要变动（四章四节）。由于男女平等的新概念，现行的法律制度企图改变这种传统的偏重单系的亲属制度（四章六节）。关于这些变化，留到以后再加以讨论。

三、人口控制

尽管村中的人认识到后代的重要性，但现实中还存在着必须限制人口的因素。儿童的劳动能对家庭经济做出贡献，这是事实，但必须要有足够的劳动对象来利用这些劳动力，由于拥有土地的面积有限，能养多少蚕也有限度，家中多余的成员，成了沉重的负担，有鉴于此，让我们先来观察一下这个村平均的土地拥有量情况。

该村的总面积为3065 亩，农地占90%，如果将2758.5 亩农田平均分配给 274 家农户，则意味着每户只能有一块约10.06 亩大的土地。正常年景，每亩地能生产 6 蒲式耳稻米。一男、一女和一个儿童一年需消费 33 蒲式耳稻米（七章五节）。换句话说，为了得到足够的食物，每个家庭约需有 5.5 亩地。目前，即使全部土地都用于粮食生产，一家也只有大约60 蒲式耳的稻米。每户以四口人计算，拥有土地的面积在满足一般家庭所需的粮食之后仅能勉强支付大约相当于粮食所值价的其他生活必需品的供应。因此，我们可以看到，这个每家平均有四口人的村子，现有的土地已受到相当重的人口压力。这是限制儿童数量的强烈因素。

按照当地的习惯，孩子长大后就要分家产。有限的土地如果一分为二，就意味着两个儿子都要贫困。通常的办法是溺婴或流产。人们并不为这种行为辩护，他们承认这是不好的，但是有什么别的办法以免贫穷呢？从这个村子中儿童的总数可以看到这个结果：16 岁以下儿童，总共只有 47 名，平均每家 1. 3 个。

杀害女婴就更为经常。父系传代及从父居婚姻影响了妇女的社会地位。在父母亲的眼中，女孩的价值是较低的，因为她不能承继“香火”，同时，她一旦长成，就要离开父母。结果 0 ~5 年龄组的性比例是：100 个女孩比 135 个男孩（二章五节）。只在 131 家中，即占总数 37% 的家中，有 16 岁以下的女孩（不包括“小媳妇”），只在 14 家中，有一个以上的女孩。

正因为人口控制是为了预防贫穷，一些有着较大产业的家庭就不受限制地有更多的子女。他们对自己有为数众多的子女感到自豪，而在人们的眼中，又视之为富裕的象征。有后嗣的愿望，厌恶杀婴、流产及经济上的压力等等，这些因素同时发生作用使土地的拥有量趋向平均化（十一章六节）。

四、父母和子女

孩子出生之前，当母亲的已经有了明确的责任。在妊娠期间，当母亲的要避免感情冲动，避免观看令人憎恶的事物，禁忌吃某些食物等。这种看法叫胎教。期望母亲的良好行为会影响到孩子将来的性格。对父亲则无特殊的要求，只是认为他应避免和妻子同房，因为这被认为对孩子的生理发育不利，甚至可能导致夭亡。

对生育的期待与恐惧，使家庭充满了紧张的气氛。怀孕的妇女被认为处于特殊地位并免除了她各项家务劳动。这是因为人们对性有一种不洁净的意识。她自己的父母也分担了这种紧张。小孩快出生之前，娘家的父母给她喝药汤。母亲要在女儿房里陪住几天，以便照顾她。她的母亲也有责任去洗涤污脏的衣服，并在产后，守在她身边。

孩子出生后，按习惯当母亲的不长期休息。她在一个星期之内便恢复家务劳动。当地向我提供情况的人认为，这种做法是造成妇女产后高死亡率的原因。真实的死亡率还不得而知，但在人口统计中，26～30及41～45两年龄组妇女人数的明显下降（二章五节）说明了这个问题。

婴儿的死亡率也是高的。如果把年龄组0～5与6～10相比较，会发现人数有很大的下降。两组数字相差为73人，占这个组总数的33%。这种现象也反映在当地人迷信“鬼怪恶煞”。孩子“满月”时要剃头，并由孩子的舅父起一个小名。这通常是一个带贬义的名字，如阿狗、阿猫、和尚等等。人们迷信孩子的生命会被鬼怪追索，受父母宠爱的孩子尤其如此。保护孩子的一种办法，就是向鬼怪表示，没有人对这孩子感到兴趣；其理由是鬼怪性喜作恶，看父母溺爱孩子，就要进行打击；孩子既然受到冷淡，鬼怪就不再继续插手了。甚至有时采取这样一些方法，名义上把孩子舍给那些被认为大有影响、甚至在神道面前也是很有影响的人物，以求得保护。这种假的领养孩子的办法以后还会讲到（五章三节）。因此，父母原来在表面上表露出来的对儿子的珍爱，被小心地掩藏起来了。

关于父母以及长亲对孩子的态度问题，必须联系下述各种因素来加以理解。这些因素是：由于经济压力需要控制人口；

儿童为数很少；婴儿死亡率高；迷信鬼怪恶煞；要子嗣的愿望及有关的宗教伦理观念。从这众多因素的结合中可以看到，活下来的孩子便受到高度的珍爱，虽然从表面上看，对待孩子的态度是淡漠的。

村里的孩子整天依恋着他们的母亲。只要有可能，孩子总是被抱在手里，很少用摇篮。孩子吃奶要吃到三岁或更长的时间。喂奶无定时。每当孩子哭闹，母亲立刻就把奶头塞到孩子的嘴里，使他安静下来。村里的妇女不到田里劳动，整天在家中忙碌。因此在平常的环境里，母子的接触几乎是不间断的。

孩子与父亲的关系稍有不同。在妻子怀孕和生孩子时，丈夫并没有什么特殊的责任。在一年之中，男人有半年以上的时间在户外劳动。他们早出晚归，夫妻之间、父子之间的接触相对地比较少。在孩子的幼年，就孩子来说，父亲只是母亲的一个助手，偶然还是他的玩伴。在妻子养育孩子时，丈夫会接过她的一部分工作，甚至是厨房里的工作。我曾经看到，一些年轻的丈夫，经过一天忙碌的劳动，在傍晚余暇的时候，笨拙地把孩子抱在手里。

孩子大一些以后，父亲对孩子的影响就增加了。对男孩来说，父亲或为执行家法的主要人物，对女孩子，则管得较少些。母亲对孩子总有点溺爱。当孩子淘气时，母亲往往不惩罚他而只吓唬说要告诉他的父亲。而父亲经常用敲打的办法来惩罚他。傍晚时分，常常听到一所房子里突然爆发一阵风暴，原来是一个坏脾气的父亲在打孩子。通常这阵风波往往由母亲调解而告平息。有时，也在夫妻之间引起一场争辩。

孩子过了 6 岁就参加打草、喂羊的劳动。孩子们对这种劳动很感兴趣，因为可以和同伴们在田野里随便奔跑而不受大人的任何干涉。女孩子过了 12 岁，一般都待在家中，和母亲共同操持家务和缫丝，不再和孩子们在一起了。

只有通过这样一个过程，一个依赖别人的孩子才逐渐成为社区的一个正式成员，同样，通过这种逐渐的变化，老年人退到了一个需要依靠别人的地位。这两个过程是总的过程的两个方面，这就是社会职能逐代的继替。虽然在生物学上一代代的个体是要死亡的，但社会的连续性却由此得到了保证。由于社区的物质条件有限，老的不代谢，新生力量的社会功能就得不到发挥。农村中物质基础的扩大极为缓慢，情况尤为如此。例如，在生产技术不改变的情况下，土地所需要的劳力总量一般来说是不变的。一个年轻人的加入便意味着生产队伍里要淘汰一个老人。

虽然这个过程是缓慢的，但老的一代逐步隐退。在这一过程中知识和物质的东西从老的一代传递给青年一代，同时，后者便逐步承担起对社区和老一代的义务。因此，也就产生了教育、继承和子女义务等问题。

五、教　育

孩子们从自己的家庭中受到教育。男孩大约从 14 岁开始，由父亲实际指导，学习农业技术，并参加农业劳动。到 20 岁时，他成为全劳力。女孩子从母亲处学习蚕丝技术、缝纫及家务劳动。

另外还要讲几句村里的学校教育。公立学校根据教育部的教学大纲进行教学。学生就学的时间为 6 年，是单纯的文化教育。如果孩子在 6 岁开始上学，在 12 岁以后还有足够的时间来学习他的主要职业技能，蚕丝业或农业劳动。但在最近的 10 年里，养羊开始成为一种重要的家庭副业。以后我们还要讲到这个问题。羊是饲养在羊圈里的，因此要为羊打饲草（八章）。打草就成了孩子们的工作。因此，村子里的经济活动与学校的课程发生了矛盾。

再说，文化训练并不能显示对社区生活有所帮助。家长是文盲，不认真看待学校教育；而没有家长的帮助，小学校的教育是不易成功的。学校里注册的学生有100多人，但有些学生告诉我，实际上听课的人数很少，除了督学前来视察的时间外，平时上学的人很少超过20人。学校的假期很长。我这次在村中停留的时间比学校正式的放假时间长，但我仍没有机会看到村中的学校上课。学生的文化知识，就作文的测验看，是惊人的低下。

姓陈的村长，他曾经当过村中的小学校长，向我诉说，认为这种新的学校制度在村中不能起作用。很值得把他的理由引用在下面：第一，学期没有按照村中农事活动的日历加以调整（九章三节）。村中上学的学生大多数是12岁的孩子，他们已到了需要开始实践教育的年龄。在农事活动的日历中有两段空闲的时间，即从1月到4月及7月至9月。但在这段时间里，学校却停学放假。到了人们忙于蚕丝业或从事农作的时候，学校却开学上课了。第二，学校的教育方式是“集体”授课，即一课接着一课讲授，很少考虑个人缺席的情况。由于经常有人缺席，那些缺课的孩子再回来上课时，就跟不上班。结果是，学生对学习不感兴趣，并造成了进一步的缺课。第三，现在的女教员在村中没有威信。

在这里，我不能就此问题更深入一步进行讨论，但明显的是，村中现有的教育制度与总的社会情况不相适应。廖泰初先生在山东地区对教育制度进行了实地调查。从他的材料中可以看到，不适应的情况不限于这个村子，而是中国农村中的普遍现象。[①] 应当进一步进行系统的调查以便提出更为实际的建议。

---

① 《动变中的中国农村教育》，燕京大学，1936年。

六、婚 姻

关于继承问题和子女的义务问题，在通常情况下并不会提出来，要到孩子长大成人并且要结婚的时候才会提出来。因此，我们首先要提到婚姻问题。

在这个村子里，儿女的婚姻大事完全由父母安排并且服从父母的安排。谈论自己的婚姻，被认为是不适当的和羞耻的。因此，这里不存在求婚的这个说法。婚配的双方互不相识；在订婚后，还要互相避免见面。

婚姻大事，在孩子的幼年，经常在6~7岁时就已安排了。如果要在较大的范围内进行选择，这是必要的，因为好人家的孩子往往很早就订了婚。村中向我提供情况的人曾多次说到，如果女孩订婚过晚，她就不能找到好的婚配对象。但由女孩的母亲来提亲也是不合适的。而且前面讲过，母亲和女儿之间的关系是极为紧密的。结婚意味着女儿和她父母的分离，因而当母亲的总是很勉强地来办这件事。女儿留在父母的家中时间过长也是不可能的。在父系社会里，女人没有权利继承她父母的财产。她的前途，即使是一个安定的生活，也只有通过她的婚姻才能得到。因此，需要有第三者来为双方的婚姻作出安排。村里的人说做媒是一件好差使，因为媒人从中说合可以得到很好的报酬。

媒人的第一件事是弄清楚女方的生日。就是在红帖上写明女孩的八字，即诞生的年、月、日及时辰。当父母的对媒人送去红帖子的那一家男方从来不表示反对，至少是假装不反对。媒人把红帖送到有合适男童的家庭时，把红帖供在灶神前面，然后媒人说明来意。一个普通家庭的男孩，同时会收到几张帖子，因而他的父母可以进行选择。

下一个步骤是男孩的母亲拿着红帖去找算命先生。他将根据生辰八字的一种特殊推算办法，来回答一些问题，即这个女孩的命与男孩家里人是否和谐。他要对每个女孩命中的优点加以介绍，并圆滑地让他的顾客来表示她的真实态度，并依此作出决定。即使算命先生的判断和顾客的意愿不一致，顾客的愿望通常是犹豫不定的，她不一定要把算命先生的话当作最后决定。她可以找这位算命先生再商量，或者另找一位算命先生。

用理智选择儿媳妇是一件很难的事情。没有一个女孩子是完美无缺的，但每户人家都想找到最好的。因此很容易出错。如果找不到其他出错的原因，那就要归罪于挑选的人了。因此，算命先生不仅是充作作出决定的一种工具，同时，也被用作把错误的责任推卸给上天意志的一个办法。如果婚姻不美满，那是命运。这个态度实际上有助于维持夫妻关系。但必须明白，真正起作用的挑选因素，首先是男孩父母的个人喜好，在表亲婚配时尤其如此（三章八节），但这都被假装说成为天意的决定。

挑选时主要考虑到两点：一是身体健康，能生育后代；二是养蚕缫丝的技术。这表明了对一个儿媳妇所要求的两个主要职能，即是，能绵续家世及对家中的经济有所贡献。

当一个对象被选中之后，媒人就去说服女方的父母接受订婚。按照风俗习惯，女方应当首先拒绝提亲。但只要不出现其他竞争者，一个会办事的媒人，不难使对方答应。为了作好以后的婚事安排，要进行长时间的协商，双方的协议要经过第三者，即媒人来达成。村里的人说，在协商的阶段双方家长相持如同对手一般。女孩的父母提出极高的聘礼要求，男孩的父母表示要求过高，难于接受，媒人则在中间说合。聘礼包括钱、衣服、首饰等，聘礼分三次送去。聘定所花的钱，总数约在

200 元至 400 元之间。[1]

如果把双方的争议看成一件经济交易是完全不正确的。财礼并不是给女孩父母的补偿。所有的聘礼，除了送给女方亲属的一部分外，这些聘礼都将作为女儿嫁妆送还给男家，而其中还由女方父母增添了一份相当于聘礼的财物。究竟女方的父母增添多少嫁妆，是较难估计的，但按照一般能接受的规则来说，增添的财物如果抵不上聘礼，那就是丢脸的事，女儿在新的家中的地位也将是尴尬的。

尖锐而热烈的协商本身具有双重的意义。它是母爱与父系继嗣这两者之间斗争的心理反映。就像人们所说的，“我们可不能随随便便地把女孩子给人家。”从社会学方面看，它的重要性在于，这些聘礼与嫁妆事实上都是双方父母提供新家庭的物质基础，同时也是为每一家物质基础定期的更新。

应当明确，从经济观点来看，女儿的婚姻对女方父母是不利的。女孩一旦长成，能分担一部分劳动之后，却又被人从她的父母手中夺走，而父母为了把她抚育成人，是花了不少钱的，所收下的聘礼并不属于父母，这些聘礼要作为嫁妆陪嫁；此外，还要加上一份至少和聘礼相等的嫁妆在内。新娘婚后将要在她丈夫家里生活和劳动，这对她父母来说，是一种损失。再说女儿结婚后，她的父母和兄弟又对这门亲戚承担了一系列新的义务，特别是对女儿生的孩子将承担更多的义务。在现实生活中，不论父方还是母方的亲戚，都对孩子感到兴趣，但由于是单系继嗣，因而孩子对他母亲方面的亲戚承担的义务较小(四章五节及五章二节)。在女方父母方面，对女儿出嫁受到的损失所做出的反应，首先表现在整个安排过程及举行婚礼方面；同时，也表现为大量溺死女婴，从而造成人口的男女性别

---

① 按正常兑换率，中国币制 1 元等于英国货币约 1 先令至 1 先令 3 便士。

比例失调的现象。

婚礼照例有如下的一些程式。由新郎去迎亲，乘坐一条特备的“接亲船”。他要做到很谦逊而不惹事，他要面对的是新娘家的一群亲戚，他们对他的态度通常都是装得不友好的。他的一举一动必须严格按照习惯行事，一些专门管礼仪的人在旁进行指导。发生的任何一个错误都会使整个进程停下来。有时，这种仪式要延续整整一夜。最后结束的场面是新娘做出表示拒绝的最后努力。她在离开她父母的房子之前痛哭流涕，于是由她父亲进行“抛新娘”的仪式，把新娘送进轿子。如果她没有父亲，则由父方的最近男亲来代替。一旦新娘上了船，男方的迎亲队伍马上安静地离去，乐队默默无声，直到离开村庄。女方亲属的这种象征性的对抗，往往会引起男家亲戚们不愉快的感觉，如果他们缺乏幽默感的话。

下一步的程序是用“接亲船”接新娘、两人拜堂、新娘向丈夫的亲戚见礼，以及向男方的祖先祭拜等等。这些，我在这里就不详加描写了。新郎的父母为亲友准备了盛宴，这是亲属会集的一个场合，他们之间的联系因而也得到了加强。每门亲朋都要以现钱作贺礼，至于送多少钱，由他们之间的关系亲疏而定。举行婚礼的开支，在200元至400元之间。

七、家中的儿媳妇

女孩子终于到了她丈夫的家中。她发现自己处在陌生人的中间，但这些人又属于和她有着最亲密的关系的人。她的地位是由习俗来支配的。夜间，她和丈夫睡在一起，她必须对丈夫十分恭顺。她只能和丈夫发生两性关系。白天，她在婆婆的监督下从事家务劳动，受她婆婆的管教。她必须对她的公公很尊敬但又不能亲近。她必须灵活机敏的处理她和小姑子、小叔子的关系，否则他们将同她捣乱。她要负责烧饭，而在吃饭的时候，她只能坐在饭桌的最低下的位置，甚至不上桌吃饭。

必须记住，她在娘家的时候，生活是相当自由的，因此，可以想像她进入了一个什么样的新环境。这是她要严守规矩的时候了。她偶然也被允许回家去看望她的母亲，并向她的母亲哭诉一番以解心头之闷，差不多所有的新娘都是这样做的。但正如俗话所说："泼水难收"，没有人再能帮助她。她只能接受她的地位和处境。宗教信仰在此也起着促进的作用。人们相信，人间的姻缘是由月下老人用肉眼看不见的红线绿线牵在一起的。在结婚仪式上也象征性地用红绿绸带来表示这种结合。每一个结婚典礼中都可看到刻印在纸上的"月老"神像。人类本身无能为力的感觉，引起了这种宗教信仰，并借此减轻现实的压力。至少在这种情况下，可以缓和新娘的反抗倾向。

一般来说，新娘适应她夫家的状况并不需要很长的时间。她在家中，特别对从事蚕丝生产是很有用的。后面还要讲到，蚕丝业在家庭经济中占有很重要的地位（七章二节）。在结婚之后的第一个春天，新的儿媳妇必须经过这样的一种考试。新娘的母亲送给她一张特殊挑选出来的好蚕种。她完全靠自己的能力来养这批蚕。如果她养得好，显示了她的技能，就能赢得她婆婆的好感。这被认为是女孩子一生中的重要时刻，据此可以确定她在丈夫家中的地位。

同样，她如果能生一个孩子，特别是一个男孩，她的地位也可以得到提高。在生孩子之前，丈夫对她的态度是冷淡的，至少在公开场合是如此。在讲话的时候，丈夫都不会提到她。甚至在家中，只要有别人在场，她的丈夫如果表示出对她有一些亲密的感情都会被认为是不妥当的，结果会成为人们背后议论的一个话题。在这种情况下，夫妻之间坐也不挨得很近，而且彼此极少交谈。他们宁愿通过第三者来交谈，而且彼此还没有一个专门名词来称呼对方。但一旦生了孩子，当丈夫的就能称他的妻子为孩子的妈。从此之后，他们能比较自由地交谈，彼此之间也能较自然地相处。对于其他亲属来说，情况也是相同的。真正使丈夫的家接受一个妇女的，是那个孩子。对孩子的关怀是家中的一种结合力量。

然而，新娘和她的新的亲属之间的关系，要调整得好，总是有困难的。她对自己的丈夫，由于过去并不熟悉，也许不会很快就喜欢他。人们对一个妇女与婚姻之外的任一个男性比较亲密的关系都存在着偏见。为了防止这种可能性，社会上绝不允许成年的女孩和男孩有亲密的关系，以严格保持女孩婚前的贞洁。女方的任何失检将导致原定婚约无效，并亦为其他的婚事安排带来困难。对已婚妇女的通奸，看得更为严重。从理论上说，当丈夫的可以杀死奸夫而不受惩罚，然而在实际上很少这样做。由于结婚花费很贵，甚至防止人们遗弃有不轨行为的儿媳。晚上人们聚拢在一起时，也会很随便地谈到私通的事。我的情况提供者告诉我，有那么一个例子，有一个丈夫因经济上的原因纵容妻子另有一个男人。但毫无疑问的是，妻子的不忠实始终是家庭中发生争吵的一个因素。

但家庭纠纷更经常地发生在媳妇和婆婆之间。人们理所当然地认为婆婆是媳妇的潜在对手。她们之间发生磨擦是司空见惯的，因而关系和睦就会得到特殊的赞扬。有人如果听到老年妇女的私下议论，就会证实我的说法。那些老年的妇女总是喋喋不休地咒骂她们的儿媳。如果考虑到日常的家庭生活，婆媳之间存在的潜在冲突是可想而知的了。丈夫和公公白天不在家中，终日外出劳动，但婆婆总是在家。儿媳对婆婆本来毫无感情基础，来到这个家之后，感到自己被婆婆看管着，且经常受到批评和责骂。但她必须服从婆婆，否则，丈夫会替婆婆来打她。婆婆就代表着权力。

老年妇女都有类似的观点，认为儿媳妇总是不合意。我在前面已经指出过，父母和孩子之间的联系是紧密的。夫妻之间的关系，在一定的意义上说，是父母与儿女关系中的干扰因素。如果婆媳之间发生纠纷，当丈夫的不能完全置身事外。如果他站在母亲一边，这往往是结婚后不久发生的情况，夫妻之间将发生争吵。如果他站在妻子一边，就成为母子纠纷。我曾亲眼看到过这样一个例子，由于婆媳之间的纠纷，儿子对母亲大发雷霆以致打了母亲，受到社会的谴责。家庭中的这种三角关系使家庭很难保持和睦相处。

如果纠纷闹得忍无可忍，儿媳妇就可能被休弃。休妻通常是由婆婆提出，甚至违背自己儿子的意愿。如果婆婆能为采取这种行动找到一些站得住脚的理由，如儿媳通奸、不育等，则儿媳不能要求赔偿，否则必须给离弃的女方60至70元。当儿媳的没有权利来改变这种行动，但她可能说服她的丈夫坚定地站在她一边。如果发生后一种情况，就要闹分家。

媳妇无权提出离婚。她惟一可以采取的有效行动是放弃家庭。她可以逃奔到城里去，在那里找些事干来维持生活，直到有可能和家庭慢慢达成和解。如果她丈夫坚决地支持他的母亲，以致夫妻和好无望时，她可能采取更加绝望的行动，即自杀。人们普遍都迷信她将变成鬼为自己报仇。此外，她自己的父母、兄弟将要求赔偿，有时甚至把丈夫的房子部分拆毁。因此，仅仅是自杀的威胁，实际上已足以使人们重新言归于好。另一方面，当婆婆的由于害怕面临这种可能性，因而她通常还不敢把媳妇逼到这种地步，以免激起她自己都十分害怕的后果。

家中的不和睦也不应当加以夸张。在这群体中，基本的情况是合作的。当婆婆的有特权，这是事实，只要她得到她的丈夫和儿子的支持。但也应当考虑到她维护家规所具有的教育作用。男孩从父亲那里受到的管教，媳妇从婆婆处得到。而且正像人们所说的那样，日久天长总有公道。因为当这个女孩自己有了一个儿子并娶了妻，她自己也能享受当婆婆的特权。一个媳妇的经济价值和对小孩的共同兴趣，使家庭中得失相抵，大致上得到了和谐。

八、表亲婚姻与“小媳妇”

我已扼要地叙述了父母与子女的关系及夫妻关系，并提出了这样的事实，在男方和女方亲家之间，很明显地缺少经济的互惠关系。而且婚姻的安排很少考虑到丈夫和妻子的爱好，因而存在着家庭不和睦的可能性，它会导致家的不稳定。从长远看来，经济互惠还是存在的，它是亲属制度的基本稳定力量；但在短时期内，媳妇的处境不利于这个群体的和睦相处。因此，表亲联姻成了一种解决问题的办法。

在村中可以看到有两种不同的“表亲”婚姻。一个女孩子嫁给她父亲的姊妹的儿子，叫做“上山丫头”，“上山”意味着家庭的兴旺。一个女孩子嫁给她母亲的兄弟的儿子，叫做“回乡丫头”，就是一个女孩又回到她的本地。这被认为对这家不利的。可以从这字面上表达的意思，看到人们都喜欢“上山”的一类，而不喜欢“回乡”的一类。

让我们来看看这两种类型之间有哪些真正的不同。如甲家庭在第一代将一个女孩给乙家庭，成为乙家的儿媳妇；到了第二代，又重复了这个过程，这种婚姻就叫做“上山”型。如果这个过程在第二代向相反方向发展，这女孩子的婚姻就成了“回乡”型。在第一种情况下，这女孩子成为她父亲的姊妹的儿媳，她的婆婆是从她的父亲的家中来的，和儿媳的父亲还有着亲密的关系；而在第二种情况下，一个女孩成为她母亲的兄弟的妻子的儿媳。兄弟的妻子曾在婆婆手里受过苦的。兄弟的妻子的婆婆正是女孩的母亲的母亲。当母亲的总和她出嫁的女儿之间存在着一种亲密的关系，而这种亲密的关系往往被她的儿媳所忌恨。当这个女孩子落到了她母亲的兄弟的妻子手上当儿媳，而她的婆婆正是她母亲的母亲的儿媳，她正好成了她婆婆报复的对象。

在这种家庭情况下，可以看到心理上的因素往往超过了经济上的因素。因为从经济观点来看，第二种情况更利于两家在承担义务问题上取得平衡。

我不能证实每类表亲婚姻的准确数字。但向我提供情况的人认为，如果有合适的上山型婚配机会，往往就办成了。在邻村，只有一对“回乡”型的婚姻，恰好成为被引用来作为结局不愉快的最新证据。此外，从中国南部得到的对比材料也证明了这里所提出的结论。在那里，一样的父系家庭制度以及婆媳之间潜在的冲突，同样，也存在着偏爱上山型表亲婚姻中的情况。①

女孩带来的经济负担导致了大量的溺女婴，这在前面的章节里已有所述。现在的两性比例的情况，使一些贫穷的男孩子难以找到对象。如果以 16 岁为结婚的最低年龄，我们发现有 128 个婚龄男子，占总数的 25%，仍是单身汉。另一方面，超过 16 岁的妇女只有 29 名，占总数的 8%，没有结婚。25 岁以上的妇女没有一个是未婚的，但村里却有 43 个 25 岁以上的男单身汉。

两性比例的不平衡也影响到夫妻之间的年龄差别。在 294 例中，夫妻之间的平均年龄差别为 4.9 岁，其中，丈夫比妻子平均大 3.65 岁。应当知道，在农村里娶年龄太小的妻子并没

① 林耀华：《福州的族村》，未出版的专著，燕京大学（汉文），见库尔普（Kulp）：《中国南方的农村生活》（*Country Life in South China*），第 167 ~ 168 页。

有什么好处。因为她们还不能分担家务劳动。有许多例妻子的年龄大于丈夫，事实上，有一对夫妻，女的比男的大 11 岁。

我必须进一步说明，这些数字仅限于这个村子，而大部分婚姻是本村与外村之间的。因此，我假定别的村子中也存在着相同的情况。这种假设是由以下的事实来证明的，即进行婚配的地区与从事某种家庭工业的地区是相同的，而这地区的蚕丝业对女孩子的需求也是相同的。在城市中，情况可以不同，城市中的两性比例尚不清楚。但农村中的人，常把女孩送到城里去给大家庭做养女，或把她们送到慈善机构里去，以代替溺婴。此外，我发现在城中较少溺婴。因此，可以预期在城市中女性的比例比农村中为高。由于农村和城市中两性比例的不同，导致了从城市中把妇女送到农村的现象。例如，在城里的年轻女佣，到了结婚的年龄，她的主人就为她安排一门农村的亲事。在这个村子中，我知道有 11 对（占已婚妇的 2.5%）就属于这种情况。

晚婚也是由于婚事费用过高而造成的。虽然我还没有找到这种开支的一个肯定的数字，粗略地估计，大约需 500 元（七章七节）。这个数字相当于一个家庭一年的开支。由于近几年来经济萧条，村里几乎中止办婚事。农村工业的不景气从根本上向现存的婚姻程序进行了挑战。但由于成婚是不可能无限期推迟的，所以出现了另一种结婚的方式，这就是所谓有“小媳妇”制度，“小媳妇”的意思是年幼的儿媳妇，即别地方所说的“童养媳”。

在女孩很小的时候，男孩的父母领养了她。她未来的婆婆甚至还要给她喂奶，并一直要抚养她到结婚。如果这女孩是在她丈夫家中养大的，那么婚姻的一切复杂程序如做媒、行聘、接亲船、轿子等等都不再需要了。有些“小媳妇”甚至不知道她自己的父母。而那些与自己父母还保持联系的女孩，由于早期即与父母分离，父母对她们也就没有特别的兴趣。婚事的费用，可以缩减到少于 100 元。

由于这种新的制度，家中的成员之关系和姻亲之间的关系起了很大的变化。我曾观察到，有许多从幼年起就被未来的婆婆带领大的女孩子，十分依附于她的婆婆，就像一个女儿对母亲一样。特别是，如果这家真的没有女儿，情况就更是如此。甚至那些受到未来的婆婆虐待者，逐渐习惯于自己的地位，在婚后也不至于经受不起。故婆媳之间的纠纷，即使不能完全避免却常常不是那么尖锐。姻亲关系是松散的，在许多情况下它已经消失了。

在最近的 10 年里，“小媳妇”的数字增加了。在已婚的 439 名妇女中，有 74 人，即 17%，在婚前是“小媳妇”。但在未婚的妇女中，“小媳妇”有 95 人，而非小媳妇有 149 人，“小媳妇”占 39%。平均起来，每 2.7 户人家就有一个“小媳妇”。这个数字是非常有意义的。但现在就来预测这种制度进一步发展的情况，为时尚早。从成婚率和人们关心的程度来看，传统的婚姻仍然是主要的制度。“小媳妇”制度是受到轻视的，因为它是在经济萧条的时候产生的，而且通常是贫困的人家才这么做。此外，它使姻亲联系松散，影响亲属结构的正常功能。它对妇女的地位，甚至对年轻夫妇建立一个独立的家庭都有不利的影响，因为他们缺少双方的父母供给的聘礼和嫁妆。有意思的是，据提供情况者说，此类型的婚姻，在太平天国运动（1848～1865 年）之后，曾在很相似的情况下流行过。太平天国运动以后接着是普遍的经济萧条。但一旦情况恢复正常，传统婚姻就取代了这种类型的婚姻。

第四章 财产与继承

一、所有权

在开始讨论财产和继承问题以前，有必要在本章加述一节所有权的问题。关于土地所有权问题，我将在以后章节中论述。

所有权是一物与个人或一组人之间的一定关系。所有者根据惯例和法律规定，可以使用、享有和处理某物。关于这一问题有下列三方面需要研究：所有者、物、所有者与物之间的关系。我们从村里的人了解到他们对财产的一种分类办法。他们是根据所有者的性质来分类的。

一、“无专属的财产”。每个人，可以无例外地自由享用此类财产——如空气、道路、航道等。但自由享用必须是在不侵犯别人享用的条件下进行。以航道或水路为例：每个人均能享用村里的河流，但不允许其在使用时做出对当地居民有害的事。夜间停止使用河流，除得到守夜人许可外，任何人不得通过。又如，即使在白天，船只不得堵塞航道，船只停留时，必须靠岸以使他人通过。

二、村产。凡该村居民，均有同等权利享用此类财产，如：周围湖泊河流的水产品、公共道路和“坟地”上的草。但在某些情况下，此类财产的处理权在村长手中。将在土地占有这一章（十一章一节）中作更详细的描述。

属于其他地域群体的物很少，也许我们可以提到刘皇的偶像，它属于“段”这个群体所有（六章三节）。

三、扩大的亲属群体的财产。村里的氏族没有任何共同的财产。但兄弟之间分家后，仍然可共用一间堂屋（七章二节）。祖坟不列入真正的财产，因为它对子孙后代没有任何用处，相反，后代有修缮祖坟的义务。同一祖宗的各家均有这种义务。

四、家产。此类财产是下一节要讨论的主要题目。

村里的人告诉你的都可包括在这四类财产之中。村里全部东西也可依据这四类来分类。可能有人会惊奇地注意到，没有列出个人的所有权。实际上，个人所有权总是包括在家的所有权名义之下。譬如，你问一个人，他的烟斗是属于他的还是属于他家的，他会回答是属于这两者的。说烟斗是他家的，意思是别家的人不能用这烟斗。说烟斗是他个人的东西，指的是，他家里的其他成员不用这烟斗。这两种所有形式对他来说似乎并不互相排斥。个人拥有的任何东西都被承认是他家的财产的一部分。家的成员对属于这个群体内任何一个成员的任何东西都有保护的义务。但这并不意味着这个群体中的不同成员对一件物的权利没有差别。家产的所有权，实际表示的是这个群体以各种不同等级共有的财产和每个成员个人所有的财产。

物还可以按其不同的用途来分类。

一、用作生产资料的物，如土地、养蚕缫丝用的房屋、羊栏、农具、厨房等。

二、消费品。

a）用后未破坏或消耗尽的，如房间、衣服、家具、装饰物等。

b）用后被破坏或消耗的，如食物等。

三、非物质的东西，如购买力（以钱币形式出现）、信贷、服务，以及相反方面的，如债务。

二、家　产

拥有财产的群体中，家是一个基本群体。它是生产和消费的基本社会单位，因此它便成为群体所有权的基础。但如前所述，家的集体所有权的部分，对这个群体的各个成员并不完全保持同等权利，所以必须分析不同种类的物，如何为不同的成员所拥有。同时也需要分析不同类型的所有权是如何在各成员之间分配的。

土地是由农户全体成年男子或一些成年男子耕种的。男孩有时帮助耕种，女人只帮着灌溉。产品部分被贮存起来供一家人消费之用，部分出售，以纳税、交租和支付工资，并买回其他消费物品。土地使用权和产品享用权有时通过契约扩大到雇工。收税和收租人的权利只限于从土地取得的利益的范围。在村里，除了例外，耕种者一般保留使用和处理土地的权利。如果他不付给任何人地租而向政府纳税，他可被认为是一个完全的所有者。如果他失去了法定的土地所有权，他必须对持所有权者交地租，持所有权者用所收地租的一部分向政府纳税，在任何情况下，耕种者受法律和惯例的保护，使其不离开土地，不受持所有权者的干扰。换句话说，耕种者拥有土地但有一个附带的条件，即与持所有权者分享部分产品（十一章四节）。

处理土地的权利掌握在家长手中。但在日常管理中，例如决定播种的作物、播种日期等，家长，特别若是女人的话，不行使权利，而把决定留给一个技术熟练的人来作。但出售或出租土地的事，除家长外，没有别人能作决定。实际上他的行动可能受其他成员所驱使或者是根据其他成员的建议来作出决定，但责任由他自己来负。在土地所有权这一问题上，我们可以看到，土地的使用权、处理权和利益的享用权是如何在这一群体的各个成员中分布的。

房屋用于蚕丝工业、打谷、烹饪及其他生产性工作。房屋也用作庇护、睡觉和休息的场所。这些不同的功能来自相当不同类型的所有权。养蚕时期，特别是最后两周需要很大的地方。在这一时期，除去厨房外，所有房间都可能用来养蚕。全家人都挤在一间卧室里。个人就暂时没有各自的房间。打谷时，中间的房屋公用，有时还需与新分家的兄弟合用。厨房主要是妇女用的场所，但做得的食品全体成员共同享用，偶尔有为特殊成员供食的情况。

个人所有权，意即某些人专用某些物的权利，绝大多数是消费物品。虽然，那些用后耗尽的物品必须归个人所有。但那些能够重复使用的物件，可由几个人连续共用。兄弟之间和姊妹之间，双亲和孩子之间在不同时期可共用衣物，但在一定时期内，或多或少是一个人专用的。贵重的首饰等归个别成员所有，多半属于妇女，而且是嫁妆的一部分。嫁妆被认为是妇女的“私房”，但可与丈夫和儿女共享。它也是这个家的家产，遇到必要时，可以抵押出去来接济家的困难。但在这种情况下，必须征得妇女本人的同意。未经妻子同意便出售她的首饰往往引起家庭纠纷。

分给个人住的房间，或多或少是小家庭专用的。部分家具系由妻子的父母提供。媳妇外出可以把房门锁上，虽然，一般认为这样做对婆婆是不很礼貌的。房内箱子和抽屉的钥匙由媳妇保管，这是家中的成员专有权的象征。

小家庭私用的卧室并不损害家长对房屋的最终处理权。幼辈成员不能出售或与任何人交换住房和土地的情况一样，家长对不动产的处理有最后决定权。对土地和副业的产品也是如此。妇女可以出售生丝，如果她不是家长，她必须把钱交给家长。在这个意义上，家长对财产具有较大的权利，超过这个群体中的任何一员。对非物质的物品的权利，包括作为购买力的钱，更为复杂。种稻、养蚕、养羊的主要收入来源由家长控制。钱主要在他手中。只有家长才能决定购买农具、肥料、添置新的土地或房屋。从理论上说，这个制度的理想做法是：每当其他成员从其他来源得到收入时，必须把钱交给家长，他们需要什么时，要求家长去买。这是一种非常集权的经济。但实际上，挣钱的人通常保留他或她的全部或部分收入。例如在工厂做工的女孩通常不把她的工资交给父亲而是交给她母亲保存，以备她将来之用。儿媳妇认为工资是她自己的钱。如果一个媳妇不直接挣钱，她向家长要的钱往往超过实际的开支，把多余的节省下来。这样，她自己有少量储蓄，称为“私房”，她“私人的钱包”。这是媳妇秘密保存的，但总是受到婆婆严密的监视，最终往往成为冲突的缘由。

家庭的日常费用由公共财源开支。但每个人每月有一些零用钱可以自由处理。主要的项目如税金、工资、食物、衣服和其他开销由家长控制。个人在办理这类事务之前应先得到家长允许。除家长外，个人不准借贷。如果一个儿子秘密欠了某人的债，在邻居们看来就是个坏人，他父亲只要活着就可以拒付这笔债款，儿子只有在得到一份遗产后才能还债。因此，这样的贷款利息通常是很高的。

从经济地位来说，家长在这个群体中确实是有权威的。不是家长的人，对物的享有权既有限也不完整。

三、财产的传递

广义地说，继承是根据亲属关系传递财产的整个过程。但它在法律上的用法限于指取得对已故祖先的财产的权利。[①] 在人类学中，通常是指一个已故者的财产处理问题。[②]

---

① 《民法》第1147条。《民法》译本（C.L.夏等，凯林及沃尔什有限公司，1930年）用Succession to Property这一术语。我沿用W.H.R.里弗斯的定义，用inheritance一词表述财产的继承，用succession一词来表述职位的继承（《社会组织》第87页）。

② R.H.洛伊：《初民社会》，第243~255页。

但如果把研究限制在这样一个范围内，势必把其他各种事实遗漏，例如父母活着时的财产传递，后代接受已故祖先的经济义务等。所有权是对物的各种权利的一个混合概念。传递的过程通常是一点一点进行的，甚至在祖先死后，还未必完成。惧怕惹恼祖先鬼魂的心理，或是子孙孝顺的伦理思想，都表明了死者对继承人自由处理遗产的缠绵不息的影响。因此为分析当前的问题，我将从广义方面来使用“继承”这个术语。

一个婴儿，一无所有，赤身裸体地来到这个世界。由于他的身体还不具备获得物体的能力，因此他全靠他人的供养。家庭的作用就是把一个没有独立生活能力的婴儿抚养成为社会中的一名完全的成员。父母对孩子的义务是根据亲属关系确定财产传递的一般原则的基础。

孩子通过父母同各种东西发生接触，从而满足其需要。最初时，未征得父母的同意，他不能使用任何东西。例如，对基本的营养需要依靠母亲的供应。当然，这种供应在一定程度上是受到人类感情和社会规则的保证的，但即使这一点也不一定总有保障。假如这孩子不受家庭的欢迎，他可能因为不喂奶而饿死。他长大后，归他用的东西增加了。但他不能自由取用那些东西。他的衣服，穿上或脱掉都需随他母亲的意愿。放在他面前的食品，必须经他母亲许可才能吃。亲戚送给他的礼物，由母亲保管。成人控制孩子同物之间的关系，主要是为了孩子的福利或为了防止孩子由于技术不熟练而用坏物品。所以当孩子懂得照顾自己并学会正确使用物品时，这种控制便减少了。孩子的技术知识增长并参加了生产劳动，就逐步获得了那些属于家的物品的使用权。但真正专门归他用的或可由他自由使用的物品极少。他所消费的物品类型和数量也总是在他长辈的监视之下。

财产传递过程中的一个重要步骤发生在结婚的时候。男女双方的父母都要以聘礼和嫁妆的名义供给新婚夫妇一套属于个人的礼物，作为家庭财产的核心。新婚夫妇现在有了一间多少是他们自己的房间。但从新娘的角度来看，她同时失去了使用自己娘家财物的一定权利。她出嫁后回娘家，便成了客人；如果父母去世，更是如此。家屋已归她兄弟所有。她住在丈夫的家中但却不能像在自己娘家那样自由自在。实际上，她对物的使用权非常有限。除去她丈夫的东西外，家中其他成员个人的东西，她无权共有。家的集体经济的分解倾向，往往是从她开始的。

上述集权的家庭经济体系削弱了年轻夫妇的独立性。在孩子的成长过程中，父母的控制是必要的，但婚后继续进行这种控制，就是另一回事了。社会的一个完全的成员，需要一定数量属于他自己支配的财物，同时一个家庭的正常功能需要较丰富的物质基础。但这些均受到家的集权经济体系的阻碍。年轻一代对经济独立的要求便成为家这一群体的瓦解力量，最终导致分家。

分家的过程也就是父母将财产传递给下一代的最重要的步骤之一。通过这一过程，年轻一代获得了对原属其父亲的部分财产的法定权利，对这部分财产开始享有了专有权。

父母和已婚儿子分家，通常是在某一次家庭摩擦之后发生的。那时，舅父便出来当调解人，并代表年轻一代提出分家的建议。他将同老一代协商决定分给儿子的那份财产。父母去世后，已婚的兄弟之间则自动分家。

让我们以有一父、一母、两个儿子、一个女儿的一个五口之“家”为例。长子成婚后，如果要求分家，便将土地分成不一定等量的 4 份。第一份留给父母。第二份是额外给长子的，剩下的一份由两个儿子平分。

父母的一份将足以供给他俩日常生活及女儿出嫁、小儿子成婚所需的费用。这一份土地的大小根据两老的生活费用及未婚子女的多少而定。

长子接受两份，额外归他的那份一般比较小，其大小将根据他对这个集体单位的经济贡献而定。长子年纪大些，肯定较其弟多做些贡献。从村里邻人的眼光看来，长子对已故双亲也具有较大的礼仪上的义务。

未婚儿子的那一份是名义上的。他与父母一起生活，没有独立地位。但成婚后，他可以要求分得这一份。如父母之一在他成婚前去世，就不再分家。尚未与父母分家的儿子供养在世的父亲或母亲。父亲或母亲甚至不通过分家的方式就将大部分经济权交给已婚的儿子。当父母都死去时，由于小儿子曾供养他们，留给父母的那份土地便留给小儿子。这样，最终他也继承两份土地。但如长子也赡养父母，他亦可对留给父母的那份土地提出要求。长子和幼子最后分得的土地数不一定相等。

房屋有几种分法。父母在世时，长子住在外面其他房屋里。例如，该村副村长周某，他是幼子，同父母一起住在老房屋内。其兄在分家后搬到离老房屋不远的新屋内。如父亲去世后才分家，长子便占住老房子，幼子同母亲一起迁往新居。由于修建或租用新房屋有困难，因此，多数情况下将老房屋分成两部分。长子住用东屋，幼子住西屋（房屋的方向总是朝南），堂屋为公用。

如仅有一子，只有在发生严重冲突的情况下他才会要求和父母分家。在此种情况下，分家仅意味着是一种经济独立的要求。儿子分得多少，无关重要，因为这只是一种暂时的分配。最终全部财产仍将传交给儿子。父母年老不能工作时，他们又将再合并到儿子的家中去。这种再合并的过程不损害儿子已获得的权利，反而是将其余的财产权传给儿子。

不论是土地或房屋均为单系继承。女儿无继承权。女儿出嫁时，父母给她一份嫁妆，包括家具、首饰、衣服，有时有一笔现钱；但从不分土地或房屋，甚至最穷的父母也得为女儿备一份被褥。

分家以后，儿子获得单独的住房或分得一部分老房屋，其中单有一间厨房，其妻便在这厨房内为这个家煮饭。他有单独另一块土地，所得产品归他个人支配。但实际上，他对这些分配所得的权利仍是不完全的，只要他父亲在世，便可以对他使用土地和房屋施加影响。儿子不得违背父亲的意愿去出售土地。父母需要食物时，他必须送往。父母双方年老或有一方在世时，他必须负责赡养。所以分家并非就此完全结束了父母与子女之间的经济关系。

此时所分的仅限于生产用的和一部分消费用的财产。属于父母个人的财产仍然被保留着。儿子通常分得一笔钱以开始经营他那新的经济单位。至于债务，除去儿子私下欠的债以外，仍将留到父亲去世时才解决。

父母年老，丧失劳动能力时，保留的不动产部分将传给儿子。最后的传递在父母去世时进行，特别是在父亲去世时。部分个人用品将与死者一起埋葬，另一部分火化，被认为是给死者的灵魂使用的。其余部分，不仅为儿子而且将为服侍过死者的其他亲戚所分用。女儿可分得相当一部分母亲的遗物，包括衣物和首饰。在某种程度上，这意味着母系继承，但由于儿媳也往往分得一份，这个惯例便不是绝对的了。对此类财产的分配或多或少是按照死者或其丈夫（或妻子）的意愿，他们有权决定对遗物的处理。

四、继承对婚姻和继嗣的影响

就土地和房屋而言，继承是按继嗣系统进行的。但如果一个人没有儿子，财产传给谁呢？这个问题有两种情况：一个人可能没有孩子或有女儿而没有儿子。让我们先研究一下第一种情况。

因生理原因而无子女的情况极少。如果一个妇女不能生育，就会受到遗弃，丈夫将重新结婚。多数是因为孩子死亡而无子女的。一个男人上了年纪而没有活着的孩子时，可以领养一个男孩。他可以自由选择一个养子。在领养时，他必须邀请他同族的人，在他们面前，与孩子的父母或孩子的其他负责人签订契约。契约分两个部分：一方面，养父正式允诺，保证养子具有正式的地位，特别是继承权。另一方面孩子的父母或负责人保证断绝他与孩子之间的关系，同时以孩子的名义担保在养父或养母年老时赡养他们。

同族人在契约上签字甚为重要，因为这一行动是违背他们的利益的。如果一个人死后无子女，他的近亲层中最近的亲属便自然地成了他的嗣子，并根据惯例，继承他的财产。但在此种情况下，继承人不会同他自己的父母断绝社会关系。他将与自己的父母同住，不替被继承人做事。事实上，这种继承人主要只是承担礼仪上的义务。

从经济观点考虑，人们认为领养一个能为养父母干活的孩子，在他们生前侍候他们，比在亲属中指定一个继承人好得多。但领养一个外人意味着在最近的亲属方面失去了对财产的潜在的继承权。因此潜在的继承人的父母往往想尽一切办法来制止这一行动。通常的结果是妥协。或者最近的亲属答应赡养领养父母，或者年老的父母领养一个外人，但是允诺把一份财产传给潜在的继承人。这份财产并非土地或房屋，而是一笔金钱。

假如儿子成婚后死去，未留下孩子，其父母将为死去的儿子找一个替代人作为儿媳妇的后夫。此替代人被称为“黄泥膀”。[①] 他将改姓其妻子前夫的姓并住在前夫的房屋内。他的孩子将被视作死者的嗣子。这个替代人的社会地位很低，富裕的人是不会接受这种位置的。村里有两个“黄泥膀”。

假如死者有一个未订婚的弟弟，叔嫂婚也就在同样的情况下产生。村里有两起这样的婚姻。当“小媳妇”的未婚夫在结婚前去世，在这种情况下，叔嫂婚比较普遍。

现在，我们必须转入第二种情况：即一个男人仅有女无子。如果女儿在弟弟死前出嫁，她对她父系的继嗣不能做出任何贡献。但如果她尚未出嫁，父母也明白不可能再有儿子，他们便可要求女儿的未婚夫的父母允许他们的女儿为他们传嗣。换句话说，他们有权利将其女儿的一个男孩子作为他们自己的孙子。这类婚姻称作“两头挂花幡”，意思是在两个家的祖宗牌位上插两面花旗。在结婚仪式上，花幡是传嗣的象征。这个村子有一起这样的婚姻。

假如女儿尚未订婚，他的父母可以领养一个女婿。女孩的父母向男孩的父母送一份结婚礼物。婚礼在女孩家中举行，丈夫将住在妻子家里与岳父母一起生活。除举行婚礼外，女孩的父母还将与男孩的父母签订一项契约，与领养一个儿子的契约类似，并有同族人连署。其女儿的孩子姓他们的姓，为他们继

---

① 村里的人解释方言“黄泥膀”这个词的意思为黄泥腿。但他们并不知道为什么要这样称呼他。后来我发现中国北方方言也有同样的叫法，“泥腿光棍”，例如在古典小说《红楼梦》第45回中，指那些无业单身汉。但城镇里识字的人告诉我这个词的另一种文言的解释是“防儿荒”。“防”，当地人念 ban，在此词中变音为 Wan。“儿”，当地方言念作 ni。“荒”，读作 Whan，在这里变成 Pon。语音变化如 b 变成 w，wh 变成 p，在其他例子中也常见。识字人的解释，说出了替代人的功能，而当地人的解释说明了替代人的性质。两种解释对了解这种习俗都有用处。

嗣。这类婚姻本村有 12 起。如果我们考虑到无子的父母相对来说比较少，且一般订婚比较早，12 起的数目是相当可观的了。在父母还有希望获得亲生儿子时，他们是不会安排此类婚姻的。但如女儿成婚后，父母又得一子，已办成的事仍然有效。我们见到一例。这是普遍都接受的制度，而且在《民法》中已有法定条文。①

在上述情况中，父系继嗣的原则已作修改，婚姻制度有所改变。这说明，继承和继嗣的问题应被视为两代人之间相互关系的一部分，一方面是财产的传递，另一方面是赡养老人的义务。年轻一代供养老人的义务不仅靠法律的力量来维持，而且是靠人的感情来保持的。由于感情上的联系及老人经济保证的缘故，他们宁愿从外面领养一个儿子，而不愿在亲属中指定一个继承人。他们领养女婿，改变了父系原则。老人去世后，下一代的义务并未结束。照看坟墓、祭祀祖宗便是这相互关系的一部分。此外，对继承下来的财产的自由处理权又受到崇敬祖先的宗教和伦理信念的约束。因此，我们研究年轻人赡养父母的义务必须联系继承问题。

五、赡养的义务

一开始，家庭里尚未添丁时，成人自己割羊草。家里有了孩子并能工作时，成人才摆脱了这项工作。在种稻这项工作中，男孩最初可帮着插秧，进行灌溉。男孩长大后便与父亲并肩劳动，终于，甚至在成婚前已比他父亲担任更多的工作。女孩帮助母亲料理日常家务及养蚕缫丝。当他们对家庭的贡献超出他们自己的消费时，便已开始赡养父母。虽则由于经济收入归家庭的缘故，他们供给家庭的份额并不明显。

---

① 《民法》第 1000，1002，1059 及 1060 条。

在父母和孩子之间并不计较经济贡献上的平等问题，但在兄弟之间确有这个问题。我知道这样一个事例，有一个人根本不在地里劳动而靠他弟弟过活。为继续他的寄生生活，他甚至阻碍弟弟结婚。他受到了社会舆论的严厉批评。公众舆论迫使他为弟弟安排了婚事，并准备婚后接着分家，但在我离开村子以前，分家尚未举行。普遍接受的观念是，既然一个人在童年时代受了父母的抚育，又接受了父母的财产，为父母劳动就是他的责任，但为兄弟劳动却不是义务。

然而，父母和子女之间平等的意识并非完全被排除了。年轻夫妇如果挑起了家中的大部分劳动重担，而由于经济权力集中在老一代手里，青年仍然没有独立的地位时，他们也会产生不满。这将最终迫使父母在逐渐退出劳动过程中，同时放弃他们的权力。

儿子有了独立地位时，赡养父母的义务就明显了。假如父母年老时，仍然掌握一份土地，但已无力耕种，儿子将代他们耕种。这意味着实际上儿子必须为父母出一份劳力。另一个普遍的形式是，当父母一方去世时，活着的一方将与儿子的家进行合并，并一起居住。供养的金额并不固定。如果有两个儿子，他们可以轮流赡养。总之，随着父母年老依赖程度的增加，他们的权威便按比例地缩小。从各类型所有权的角度看，父母退却的一般规律是从使用产品的权利退到处理产品的权利，最后到处理用具和生活享受的权利。从各类物体的角度看，从生产资料退却到消费物品，最后到非物质的权利和债务。这些退却的步骤与下一代义务的增加是相互关联的。下一代从完全依赖于父母到担当合作的角色，最后到挑起赡养父母的全部责任。正如前面已经提到的，甚至到父母死亡，尚未完全解除下一代对上一代的义务。对遗体的处理、服丧和定期祭祀，都是子女义务的延续。由于受赡养和祭祀的一方对这些义务不能施加直接的影响和控制，宗教信仰和公众舆论便成了强烈的约束力。

当一个人垂死的时候，家的成员都要聚集在身旁，小辈们跪在床前。当儿子的位置最接近死者。女儿不一定在此之列，但一旦父母死亡，出嫁了的女儿便得迅速赶到。在死者大门前燃烧起一包衣服和一张纸钱。邻居们纷纷到来，协助料理丧事，因为家的成员此刻都服重孝，无心办事。儿子、儿媳和女儿都身穿麻布孝服，头缠白色长带，一直拖到地面。孙儿辈则穿白衣，头系短带。

到第二天或第三天便是遗体入殓。长子捧头，幼子扶足。再下一天，盖棺，把棺材运到坟地。村里同城镇的做法不同，棺材不埋在地下，而是放在地上桑树丛中，用砖和瓦片盖起一个遮蔽棺材的小坟屋。如果这家买不起砖和瓦，则用稻草搭成坟棚。这样，并不因为埋葬而荒废土地。①

后代有责任修缮祖先的坟屋，一直继续负责到五代。那些腐烂的棺材没有人再管时，有专门的慈善机关将它们运走，埋葬在别处。

人们相信死者的灵魂离开尸体，进入阴间。死后第 17 或 18 天灵魂将回到家里。那天，家中应准备就绪，迎接死者的灵魂到来。女婿将奉献木龛一个，内立有死者名字的牌位，安放在堂屋里，举哀 49 天。每餐都准备好食品供在灵位前，并且有一妇女在旁边哀嚎恸哭，如诵悼歌。这是一个妻子对丈夫的义务，也是儿媳对公婆的义务。男人从不参与这种恸哭。

---

① 在华东中部，农村坟地的平均百分比为 2.6%（巴克：《中国农村经济》Buck, *Chinese Farm Economy*，第 33 页）。除城镇里的富人把死者埋葬在农村以外，没有其他专门的坟地，这说明了人口极其众多，土地稀缺。

举行丧礼期间，邀请保管家谱的和尚在死者面前念佛经。人们相信诵经对阴间有财富的价值。从此，死者的名字便由和尚记载在家谱中，列入祭祀的名册。

49 天后，每天的祭祀告终。两年零两个月后烧掉牌位龛，居丧便告结束。死者的牌位便放入祖祠内。

在平时，每一个祖宗的生日和终日都要祭供。对所有直系祖先，每年要集体祭祀 5 次，其时间见九章三节社会活动时间表所列。祭祀的方式是为祖先的鬼魂准备一次宴席。席后，焚烧一些锡箔做的纸钱。这直接说明了下代对上代的经济义务，甚至延长到老人去世以后。后裔遵奉这些义务，在某种意义上表明了传嗣的合法权利，以及对继承权的要求。例如，遗体被放进棺材时，捧头的行动被认为是长子继承父母那份额外的土地的合法证明，也是在亲属中指定一名继承人的决定性依据。事实上，不会有两个人与死者的亲属关系是处在完全同等的位置，但如果最近的亲属未能履行这个行动，第二个人便接过这一角色，最近的亲属便丧失了继承权。奉行这个义务的，就是合法继承人，他将继承死者的遗产。

此外，如果死者是一个既未结婚也没有财产的人，就不发生继承的问题，因此不指定继承人。

但是，服丧的义务不是单系的，参加服丧的成员如下表所列。

从表中，我们可以看出，服丧的时间及戴孝的轻重并不与传嗣相关。而在某种程度上与实际的社会关系及他们与死者之间的标准化的感情关系相关。人们并不认为戴孝会增加鬼魂的福利，而认为是对死者的感情上的表露。这同祭祀祖宗不同，人们认为祭祀是对鬼魂福利有一定的贡献，是对阴间祖先的赡养。

与死者的关系	时间	服丧情况
妻　　子	无一定限期，直到儿子结婚	粗麻裙和鞋，开始头扎白带，然后改穿白裙和鞋；不穿丝绸
丈　　夫 女　　婿	无一定限期，数个月	帽子上带蓝顶子
儿　　子	两年零60天	粗麻布鞋，然后改穿白鞋，如果父母一方未去世，又改穿蓝鞋；白顶子，一年不穿丝绸
女儿（已婚或未婚）	两年零60天	穿粗麻裙49天；白鞋，后改穿蓝鞋；黄头带
儿媳妇	两年零60天	穿粗麻裙35天，其余如女儿
孙　　子 侄　　子 外　　甥 外　　孙	一年	男用蓝顶子 女用蓝头带
死者的长辈无服丧的义务		

人断气时，对物和对人的直接控制便停止。但人们相信鬼魂的存在，这便延长了死者对财产的影响。家中的不幸、病痛，有时被解释为是祖宗的鬼魂对他们所不同意的某些行动的警告，例如，不遵奉定期祭祀、遮蔽棺材的小坟屋坏了、有人

出售家中的土地或房屋等。从纯粹的伦理观念出发，已足以阻止一个人随意出售他所得的遗产。继续保持土地拥有是子女孝心的表现。相反的行动就会遭到社区舆论的批评，认为是不道德的。这对土地占有问题至关重要。

六、新的继承法

在描述了村中财产的实际传递过程之后，现在我们可以看一看法律条款。在制定1929年生效的新《民法》的时候，立法者是按照中国国民党的基本政策给男女以同等的继承权，以便促进男女平等的。这与旧《民法》和以上描述的传统做法有重要的区别。

在继承问题上，新旧《民法》的原则可以归纳如下：

> 过去，根据中国法律，一个女人，除去个别例外，是没有继承权的。例如，假定一个中国人在15年以前去世，留下一个寡妇、一个儿子和一个女儿，根据法律，全部遗产只能由儿子继承，寡妇和女儿一概没有权利继承。如果死者没有子嗣，只有一个女儿，而他兄弟有一个儿子，在这种情况下，女儿和寡妇仍然没有任何继承权，死者兄弟的儿子是法定继承人，一切财产均归于他。再如，即便死者没有兄弟或他的兄弟没有儿子，但只要死者有一个男性亲属活着，他是与死者同一个男性祖先的后裔，而且是属于小辈，这个男性亲属便有继承死者全部财产的法定继承权。所以，女儿只有在她的先父去世时既没有儿子、侄子也没有活着的男性亲属的情况下，才有继承权。寡妇在任何情况下不得继承。
>
> 但是现在，法律有了很大的改变。在《民法》中明

确地承认女子的继承权。[1]假定上述男人现在死去，而不是15年以前死去，他的财产便可平均分配给寡妇、儿子和女儿。如果他没有儿子只有女儿，母女可以共同继承遗产。父系侄子和其他男性亲属一概无权继承。[2]

旧的立法原则规定严格沿着父系传嗣单系继承。只要一个人自己有一个儿子，就沿着这种惯例进行。他的女儿，出嫁后与丈夫住在一起并参加后者的经济单位。她没有赡养娘家父母的义务。在人们的思想里，女人没有继承娘家父母财产的权利是公平的。但在一个人没有儿子的情况下，根据旧法律，他只能把财产留给他最近的亲属，别无其他选择。他可以领养一个儿子或一个女婿，但后者没有法定的继承权。在这种情况下，习惯提供了折衷的办法。在人们的眼里，剥夺一直赡养父母的人的继承权是不合理的。但正如以上所述，他们既然也承认最近亲属的潜在继承权，因此允许提出补偿的要求。

新《民法》改变了单系继承的原则，因为这被认为是违反男女平等原则的。但对传嗣原则，究竟做了多少改变，不很清楚。它承认女儿甚至出嫁后，仍像她兄弟一样是她父母的后嗣（第967条）。但必须是“妻以其本姓冠以夫姓”（第1000条）。“妻以夫之住所为住所”（第1002条）。除非她父母为她招赘。她的子女将“从父姓”（第1059条），除另有安排协议外，未成年之子女以其父之住所为住所（第1060条）。作为后嗣，她有义务供养娘家的父母（第1115条）。因此，每个

① 《民法》第1138条：“遗产继承人，除配偶外，依下列顺序定之。1. 直系血亲卑亲属。2. 父母。3. 兄弟姊妹。4. 祖父母。”直系亲属在第967条中的定义为，“称直系血亲者，谓己身所从出，或从己身所出之血亲”。他们包括儿子、女儿以及他们的直系后裔。

② 这一条综述系由上海高等法院律师H. P. 李先生提供的。

家庭，夫妻必须住在一起，他们也同时有供养双方亲属的义务。

这些法律条款付诸实际社会实施时，将形成以双系亲属关系原则为基础的组织。布·马林诺斯基教授曾经指出，“单系继嗣是与亲子关系的性质密切联系在一起的，就是与地位、权力、官职和财产从一代传给另一代有密切的关系。亲嗣规则中的单系秩序，对社会结合来说是最重要的。”①

所以研究这个法律制度的社会效果是有意义的。它为人类学家研究从单系亲属关系变为双系亲属关系的过程提供了一个实验的机会。但就这个村子而论，虽然新法律已颁布7年，我尚未发现有向这一方向发生任何实际变化的迹象。

① 《不列颠百科全书》，第14版（“Kinship”, *Encyclopaedia Britannia*, 14th#ed.）。

第五章　亲属关系的扩展

使得家的各个成员联系起来的基本纽带便是亲属关系。但家并不把它自己只限制在这个群体之内。它扩展到一个较广的范围，并使亲属关系形成较大社会群体的联系原则。

一、父系亲属关系的扩展

家是一个未分家的，扩大的父系亲属群体，它不包括母亲方面的亲戚和已出嫁的女儿。父系方面的较大的亲属群体是这样一个群体：即其成员在分家后，仍然在一定程度上，保持着家的原来的社会关系。我们已看到，家中的家庭核心增大时，这个群体就变得不稳定起来。这就导致分家。但已经分开的单位，相互间又不完全分离。经济上，他们变成独立了，这就是说他们各有一份财产，各有一个炉灶。但各种社会义务仍然把他们联系在一起。开始时，他们通常住在邻近的房屋里，有时共用一间大的堂屋。他们互相帮助，在日常生活中关系比较密切。在第二代，由于他们双方父母之间的关系密切，儿辈之间也亲密相处。他们之间互相帮助和日常交往的密切程度，视亲属关系的远近和居住地区的远近而异。分家后弟兄们如果住得较远，互相帮助的机会就减少，下一代的兄弟姐妹更是如此。

根据已接受的原则，五代以内同一祖宗的所有父系后代及其妻，属于一个亲属关系集团称为“族”，互相间称“祖宗门中”，意思是“我同族门中的人”。但实际上，这个谱系的严格计算并不重要。第一，没有文字记载的家谱，对家系的记忆并不准确。和尚记家谱是为了记得需要定期祭祀的直系祖先，而不是为了承认活着的亲戚。兄弟并不被列入祖先鬼魂的名单。五代以前的祖先不再列入祭祀的名单。第二，如果严格遵照这一原则，从理论上说，在每一代，族都要淘汰一些远亲，但实际上族很少这样做的。

实际情况是这样的：长期以来村的人口一直是变动不大。如族的成员人数不增加，就不分族。如果人数增加，对土地压力增加，就必定移民到其他地方去。人离开了，就不再积极参与这个亲属群体。一代或几代以后亲属联系就停止发生作用。这就是为什么我尚未发现任何族有成员永久居住在其他村里。

下面是一个村里人告诉我的一段话："一个族的大小，平均约有8家。因为，我儿结婚的时候，全族都要围着一张桌子团坐（每张桌子有8个座位，一个座位坐一个家的代表，女人和男人在不同时候分别集会）。桌子座位不够时，我们就不请远亲来参加庆祝。"当然，这段说明，并不就是实际的规则，但它表明，一个单位在承认其成员的资格时允许有区别对待。在礼节性聚会时，可以排除那些远的亲戚，他们也不会坚持要求受邀请。一个富裕的家能请两桌或更多桌的族人，他们乐于这样做，也往往受到赞扬。在这个意义上说，族也可以说是一个礼仪的群体，有婚丧大事时，聚集在一起，宴会或祭祀共同的祖先，同时也送少量礼金勉强够食物的开支。互相帮助的真正的社会义务则在更小的群体内进行。例如刚分家的兄弟。此时，人们不用"祖宗门中"这个俗语，他们用"兄弟"或用兄弟辈这样的字眼来描写他们之间的关系。

族这个单位的另一个特征是，它的成员资格是家。因此，从它的个人成员来说，族并不是单系的亲属关系。一个已婚妇女，到了丈夫的家，便自动成了丈夫的族的一员。她姓丈夫的姓，把她父亲的姓放在第二位。她丈夫的亲戚遇有重大礼节性场合时，她跪在丈夫旁边，共同拜祭祖先。她死后将与丈夫一起接受祭祀。

妇女出嫁后不再是她父亲那个族的成员，她不再参加对父亲一方祖先的祭祀，死后也不受父方下辈的祭祀。

族的最重要的功能在于控制婚姻规则。族是外婚制单位，叔嫂婚例外。同姓，非同族的人可以结婚。古时候的规定及旧的法律规定，禁止同姓的人结婚，但这个村并非如此，至少在向我提供情况的人所能记忆的时期内，这个村子从未这样实行过。族缺少明确的界线，这一点并不妨碍外婚制的功能，因为大多数婚姻都在各村之间进行，而族的组织很少超越村的范围。

二、母系亲属关系的扩展

从上面几节，我们已看到孩子与母亲方面的亲戚保持密切的联系。母亲生孩子时，他的外婆来帮助料理。孩子一年要看望母方亲戚数次。舅舅对孩子有特殊的义务。他是孩子满月时的贵客。给孩子取名字的是他，陪伴孩子第一次上学校去见老师的也是他。外甥结婚时，舅舅要送贵重礼物如首饰或现金。对孩子来说，父亲若对孩子管得太严厉，舅舅是孩子的保护人。需要时，孩子也可以跑到舅舅那里去。父子有矛盾时，舅舅就出来做调解人。父子之间或兄弟之间分财产时，舅舅是正式的裁判。舅舅去世时，外甥须为他服丧。

母亲的姊妹，特别是那些嫁给父亲的同村人的，由于住得较近，关系也很亲密。但母亲亲戚关系不超过舅家和姨家的群体范围。舅姨家的亲属是不属于这个功能群体之内的。

妻方的亲属，在妻子生孩子之前，并没有密切的联系。他们不参加女儿的婚礼，要到婚礼后的一个月才去探望她。婚后第三天，新郎和新娘要到岳父母家去“回门”。礼节性拜访结束后，彼此不再探望，只是妻子本人偶尔回娘家探视。生孩子时，妻子的母亲便来女儿处陪伴数夜。从这时候起，妻方的亲属便成为孩子的母系亲戚。

三、名义上的收养

名义上的收养就是一个人不通过生育和婚姻，部分地被接受到另一个亲属关系群体中去的制度，当地称之为“过房”，意思是“过寄到另一家去”，过寄意思是依附。据说这来源于人们相信恶毒的鬼魂对父母娇养的孩子往往要找一些麻烦(三章四节)。按同样的推理，多子女的人对鬼魂的抵抗能力较强。因此，把孩子“过寄”这样一个强有力的人，孩子可以得到保护。另一方面，孩子虽然是名义上过寄别人，但也足以向鬼魂表示父母对孩子的淡漠。

这种信仰与婴儿的高死亡率有关，但这种名义上收养的制度不仅仅意味着对孩子的一种精神上的保护，这也为孩子提供了一种较新的社会联系。在前面已谈到过，那些多子女的父母，无论他们是否真正具有精神上的强大力量，他们比较富裕，社会影响大，这是肯定的（三章三节)。通过名义上的收养与他们建立关系，孩子将在这个社区内获得较好的经济和社会地位。另一方面，名义上收养孩子的人也感到高兴，因为他相信，这表示他的声誉和未来的兴旺。

这种收养关系将通过一次仪式来建立，那就是向一个被称为“新官马”（意思不明）的神进行祭祀。被收养的孩子向过寄的父母赠送针、桃、酒等象征长寿的礼物。收养孩子的过寄父母要给孩子办筵席，并给孩子取一个新名字，姓他过寄父的姓（实际上从不用此姓)，送他一些饰物和现金。

从此，孩子便有了新的责任和权利。他须按照亲属关系来称呼他的寄父母。新年的时候，他必须向寄父母拜年，送礼物。有婚丧大事时他必须参加，为他们戴孝，他不应与他们的子女结婚。寄父母则须请寄养儿子吃年夜饭，供给他三年鞋、帽和长袍（象征孩子已被接纳到寄父母的家中来）以及定期送礼物和给予其他关怀。

这种“收养”是象征性的；孩子并不离开生父、生母。他不要继承权也没有赡养寄父母的义务。他名义上改了姓，但正像乡亲们说的，这是骗那些鬼魂的。所以真正的意义在于通过象征性的亲属关系称谓和礼仪形式来建立一种新的与亲属关系相似的社会关系。

社会关系的扩展促使社会活动增加，但也会增加开支。在经济萧条时期，甚至真正的亲属关系也成为一种负担，那时，亲属关系的组织明显缩小。名义收养也不流行了。向我提供情况的人告诉我说，为了免于受鬼魂的侵害，他们把孩子“寄”给神或“寄”给父亲的姊妹的丈夫。这样并没有建立新的关系。由于女孩很少被“寄养”，特别喜欢让父亲的姊妹的丈夫来担当这个角色很可能与不吉利的“回乡”型婚姻观念有联系（三章八节）。当父亲的姊妹的女儿被包括进外婚制单位中时，并没有使婚姻的选择面变窄。

四、村庄的亲属关系基础

在名义收养制度中，人们象征性地使用亲属关系的称谓来建立新的社会关系，这种关系来源于亲属关系并与亲属关系相类似。亲属关系的这种扩大方式在这个村里很普遍，它既与生育无关，也不与婚姻相联系。

除了父亲、母亲、祖父、祖母的称呼外，人们根据不同的性别、年龄、血统关系和姻亲关系，用父方的所有亲属称谓来称呼同村人并用母方所有的亲戚称谓，除外祖父、外祖母以外，来称呼外祖父母村子里的人们。亲属称谓的这种延伸的用法，起到了区分不同的地方和年龄组的作用，并可由现在的亲属关系派生的这种关系来说明不同类型的社会关系。

亲属称谓的延伸使用是有一定目的的。每一个称谓，当它最初被用来称呼时就包含了与亲密的亲属相应的某种心理态度。由于称谓的延伸使用，这种感情上的态度也逐渐被用来对待实际上并不处于这样一种亲属关系的人。譬如，一个人称呼他村里的年长的人时，用父亲兄弟的称谓，这就是说，他将像对待他伯伯或叔叔那样来服从或尊敬他们。与母亲的兄弟的称谓相联系的态度，与伯伯或叔叔的称谓相关的态度不同。外甥把舅舅与友好和宠爱的观念相联系。用舅舅这个称谓来称呼他母亲村里的人便意味着，他可以在这些人之中自由自在的行动，并乐于被他们待为上客。

应当注意的是延伸地用这种感情态度来对待实际上并不是属于这种亲属地位的人，并不意味着他们之间就延伸特定的权利和义务。用这种称呼，并不等于他们之间真的建立了这样的亲属关系，但这种称呼有助于说明这个社区内不同的人的地位。在这个社区内，老年人受到尊敬，而且通常是具有威信的。

近来，按年龄组分配权力的原则有所变化。村里的老年人，不能适应迅速改变着的形势的需要，因而不能胜任这个社区的领导人的角色。现任村长周某，属于村里第二个年龄组。他用个人名字来称呼在他下面工作或在社区内不太有影响的老年人。过去只有年长者能用姓名称呼年轻的人。另一方面，现在已引进一个新的名称“先生”（在城镇普遍用作教师的头衔或仅如英文中的 Mister 这个普通头衔），比周年长的人也这样称呼他。这一例子很清楚地说明了感情与称谓的关系。当情况有了变化，年纪大的人变成在他下面的人，原先的尊敬的感情与整个环境不甚相符。因此，变化了的社会环境便引起心理上的别扭，最后引起语言的改口。

必须指出的是亲属称谓的延伸使用不应被当作过去或现在

在中国这部分地区有“族村”存在的证据。对这个村子的姓的分布的调查可以说明，虽然亲属关系群体倾向于集中在某地区，但家族关系并没有形成地方群体的基础。

在父系社会中，姓是由父亲传给儿子的。但这并不是说，同姓的人都可溯源到同一个祖宗。例如，周某告诉我，该村姓周的人属于两个完全不同的血统。此外，有同一个祖宗的那些人，社会上不一定承认他们是宗族关系。但有一件事是明确的，不同姓的人，不可能属于同一父系的亲属群体。所以可以认为，一个村子里的居民有许多不同的姓，说明了这个村里有许多不同的父系亲属群体。

这个村共有 29 个姓，下表说明了在每个圩里（二章三节）每一姓的家数。

从此表可以看出同姓的家的分布情况。亲属群体有集中的倾向。例如周姓和姚姓集中在圩Ⅰ；吕姓在圩Ⅱ；谈姓在圩Ⅲ和Ⅳ；某些姓，如吕和邱，只分布在一个圩里。这些事实表明，居住地亲属关系之间的密切联系，换句话说，有这样一种趋势，同姓的家，可能因亲属关系联系在一起并住在一个邻近的居住地区。但这个村子里的姓很多而且同姓住得也分散，这个事实也清楚地说明，村里有许多亲属群体而亲族联系和地方联系的相互关系不大。

姻亲关系的情况也相同。严格地说，这个村既不是外婚制也不是内婚制的单位。但正如已经提到过的，不同村的人互相通婚更为经常。虽然并没有明确提出，但是有地方性外婚的趋向。各村之间，在婚姻关系上并没有特殊的偏向，因而，姻亲关系并没有在同村人之中或在各个村庄之间保持密切的纽带关系。

姓	圩 1	圩 2	圩 3	圩 4	总 计
周···	49	23	24	2	98
谈···	7	4	17	28	56
姚···	30	4	10	—	44
徐···	13	4	9	4	30
沈···	2	4	13	7	26
王···	1	6	—	8	15
吕···	—	14	—	—	14
邱···	—	10	—	—	10
赵···	7	—	—	—	7
倪···	4	3	—	—	7
饶···	—	7	—	—	7
吴···	—	4	2	—	6
蒋···	4	—	—	1	5
陆···	—	—	—	5	5
陈···	4	—	—	—	4
方···	4	—	—	—	4
金···	—	1	3	—	4
钱···	—	—	—	4	4
杨···	3	—	—	—	3
秦···	1	—	—	—	1
贾···	1	—	—	—	1
刘···	1	—	—	—	1
冯···	1	—	—	—	1
凌···	1	—	—	—	1
黄···	—	1	—	—	1
于···	—	—	1	—	1
李···	—	—	1	—	1
殷···	—	—	1	—	1
郭···	—	—	—	1	1
总 计	133	85	81	60	359①

① 不包括和尚。

第六章　户与村

除了亲属关系的联结，另外一个基本的社会纽带就是地域性的纽带。居住在邻近的人们感到他们有共同利益并需要协同行动，因而组成各种地域性的群体。在这一章里，将加以分析。

一、户

家是由亲属纽带结合在一起的，在经济生活中，它并不必定是一个有效的劳动单位。家中的成员有时会暂时离去，有时死亡。在家中要吸收新的劳动成员，通过亲属关系，如生养、结婚、收养等办法，有时不易做到，有时则因涉及继承等问题而不宜进行。在另一方面，有些人的家破裂了，可能希望暂时参加另一劳动单位，但并不希望承认新的亲属关系。因此，那些住在一起，参加部分共同经济生活的人，不一定被看做是家的成员。① 我们在这里采用了"户"这个名词，来指这种基本的地域性群体。

在这个村子里，我找到有 28 人被分别吸收到这种经济单位中。作为户的一员，一起居住、吃饭和劳动，但他们和家的成员有着明显的区别。他们和这家人并不存在一定的亲属纽带关系，并不把自己的财产永久地投入这一家中。通常情况是，

① 从法律观点来看，一个人虽然无亲属关系，但永久地住在此群体内者，亦应视为"家"的一员（《民法》第 1122～1123 条）。但此规定并未被村民所接受。甚至那些在"家"中居住了很长时间的人还是被认为与"家"的成员有区别的。

他们在一定条件下参加这个单位。这种成员和这家的关系大有差别，有些是长期的客人，有些是除了没有财产的法定权利外，其他都和家里人是一样的。

非家成员进入一户，通常采取三种办法。其一，这个成员可能是这家庭的客人，他在一个较长时期内住在这里每月付一笔钱。例如，有一个医生在村中开业，他就在药店老板的家中住了多年。他单独有一间房，并和他的房东共同生活。另一例是一个小孩，他自己的家住在另一个村子里，但他是这个村的一家人抚养大的。这个孩子的父母每个月付给抚养孩子的家庭一笔钱。还有 5 例，他们都和房东有姻亲关系。他们自己的家破裂之后，跟随着母方的亲戚。虽然他们实际上和家的成员一样地生活在一起，但他们不能加入这个家，而保留着他们的客人身分。

学徒制度也是一种从外面吸收工作成员的办法。这种情况有 4 例。师傅为学徒提供食宿，免收学费；而学徒则必须为他的师傅做一定年限的工，没有工资，只是在最后一年，可以要少量的“鞋袜钱”。

最普遍采用的办法是雇佣。一个人可按一定契约做一名佣工进入一户，他为那家种田或养蚕缫丝，佣工在雇主的家中得到住宿。他参加该户的劳动，有权使用所有的用具，并由该户供给食宿。他每年可得到一笔事先议定的工资。

以上是村中不属于家的成员而进入户的全部情况。

家中的成员也可能不住在家里而在远处工作。他们暂时不在家，并不影响他们的亲属关系。但他们不在的时候，他们不能算作户的成员，虽然他们和这一户有着明确的经济关系。

在这个村子里，那些不住在自己家里的人，总共有 54 人，其中女 32 人，男 18 人。除了其中 4 个男孩作为学徒住在本村的师傅家里外，其他人都在城里工作，这个数字表明了人口流入城市的强烈倾向，其中尤以女性人口更为突出。

二、邻　里

若干“家”联合在一起形成了较大的地域群体。大群体的形成取决于居住在一个较广区域里的人的共同利益。比如，水、旱等自然灾害以及异国人侵略的威胁，不是影响单个的人而是影响住在这个地方的所有的人。他们必须采取协同行动来保护自己——如筑堤、救济措施、巫术及宗教等活动。此外，个人要很好地利用他的土地，需要别人的合作；同样，运送产品、进行贸易、工业生产都需要合作。休息和娱乐的需要又是一个因素，把个人集聚在各种形式的游戏和群体娱乐活动中。因此，人们住在一起，或相互为邻这个事实，产生了对政治、经济、宗教及娱乐等各种组织的需要。下面几节将对这个村子的各种地域性群体作概括的描述，但有关经济活动的各种群体，将在以后几章里详细讨论。

邻里，就是一组户的联合，他们日常有着很亲密的接触并且互相帮助。这个村里习惯上把他们住宅两边各五户作为邻居。对此，他们有一个特别的名词，叫做“乡邻”。他们互相承担着特别的社会义务。

当新生的孩子满月以后，他的母亲就带他去拜访四邻。他们受到殷勤的接待，用茶点款待。离开的时候，还送点心给孩子。这是孩子第一次到别人家中去，那时他甚至尚未到过外公家。

办婚事前，新郎的家庭要分送喜糕到各家去，作为婚事的通告和参加婚礼的邀请。邻居都包括在邀请的名单里。各家在举行婚礼那天送现金作为回礼，并参加婚宴。在丧葬时，每家邻居都派一人去帮忙，不取报酬。

在日常生活中，当某人家有搬运笨重东西等类似的家务劳动，需要额外的劳力时，邻居们齐来帮忙。如果经济拮据，也可向邻居借到小数贷款，不需利息。此种互相帮助的关系，并不严格地限制在10户人家之中，它更多地取决于个人之间的密切关系，而不是按照正式规定。

三、宗教和娱乐团体

在村里，除了祭祀祖先外，最经常得到祭祀的是灶王爷，有时也包括灶王奶奶。灶神是上天在这户人家的监察者，是由玉皇大帝派来的。他的职责是视察这一家人的日常生活并在每年年底向上天作出报告。神像是刻印在纸上的，由城里店铺中买来，供在灶头上面小神龛中。灶神每月受两次供奉，通常是在初一和十五。也在其他时候受到供奉，具体时间可见社会活动的日期表（九章三节）。各式刚上市的时鲜食品，第一盘要供奉灶神。供奉是把一盘盘菜肴供在灶神座前，并点上一对蜡烛，一束香以示祀奉。

到了年底，农历十二月二十四祭送灶神上天。这次供奉的东西特别丰富，而且在堂屋中举行。这次供奉之后，纸的神像和松枝、纸椅一起焚化。灶王爷就由火焰的指引回到了天堂。他通过每年一次向玉帝的拜奏，对他所负责的这一家人的行为作出报告。这一户下一年的命运就根据他的报告被作出了决定。

使神道高兴或是不去触怒神道的愿望是一种对人们日常行为很重要的控制。标准就看是遵奉还是违犯传统的禁忌。我还不能列出一张表格来说明各种禁忌，但在日常生活中，却肯定地存在着一种模糊的恐惧，人们怕做出了使神道不悦的行为，而引起上天的干预。就我所知，这些禁忌可分为三类：第一类是以敬谷为基础的，有如不能踩踏或糟蹋稻米，甚至馊饭也不得随意抛弃。最规矩的方式，就是把每一粒米饭都吃下去。如果实在做不到，就把这些米饭抛到河塘中去喂鱼。第二类禁忌是和有关性的事物都是脏污的意识联系在一起的。所有与性有关的行为和东西，都必须从厨房中清除出去。妇女在月经期间，不准接触灶王爷神龛前的任何东西。第三类禁忌和尊敬知识相联系。任何字纸，甚至是新闻报纸，都应仔细地收集起来；废纸应加以焚化，但绝不在厨房里烧毁，而应送到庙宇中专门用来焚化纸帛的炉子中去加以焚化；或在露天烧掉。

有一个组织完善的天庭的观念，使得人类的行动与上天的干预这两者之间的关系复杂化了。任何违犯禁忌的行为，并不因触怒上苍而直接受到惩罚。这件事情要由天庭的管理机构来处理。因此，如果能防止上天派来的监察者——灶神看到或向上天报告人们的行为，则犯了禁忌也不会受罚。人们并不认为上天的使者是无所不在和无所不能的。他们实际上只是一些肉眼所看不到的人，有着和普通人差不多的感情和愿望。既然他们和人们相像，他们也具有人们同样的弱点和愚蠢。因此，凡是人们所能使用来对付人间警察的各种方法，诸如欺骗、谎言、贿赂，甚至人身威胁等等对付天庭派下来的监察使者也都能用上。

在送灶王爷上天之前的最后一次的祭灶之时，人们准备了糯米做的团子。这是灶神非常喜欢吃的点心。大家都相信，灶王爷吃了糯米团之后，他的嘴就粘在一起了。当玉皇大帝要他做年度报告时，这是口头的报告，他只能点头而说不出话来，因此，他要说坏话也不可能了。但这也不能认为是犯了禁忌之后的一个万无一失的补救办法。

灶王爷所具有的警察职能，传说中有过清楚的阐述。有一段时间，外国人统治了中国，每家中国人都被迫供养一个外国兵。每个兵监管每一家人。老百姓受不了这样的管制，终于商定了一个计谋，各家都在同一个时间把这些士兵杀掉。于是就准备了这种糯米团给士兵们吃，他们的嘴都粘到了一起。因此在他们被杀时不能发出任何声音。这个计谋在十二月二十四执行成功。但这些老百姓又立刻想起这些外国兵的鬼魂会向他们报复。于是作了这样的一种妥协，从那时起，把这些外国兵的鬼魂当作家里的神道，在厨房里受到祭拜，并继续行使监察者的职责。

这个传说只有少数人向我讲过。大部分人并不知道这个神道原来的根底，也不怎么关心这件事。但这个神话实际上揭示了老百姓对上天派来监管者的态度。这表明他们很不愿意把自己的行动自由驯服于社会性的限制，这种限制是社会强加于他们的。这与对祖先的祭拜是稍有不同的。祭拜祖先，反映了对已故祖先的依恋的感情。

另外有一个崇奉神道“刘皇”的较大的地域性群体，由大约30家住户组成。这个地域性的群体有一个专门的名称：“段”，地域组织的单位。在这个村中，共有11段。

一、城角圩（有4段）

二、凉角圩（有3段）

三、西长圩（有2段）

四、谈家墩（有2段）

每个段都有自己的刘皇偶像，同段的每一户每年要出一名男的或女的代表，在正月和八月里各聚会一次。聚会时，把神道请到其中的一户人家，这家的主人则准备好盛宴供奉。

“刘皇”——“刘”是神道个人的姓，而“皇”则是大神的意思。这个神道在这个地区很流行。在我幼年的时候，经常听到这个精心编制的神话。但村里经常向我提供情况的人对此却一无所知。他们坦白地告诉我，虽然他们祀奉刘皇已经多少代了，但他们却不知道刘皇是谁。每年两次聚会的目的据说与收成有关。但这种联系在人们的思想上是很模糊的。有的人承认，他们的真正兴趣是在聚会时的那顿盛餐。我在后面还要讲到，这个村庄不是一个自给自足的宗教活动单位。但凡遇到干旱、蝗灾或水灾，所有宗教和巫术的活动都在该区的镇内举行。镇不仅是经济中心，也是宗教中心。刘皇是上苍派来保护免遭蝗灾的神道。以后要讲到有关他的神话（十章三节）。在这里指出这点也许是有意思的，在遇到农业危机的时候，村里缺少独立的宗教活动，这是与人们对有关这神道的神话模糊不清或无知有联系的。

10年以前，这里每年有一次集会，它既是宗教活动，也是当地人的娱乐消遣。一般在秋后举行，一方面对专司收获的神道感恩，同时又是祈求来年的丰收。管这地方的神像被请来入座，还有一个乐队在一个专搭的戏台上演奏。全村分成5组，叫“台基”，即戏台的基础。每个组轮流负责这种集会的管理和开支。

随着村庄经济萧条的加深，这些集会已暂时停止；现在也很难说在经济不景气过去之后，这种集会是否还会恢复。有趣的是人们并没有认为由于暂停了集会而造成了经济萧条；相反地，却认为是经济萧条造成了每年集会的中止。这表明聚会的真正意义是娱乐多于宗教或迷信。经济萧条惟一的真正原因是稻米和蚕丝价格的下降，人们能够正确地理解，因而最合理的解决办法就是引进新的工业和现代技术。

过去常被请来看戏的地方神道，现在村中的两个小庙里。一座庙在村北，另一座在村西（二章四节）。每家每月派代表到庙里去单独供奉祭拜两次。这不是强制性的，而且经常被人忽视。但那些继续供奉的人，经常只去其中的一个庙。去哪个庙，要由住家的位置决定。住在第一圩、第三圩及第二圩北边的人家，常去村北的庙；其余人家则去村西的庙。但同一地区的个人，在承担一定的责任和义务时并不互相联合起来，如祭拜刘皇时那样做，他们只通过庙宇而有所联系。因此，应该说这里并没有宗教团体而只有宗教区域的存在。

这两个庙分别为不同的和尚所有。村北的庙里住着庙主。村西的庙主则不住在内，庙内的日常工作由一位非宗教代理人代管，人们叫他“香火”。和尚信佛教，靠庙的收入为生，远离俗务。然而在社区里他有着一定的职能。他负责招待到庙里去的人，并参加村中的丧事。为人举办丧事他可以得到一笔现金或是相当数量的香，香可以留下来以后再出售。但这两个庙并不垄断村中人的所有宗教活动。到了重要时节，如为新近亡故的亲属“烧香”，因病人康复而向菩萨还愿等，人们往往改去城中的大庙宇，或到太湖边去拜佛，因为那里的神道有更大的法力。

和尚还有一种重要的职能，他们把村民祖先的记载保存在手中。这使他们所干的事超出了村中小庙的范围。各家的家谱是由外边的不同庙宇保存的。由于家谱记载了家庭祖先的姓名，这些记录的持有者，得到这些家庭的酬报，所以这种记录簿在某种程度上成为和尚的个人财产。这种记录簿可以购买或出售，就像其他私人财产一样。因而，僧侣之间这种财产的流动，使得村民对哪个庙宇更为忠诚这样一个问题，变得较为复杂了。

村民们的这种忠诚，与他们的信仰或教派全无关系。僧侣们从来不向百姓宣讲教义，除非是为死亡者念经，甚至那些僧侣用外地口音念经。但当地普遍认为，口音越陌生，念的经就越灵。

四、村政府

为了履行多种社会职能，各户聚合在一起形成较大的地域群体。这些群体并不构成等级从属的系列，而是互相重叠的。由于村庄是各户密集在一起的聚居区，村和村之间都间隔着相当的距离，这就使它在直接扩大地域联系以实现多种功能方面，受到了限制。村庄为邻近地域的群体之间标出一条共同边界。村庄综合各种社会职能，有时承担一些小的单位不能胜任的特殊职能。这一切都由村长通过村政府来执行。

一般说来，村长易于接近，村中所有人都认识他；外来的生人，总能很快地得到村长的接待。来访者会对他的繁重的工作感到惊讶。他帮村里的居民写信、念信，以及代办其他文书，按照当地借贷规则算账，办婚礼，仲裁社会争议，照看公共财产。他们并有责任组织自卫，管理公款，并且要传达、执行上级政府下达的行政命令。他们还积极地采取各种有利于本村的措施，村中的蚕丝改革，就是一例。

目前在这个村子里有两位村长。下述的记录可以给人们一个概貌：

陈先生是位老年人，近60岁。他在前清的科举制度下，曾考上了秀才。这种制度在清末已废止了。由于他在科举考试中未能进一步考中，所以被人请到城里去当家庭教师。到民国初年，他回村办私塾，自此时起10年多，他是村中惟一的教书先生。此后，他在村中担任领导工作，根据不断改变的行政系统的任命，他得到了各种正式的头衔。1926年，在省蚕桑学校的支持下，他开始实行蚕丝改良计划，在村中开办了蚕丝改进社。1932年，他正式负责合作丝厂的建厂工作。他放弃了教书的职务，担任丝厂厂长。当新的行政体制保甲推行时，他感到政府工作不合他的口味，于是退休了。然而他还是事实上的村长，并仍旧负责社区的事务。

另一位领导人是周先生。他较年轻，约40岁，他从家庭教师受业，但已不及参加科举考试。由于不再想做学问，他和他的兄弟在一起务农。他为人诚实，又有文化，被蚕丝改进社选用为助手。从这时起，他得到了改良工作者及当地人民两方面的信任，并逐渐地分担了村中公务的领导工作。当推行保甲制时，他经由陈先生推荐，正式当选并被任命为乡长，包括本村的领导。

村长的职务不是世袭的。周的父亲是瓦商，他的哥哥仍在种田；他的儿子住在城里，将来不大可能接替他的工作。陈与周之间，并无亲戚关系。

陈和周生活较富裕，但他们两人并不是村中最富有的人。最富的人姓王，他生活得默默无闻，在村中没有突出的威望。当一个领导人并没有直接的经济报酬，而且为达到此地位，需要经过相当长时间准备费钱的过程，才能使自己达到一定的文化水平。一个穷人家的孩子要得到这种职位的机会是比较少的。但单靠财富本身也不能给人带来权力和威信。

甚至法定地位对于当村长的人来说，也不是必不可少的。陈先生现在仍然是村中有资望的领导人，但他在正式行政系统中并不担任职务。年长的人都倾向于不和上级政府打交道，以避免麻烦。当村领导人的基础在于，不论他们代表社区面向外界时，或是他们在领导社区的事务中，都能得到公众的承认和支持。陈原职教师，而周是以蚕丝厂的助理开始他的事业的。他们为公众服务的精神和能力，使他们得到了权力和威望。村中有文化的人很少，愿意在没有经济报酬的情况下承担起责任的人更少。有抱负的年轻人对这种职位并不感到满意，我在村里遇见过两位中学毕业生，他们认为这种工作枯燥无味，而且缺乏前途。因此，选择村长的范围并不很宽。

虽然他们得不到直接的经济报酬，但由于为村里人办了事，他们也乐于享有声誉，接受一些礼物。比如，他们受人尊敬，可以对长辈（除了近亲）直呼其名而不用加上辈分的尊称。普通人是不允许这样做的。他们在村里所处的领导地位也有助于他们保持有特权的工作，如当教师，当丝厂的厂长等。

当领导人并不与享有特权的“阶级”有关。从周的情况可看出，年长也不是必要的条件。但性别上的排斥却未能克服，妇女是不许参加公众事务的。只是在最近，妇女才在蚕丝合作社中获得了和男人相同的职位；在学校中也任命了一位女教员，但这位妇女，除了在男女学童中之外，在当地社区中的影响很小。

五、保甲——强加的行政体制

前面已经讲到，这样的村子，是没有法定地位的。因为与这种功能性的地域性群体并行存在的有一个行政体制，它是强加于村的组织之上的。我把这两种体制分别称之为事实上的体制和法定的体制。它们两者之间不相符合。在本节我将描述这个法定的体制，并把与事实上的体制相比较，以观察它们的差异。

新的行政体制叫做“保甲”。保甲是个旧词。政府最近有意要恢复一种古老的行政体制。这种体制是宋朝（公元 960 ~ 1279 年）的行政改革者建议的。这个古老的体制究竟实行到什么程度是另一个问题。但对这个村子来说，它完全是新的。村长解释说，新体制的实施准备，最近方告完成。它从来没有在人们的记忆中存在过。他说，镇长把村民都传唤去，告诉他们要按照县政府的规定来安排他们各户在行政组织中的地位，这件事已经完成了。为了要研究保甲制，必须从法令全书中找出它的意图，以及政府在保甲组织中所遵循的原则。

1929 年 6 月 5 日，根据孙中山先生地方自治的原则，南京的国民政府颁布了一个《县组织法》，按此法律每个县必须分为几个区，每区又分为 20 至 50 个乡（农村地区）或镇（城市地区）。农村地区，凡有 100 户以上的村子，划为一个乡；不到 100 户的村子，则和其他村子联合成为一个乡。城市地区，凡有100户以上的，可划为镇；如不足此数，则与附近村子合并建乡。乡则进一步分为间（25户）及邻（5户）。这些单位都通过选出的领导人及地方自治会来实行自治。这些地方政府的职能在法律中已有规定，计有：人口普查及人口登记、土地调查、公益工作、教育、自卫、体育训练、公共卫生、水利灌溉、森林培植及保护、工商改良及保护、粮食储备及调节、垦牧渔猎保护及取缔、合作社组织、改革习俗、公众信仰、公共企业及财政控制等等。

这些职能对地方社区来说不完全是新的。其中许多项早已由传统的、事实上的群体所实施。为了促进自治政府的行政职能，法律创造了新的地域性的群体。但实际上，它妨碍了事实上的群体的正常职能。因此，在1931年举行的第二次全国行政会议上，对各种单位的大小所作的刻板规定，受到了严厉的批评。结果是由立法院提出了修正案。

当此修正案尚在讨论阶段，另外一个影响到地方政府的体制却实施了。1932年8月，在华中的剿共司令部，发布了一个法令，规定在军事行动区（湖北、湖南及安徽）的人民要在保甲制之下，组织起统一的自卫单位。按此制度，每10户为一甲，每10甲为一保。成立此组织的意图，在法令中有所说明，即："在遭到破坏的地区有效地组织民众，取得精确的人口统计以便增强地方自卫反共的力量，并使军队能更有效地履行其职能。"此制度主要是为军事目的而实行的。除非人口登记做得十分精确，否则，在动荡的地区，很难防止共产党人和非共产党人混合在一起。为了反对共产党活跃的宣传活动，军队还实施了在同一个保甲之内，人与人互相担保的制度，使人们可以互相检查。

1933年，共产党影响扩展，福建成为军事地区。福建省政府已开始根据1929年的《县组织法》组建地方自治体系。

司令部命令省政府停止地方自治体系而代之以保甲制。在《法》与法令的冲突中，省政府服从中央政府，中央政治会议决定把保甲制纳入自治体系中。1929年的《法》被1935年的一系列法律所代替。这两种体系在以下六点中得到了妥协：(1)由统一的保甲单位代替老单位闾和邻，并使区、乡、镇等单位保持同等的级别。换句话说，原来处于县和乡、镇之间的单位——区取消了；(2)在结束训政时期前，按照保甲制度，以间接选举代替直接选举；(3)在按保甲制编户的过程中，进行人口普查；(4)把保甲制的军训扩大为普遍的民众训练；(5)只在紧急情况下，才实行互相担保的制度；(6)保甲制担负自治的职能，但允许进行地方性的修改以适应具体情况。

很明显，妥协并没有解决根本问题。这就是这些特别的、有统一规模的自卫单位，在多大程度上能承担1929年的《法》所规定的一般的行政职能。真正的问题并不在于这个法律与那个法令之间的法律性斗争，而在于事实上的地域群体早已行使的传统的职能，能否被这种专横地创造出来的保甲所接替。老的邻、闾单位，并不那么严格，但已被事实证明是行不通的；那么这种更为严格的保甲制度，似乎更不大可能行得通。若发生紧急情况，保甲制的自卫效能也并不能保证它是适合于行政自治的一种制度。的确可以争辩说，在中国政治结合的过程中，用一个合理的和统一的结构来代替参差不齐的传统结构，看起来比较理想。但应当考虑到，这种替代是否必需，以及需要花多大的代价去实施它。由于我访问这个村子时，这个新制度实行了还不到一年，因此，下结论还为时过早。但以传统的结构为背景，对照这个制度的实施状况进行一些分析，显然有助于了解问题的全貌，至少会有助于在将来的行政政策中强调这个问题的重要性。

这个村所实施的并允许进行一些地方性修改的保甲制，并不严格符合法律规定的数字。村中 360 户按地理位置被分编为 4 个保。从前面所示的本村详图中可看出，村中的房屋沿小河的两旁建造，并分为 4 个圩。在同一个圩里的户被合成一个保。按照它们所处的位置，从东往西，或由南往北数，大约每 10 户构成一个甲。这 4 个保和邻村的 7 个保合成一个乡，这个乡按本村名而被称为“开弦弓乡”。保和甲则分别冠以数字。村中的 4 个保是第八保至第十一保。另一个在法律与实践之间不相符合的事，是保持了旧法律中的区，它是县和乡之间的一个中间单位，它大致上和镇的腹地相当（十四章八节）。按照这个行政体制，这个村可称为：

江苏（省）
吴江（县）
震泽（区）
开弦弓（乡）
第八至十一（保）

要剖析乡的本质，必须深入了解村与村之间的关系问题。在同一个乡的村子之间，是否有特殊的联系？与这个行政单位相当的职能群体是什么？我将在后面讲到（十四章八节），这个地区中的村子，在经济方面是相互独立的。每个村子都有自己的航船，充当村民到镇的市场上出售或购买的代理人。一个村子，不论它有多大，都不成为它邻村间的一个低级销售中心。换句话说，由于水运方便，并有了航船制度，因此作为销售区域中心的镇，完全有能力向所属的村庄进行商品的集散，在商品流通过程中不需任何中间的停留。在这个地区内，有数十个村庄依赖这个镇，但它们彼此之间都是独立的。这些村子，做的是相同的工作，生产同样的产品，互相之间很少需要进行贸易往来。因此，乡作为销售区域与村庄之间的一个层次，是没有经济基础的。从亲属关系的观点看，情况也完全一样。虽然村与村之间的婚姻是很时行的，但并没有迹象说明，在同一个乡内的村庄，宁愿到乡外的村庄去找婚配对象的。

从语言的角度看，人们日常叫的“开弦弓”这个名字，在当地群众用语中是指这一个村庄而言。把邻村都说成是开弦弓的一部分，当地人听来可笑。他们的这种执拗并不是不合理的。这个称呼的改变对当地人来说含义很多。有人跟我说：“如果邻近村庄都算开弦弓的一部分，那末，原来属于开弦弓村人的湖泊，也要被邻近村庄的人分去了。当然，这是不能允许的。”

目前，由于这个村庄的名声日增，蚕丝改良运动的经济功能及乡长的行政地位等因素，把开弦弓村周围的村子都吸引了过去。蚕丝改良运动和乡的首脑机关都在这个村里。我看到，不仅本乡的各村，而且外乡的人，也比过去更经常地来到这个村庄。他们前来订购蚕种，供给丝厂蚕茧，并解决村与村之间的争端。在前面的分析中所提到的姓周的乡长，并不是利用他的法定地位办事，而主要还是通过他个人的影响，即以蚕丝厂助理厂长的身分去办事的。同时，他也从不采取任何重要行动，除非他事先与各有关村庄的事实上的领导有过接触。

当然，如果给以时间，并取得新的行政职能的内容，没有理由说新的行政单位永远是停留在纸面上的一纸空文。

至于保这个单位，那就不同了。把村庄按小河为界而隔开的做法，不大可能成功。在此情况下，把小河假设为社会活动的一条分界线。但这种假设是不对的。正如已经说明的，船可以在水面上自由划动，造桥是为了把分割的土地联结起来。这些都是交通的工具而不是交通的障碍。

最后，我还要谈一谈甲。在职能性的群体中，我们已知有一种群体叫“乡邻”。它包括 10 户。但它不与甲相符。甲是一个固定的地段，而乡邻是一串相互交搭、重叠的单位。在乡邻这个结构中，每户都是以自己为中心，把左右5家组合起来。甲是一种非常人为的分段，它是同人们实际的概念相矛盾的。

然而，在将来再次调查时，来研究此问题是很有趣的，看一看有计划的社会变迁，从社会结构，包括群体形式、正式的行为准则、正统的思想体系等等开始，能进行到什么程度。在要求全国具有一致性的愿望之下，这种尝试显然会越来越普遍的。

第七章　生　活

对村子的地理情况和社会背景进行了综合调查之后，现在我们可以开始研究人们的经济生活了。我想先描述消费体系并且试行估计这村居民的一般生活水平。分析这一生活水平，我们可以了解普通生活的必要条件。满足生活的这些必要条件是激励人们进行生产和工业改革的根本动力。

从消费的角度看，村里的居民之间没有根本性的差别，但从生产上看，职业分化是存在的。目前的研究主要限于构成居民大多数的农民。他们从事耕种及养蚕。这是他们收入的两个主要来源。饲羊、定期出去做些贩运是次要的收入来源。在叙述这些活动之前，我将通过农历来表明这些活动是怎样按时序安排的。

有关农业法律方面的问题将在土地占有这一章中讨论。在此只略提一下，传统力量在这项制度中起着强大的作用，足以抗拒任何重大的变化发生。甚至在技术上，现在尚未成功地引进什么新方法和新工具。但在蚕丝业中，情况有所不同。

从村民的观点来看，最迫切的经济问题就是蚕丝改革。丝价下跌是使农民无力偿还债务的直接原因。在过去 10 年中，努力进行一系列改革的结果使蚕丝业的技术以及社会组织都发生了根本性的变化。因此，我们才能够对这个村子的变化过程，作为乡村经济中工业化的一个实例来分析研究。

我们将从消费系统与生产系统的分析引导到流通系统。通过市场销售，村民用他们自己的产品来换取他们自己不生产的消费品。在市场销售中我们可以看到村子自给自足的程度，以及村子对外界的依赖程度。

有了这些经济活动的概况，我们现在就可以观察一下村里的财务状况。国内工业的衰落，高额地租的负担使村民面临着空前的经济不景气。村民难以取得贷款，或成为高利贷者的牺牲品，他们的处境是进退维谷。我对这个村子在日本侵华战争爆发前不久的经济状况的描述将到此为止。

一、文化对于消费的控制

为满足人们的需要，文化提供了各种手段来获得消费物资，但同时也规定并限制了人们的要求。它承认在一定范围内的要求是适当和必要的，超出这个范围的要求是浪费和奢侈。因此便建立起一个标准，对消费的数量和类型进行控制。人们用这个标准来衡量自己的物质是充足还是欠缺。按照这个标准，人们可以把多余的节约起来。有欠缺时，人们会感到不满。

安于简朴的生活是人们早年教育的一部分。浪费要用惩罚来防止。孩子们饮食穿衣挑肥拣瘦就会挨骂或挨打。在饭桌上孩子不应拒绝长辈夹到他碗里的食物。母亲如果允许孩子任意挑食，人们就会批评她溺爱孩子。即使是富裕的家长也不让孩子穿着好的、价格昂贵的衣服，因为这样做会使孩子娇生惯养，造成麻烦。

节俭是受到鼓励的。人们认为随意扔掉未用尽的任何东西会触犯天老爷，他的代表是灶神。例如，不许浪费米粒。甚至米饭已变质发酸时，全家人还要尽量把饭吃完。衣物可由数代人穿用，直到穿坏为止。穿坏的衣服不扔掉，用来做鞋底、换糖果或陶瓷器皿（十四章七节）。

在农村社区中，由于生产可能受到自然灾害的威胁，因此，知足和节俭具有实际价值。一个把收入全部用完毫无积蓄的人，如果遇到欠收年成就不得不去借债从而可能使他失去对自己土地的部分权利（十五章三节）。一个人失去祖传的财产是违背孝道的，他将受到责备。此外，村里也没有什么东西引诱人们去挥霍浪费。在日常生活中炫耀富有并不会给人带来好的名声，相反却可能招致歹徒的绑架，几年前发生王某案件便是一个例子。

但在婚丧礼仪的场合，节俭思想就烟消云散了。人们认为婚丧礼仪中的开支并不是个人的消费，而是履行社会义务。孝子必须为父母提供最好的棺材和坟墓。如前面已经提到，父母应尽力为儿女的婚礼准备最好的彩礼与嫁妆，在可能的条件下，摆设最丰盛的宴席。

节俭仅仅为不同的生活标准提出了一个上限，当一个人未能达到公认的正常生活标准时，这个上限也就失去了意义。人们凭藉慷慨相助和尽亲属义务的思想（十五章二节）去帮助生活困难的人，使他们的生活标准不至于同公认的标准相差太远。因此，村里财产分布的不均匀，并没有在日常生活水平方面表现出明显的不同。少数人有特殊的值钱的衣服，但住房和食物上并无根本的差别。

二、住　房

一所房屋，一般有三间房间。堂屋最大，用来做劳作的场所，例如养蚕、缫丝、打谷等等。天冷或下雨时，人们在这里休息、吃饭，也在这里接待客人或存放农具和农产品。它还是供置祖先牌位的地方。

堂屋后面是厨房，大小仅为堂屋的1/4。灶头和烟囱占厨房面积的1/3。紧靠烟囱有供灶王爷的神龛和小平台。

再往后是卧室，家中如有两个家庭单位时，就把卧室用木板隔成两间。每间房屋里放一两张床。已婚夫妇和七八岁以下的孩子合睡一张床。孩子长大以后，他或她先在父母屋里单独睡一张床，再大一些的未婚男孩就搬到堂屋里睡，像那些雇工一样。女孩出嫁前一直睡在父母屋里，也可以搬到祖母屋里去，但决不睡在堂屋里，因为妇女是不允许睡在供祖先牌位的房屋里的。

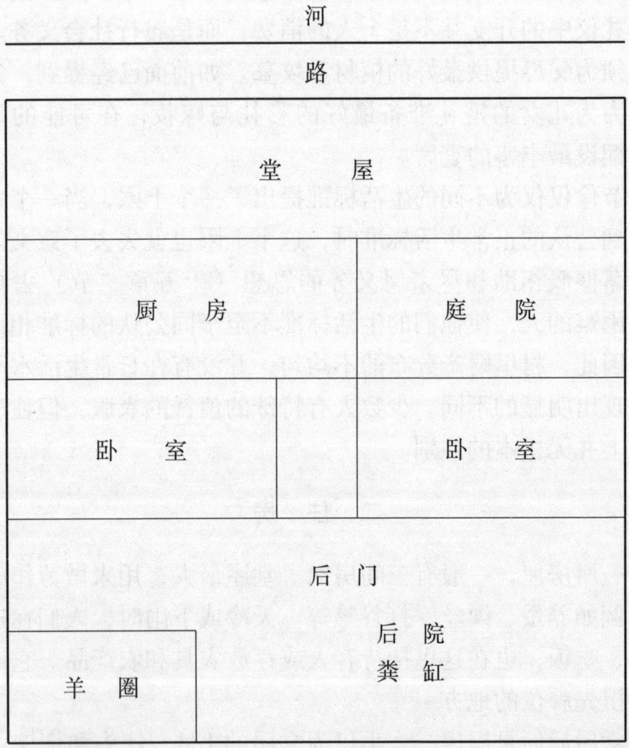

广义地说，一所房屋包括房前或房后的一块空地。这块空地既作为大家走路的通道，也用作一家人干活、堆放稻草或其

他东西的地方。在这块地里种上葫芦或黄瓜就是小菜园，房屋附近还有养羊或堆放东西的小屋。

人的粪尿是农家最重要的肥料，在房后有些存放粪尿的陶缸，半埋在土地里面。沿着A河南岸，路边有一排粪缸，由于有碍卫生，政府命令村民搬走，但没有实行。

房屋是由城镇里的专门工匠来修建的。养蚕期间，停止房屋施工，否则当地人相信全村的蚕丝业会毁掉。他们认为破土是一种危险的行为，会招致上天的干预。于是就要请道士来做法事。修建一所普通的房屋，总开支至少500元。房屋的使用寿命根据修缮情况而异，难以作出肯定的估计。每隔两三年必须把房屋的木结构部分重新油漆一遍，部分瓦片要重新铺盖，诸如此类的修缮费用每年平均为10元。

三、运　输

人们广泛使用木船进行长途和载重运输，但村庄自己并不造船而是从外面购买。每条船平均价格约80至100元。除那些不从事农业、渔业劳动的人家以外，几乎每户都有一条或几条船。男人、妇女都会划船。人们在小时候就学会了划船。只要一学会这门技术，一个人就可以不停地划几个小时。划船所耗的力量并不与船的载重量成正比，而是与水流、风向等情况密切有关。所以，载重增加时，此类运输的费用就降低。如果船夫能够利用风向，距离只是一个时间问题，而不是花力气的问题，这样，费用就可进一步减少。这是水运的一个重要特点。这就有可能使一个地区的住房集中在靠河边的位置。它也使分散的农田占有制成为可能。此外，水运在市场贸易中的作用也影响了流通系统。所有这些有关的方面将适当结合其他有关内容进一步论述。

畜力不用于运输。在陆地上，人不得不靠自己的力量来搬运货物。

四、衣　着

村里的家庭纺织业实际上已经破产。我在村里的时候，虽然几乎每一家都有一台木制纺织机，但仍在运转的只有两台。因此，衣料大部分来自外面，主要是亚麻布和棉布。村里的缫丝工业主要为商品出口，并非为本村的消费。只有少数人在正式场合穿着丝绸衣服。

由于一年四季气候变化很大，村民至少有夏季、春秋和冬季穿用的三类衣服。夏天，男人只穿一条短裤，会客或进城时便穿上一条“作裙”。村长要离开村子外出时，即使是炎日当头，至少手臂上要搭上一件绸子长袍。妇女穿不带袖的上衣和长裙。这里的妇女不下农田干活，穿裙子是这个地区妇女的特点。天气较冷时，有身分的男子，不干活时就穿长袍。普通人只穿短上衣。

衣服并不仅仅为了保护身体，同时也为了便于进行社会区别。性的区别是明显的。还表现出年龄的区别，譬如，未成年的女孩不穿裙子，社会地位直接在服装的款式上表现出来，例如，长袍是有身分的人不可缺少的衣服。两个中学生，上学以后服装式样有了变化，他们穿西式长裤和衬衫，但不穿外衣。

除裁缝以外，缝纫是妇女的工作。多数妇女的手艺足以为她们的丈夫和孩子做普通衣服，因为这是做新娘必备的资格。新娘结婚满一个月以后会送给她丈夫的每一位近亲一件她自己缝制的东西，亲属的称赞是她的荣誉，同时也是对她在这新社会群体中的地位的一种支持。但是在置办嫁妆、彩礼或缝制正式场合穿的高质量服装时，照例是要请专门的裁缝来做的。

一个普通的家，每年买衣料的费用估计为 30 元，礼服在外。

五、营　养

食品是家庭开支的一个主要项目，占每年货币支出总额的40%。而且它与上述几项支出不同。住房费用无需每天支付，衣服也不像饭食那样迫切。为了维持正常生活所必需的一定数量的食物，或多或少是恒定的，因此它在家庭生活中成为一个相对恒定的项目。

主食是稻米，为我提供情况的人估计，不同年龄或性别的人每年消费所需稻米数量如下：

50 岁以上的老年男子	9 蒲式耳
40 岁以上的老年妇女	7.5 蒲式耳
成年男子	12 蒲式耳
成年妇女	9 蒲式耳
10 岁以上的儿童	4.5 蒲式耳

对一个有一名老年妇女、两个成人和一个儿童的普通家庭而言，所需米的总量为 33 蒲式耳。这一估计是相当准确的，因为农民在储存稻米以前必须知道他们自己的需要量。稻米是农民自己生产的，剩余的米拿到市场上去出售，换得钱来用于其他开支。上面的估计是人们认为必须贮存的数量。

蔬菜方面有各种青菜、水果、蘑菇、干果、薯类以及萝卜等，这个村子只能部分自给。人们只能在房前屋后的小菜园里或桑树下有限的土地上种菜。农民主要依靠太湖沿岸一带的村庄供给蔬菜。种菜已经成为这一带的专业，他们的产品已是这一地区人们蔬菜供应的重要来源之一。

食油是村民自己用油菜籽榨的，春天种稻之前种油菜。但这个地区农田水平面较低，油菜收成有限，产量仅够家用。鱼类由本村的渔业户供给。人们吃的肉类仅有猪肉，由村里卖肉的人从镇里贩来零售。食糖、盐和其他烹调必需品主要通过航船每天上镇购买（十四章五节）。

一天三餐：早饭、午饭、晚饭，分别准备。但农忙期间，早上就把午饭和早饭一起煮好。妇女第一个起床，先清除炉灰、烧水，然后煮饭。早饭是米粥和腌菜，粥系用干米饭锅巴放在水中煮开而成。午饭是一天之中主要的一餐。但农忙季节，男人们把午饭带往农田，直到傍晚收工以后才回家。留在家中的妇女和儿童也吃早上煮好的饭，但吃得较少。

晚上男人们回家以后，全家在堂屋里一起吃晚饭。但天气热的时候，就把桌子搬出来摆在房屋前面场地上；夏天傍晚，到街上走一走，印象非常深刻。沿街摆着一排桌子，邻居们各自在桌边吃饭，边吃边谈。全家人都围着桌子坐着，只有主妇在厨房里忙着给大家端饭。

家中每一个人在桌旁都有一定的位置。按家庭的亲缘顺序，家长面南，坐在“上首”，第二位面向西，在家长的左侧，第三位在右侧。主妇，特别是媳妇，坐在下首，或者不上桌，在厨房里吃饭。

同进晚餐，在家庭生活中是很重要的，父亲和孩子这时有机会互相见面。父亲整天外出，孩子直到晚饭时才能见到他。他们一起在桌旁吃饭。父亲常利用这机会对孩子进行管教。吃饭要讲吃饭的规矩。孩子不准抱怨食物不可口，也不准挑食。他如这样做，就立刻会受到父亲的责备，有时还要挨打。通常在吃饭时孩子都默不作声顺从长辈的意见。

在农忙期间，饭食较为丰富。他们吃鱼、吃肉。但平时不经常吃肉食。除去几个寡妇以外，很少有素食主义者。普通妇女每月素斋两次，初一和十五各一次，这是由于宗教告诫人们，天上的神仙不愿意伤害生灵。吃素被视为有利于人死后升天过好日子。

在厨房里做的东西不应该留藏给家里个别人独自吃。但是偶尔，小家庭可以自己花钱买些特别的菜在自己房间里吃。这种做法被认为是不好的，会惹得家里其他成员生气。一个人用自己的零花钱去买点心、糖果吃是私事，不一定告诉别人。

六、娱 乐

辛勤劳动之后，放松肌肉和神经的紧张是一种生理需要。娱乐需要集体活动，于是社会制度发展了这种功能。娱乐中的集体活动加强了参加者之间的社会纽带，因此它的作用超出了单纯的生理休息。在家中全家团聚的时间是在晚上，全天劳动完毕以后。大家聚集起来，家庭间的联系得到了加强，感情也更加融洽。

农业劳动和蚕丝业劳动有周期性的间歇，人们连续忙了一个星期或10天之后，可以停下来稍事休息。娱乐时间就插入工作时间表中。在间歇的时候，大家煮丰盛的饭菜，还要走亲访友。

男人们利用这段时间在茶馆里消遣。茶馆在镇里。它聚集了从各村来的人。在茶馆里谈生意，商议婚姻大事，调解纠纷等等。但茶馆基本上是男人的俱乐部。偶尔有少数妇女和她们的男人一起在茶馆露面。妇女们在休息时期一般是走亲戚，特别是要回娘家看望自己的父母和兄弟。孩子们大多数是要跟随母亲一起去的。

家人在晚间的聚会，朋友们在茶馆相会，以及农闲时看望亲戚，都是非正式的，不是必须履行的。从这一点来讲，这些活动与节日期间的聚会以及正式的社区聚会有所不同。第九章所列的社会活动时间表总结了一年中的所有节日，与其他活动一起按年月顺序排列。

很明显，各个节日总是出现在生产活动间歇之际。阳历2月份，农闲时节，庆祝“新年”15天，人们欢欢喜喜地过年，并尽亲戚之谊，前去拜年。婚礼也往往在这时候举行，人们认为这是结婚的好时光。在蚕丝业繁忙阶段之前不久的是清明，进行祭祖和扫墓。蚕第三次蜕皮时，就到了立夏，有一次欢庆的盛宴。在缫丝工作之后，插秧之前，有端阳节。阴历八月满月的日子是中秋。此时正值稻子孕穗，也是在农活第一次较长间歇期的中间。在此间歇的末尾是重阳节。农活完毕之后就是冬至了。每逢这些节日都要有一定的庆祝活动，通常是同祭祖和祭灶联系在一起。庆祝这样一些节日只限于在家人和近亲中进行。

较大的地方群体的定期集会有每年一次的“段”的“刘皇会”（六章三节），和每10年一次在太湖边举行的村际的庆祝游行“双阳会”，俗称“出会”，它们也与宗教思想有关。10多年来，除“刘皇会”以外，所有这些集会都已停止。停止的直接原因就是政府不赞同。政府认为，这些活动是迷信而且奢侈。地方行政官的职责之一就是禁止这些集会。[①] 但是更实际的根本的原因是乡村地区的经济萧条。当食品、衣服之类的必需品都成为人们的负担时，他们就不会有多余的钱去进行不太急迫的社会活动。

根据我目前的材料，难以确定社区停止聚会在多大程度上削弱了当地人民之间的联系。但当我坐在人们中间，听着他们叙述村际“出会”那些令人兴奋的往事时，我明白地觉察到他们对于目前处境的沮丧和失望心情。我并不想再恢复那些盛大的场面，并对其社会价值进行估价，然而对往事的回忆是形成人们目前对现状的态度的一个重要因素。在人们心目中，停止这些庆祝活动，直接说明了社会生活的下降。由于他们盼望着过去的欢乐日子复而再来，所以他们不会拒绝任何可能采取的

① 《区自治施行法》，第七条，1928年6月。

确信会改善社会生活的措施。对社会变革不会发生强大的阻力，上述这种心理至关重要，我以后还要说明（十二章二节）。

七、礼仪开支

礼仪开支与一生中的重大事件：出生、结婚、死亡，有着密切联系。从经济观点来看，这种开支是一家不可缺少的负担。彩礼和嫁妆是新家庭必要的准备。丧葬安排是处理死者所必须的措施。个人生活及其相关的社会群体所发生的这些红白大事里产生出来的感情，使得这些礼仪得到更加精心的安排而且花费相当的钱财。当一种礼仪程序被普遍接受之后，人们就不得不付出这笔开销，否则他就不能通过这些人生的关口。

然而，经济萧条使礼仪受到了影响。例如采取了“小媳妇”的制度来改变昂贵的婚礼（三章八节）。它是由于经济便利才被采用的，但对亲属组织却发生了深远的后果。姻亲关系的完全或部分退化已使妇女和儿童的社会地位受到影响。彩礼和嫁妆的取消延长了青年在经济上依赖父母的时间。所有这些说明了这样一个事实，礼仪开支不全然是浪费和奢侈的。这些开支在社会生活中起着重要的作用。

再者，结婚时的宴会为亲戚们提供了一个相聚的机会，对新建立的亲属纽带予以承认，对旧有的关系加以巩固。亲属纽带不仅仅是感情上的关系，它还调节各种类型的社会关系。从经济观点来看，它规定了参加互助会的相互义务（十五章二节），以及定期互赠礼物。在已经改变了的婚姻礼仪中，所请客人的名单通常已经缩减。这使原来较广的亲属纽带变得松散。从长远看，就可能封闭了一些经济援助的渠道，这种结果可能不会很快或明显地表现出来，但最终会感觉到的。这就是人们拒绝“小媳妇”制度的原因。一俟经济条件许可，就要恢复正常的程序。为了维持传统的礼仪，甚至有许多人宁可推迟婚期或借钱也要把婚礼办得像个样子。

从礼仪事务在人们生活中的重要性来看，就不难理解礼仪开支在家庭预算中占有很高的百分比。在一个普通的四口之家，假设平均寿命为50岁，那么每隔五年将有一次礼仪事务。对于礼仪事务的最低开支估计如下：出生30元，结婚500元，丧葬250元，平均每年开支50元，这个数字为每年全部开支的1/7。

亲戚家有这些婚丧娶嫁等大事时，他们还须送礼，所以我们也必须把这笔开支计入总和。根据亲友关系亲疏的不同，礼品的价值从0. 2元至5元不等。每家每年的平均数量至少约为10元。

同中国的其他乡村相比，这些估值似乎相当高。根据巴克的研究，在华东每家用于一次结婚的平均费用为114. 83元，丧葬费平均为62. 07元。[①] 差别可能由于地方的特点不同，或者由于列入礼仪开支的项数不同。在开弦弓，结婚当天的开销在100至250元之间。为我提供资料的人引述一个众所周知的例外情况：一家仅花了不到100元办了一次婚礼。此处所作对婚礼开支的估计还包括了结婚礼物的费用，所以总数理应高一些。

丧葬开支，根据死者社会地位的高低而大不相同。如在北平所观察到的，孩子的“丧葬费用比家庭每月收入的1/8略多一点。年长者的丧葬费自然要贵一些。小孩和成人加在一起总数为每月收入的1. 25至1. 3倍不等。但这些数字都不包括丧宴费用。有关丈夫、妻子、哥哥、母亲的丧葬，其费用为

① 巴克：《中国农村经济》（G. L. Buck，*Chinese Farm Economy*），第416～417页。

月收入的2．5、3．5、5．5倍。”① 巴克的平均数是从有丧事的人家的2．8%中推算出来的。该数字可能略低于本地人提供给我的有关该村一个成年人死后所需的适当的丧葬费用。

这些定期的开销需要在平时积蓄起来。积蓄可能采取贷款的形式，但通常采取向互助会交纳储金的形式。互助会是本地的一种储蓄制度（十五章二节）。这样，我们可以把估计的礼仪开支费用同每家每年交纳储金的平均数作一比较。我发现，一般每家同时加入两个互助会，每年总共交纳储金40元。这一数字有助于证实以上估计的可靠性。

八、正常生活的最低开支

前几节中所作的全部定量估计仅仅代表村里公认的正常生活的最低需要。为了取得这些估计，我曾请教了不少知情人。个人估计之间的差别非常小，这说明了这样的估计具有较高的一致性。我们所考虑的普通的家是由四个人组成：一位老年妇女、一位成年男子、一位成年妇女和一个小孩。这四个人是9亩土地的完全所有者。

这些估计之所以有用有以下几条理由：（1）单独的实地调查者几乎不可能采用簿记研究法，特别是在村里，人们没有记账的习惯，除非调查者把他的全部时间用于研究记账问题。（2）这些估计可以使人们对本村人的生活得到一个一般的概念，它代表正常生活的最低需要，与实际平均数不会相差太远。（3）村里的生活标准没有显著的差别，因而可以使用这种简便的方法。（4）如上所述，这些估计在人们心目中形成了一个度量社区中物质福利充足的标准，其结果是产生了一种

① 甘布尔：《北平的中国家庭是怎样生活的》，（S. D. Gamble, *How Chinese Families Live in Peiping*），1933年，第200页。

控制消费的实际社会力量。

此外，在研究乡村社区生活水准问题方面，簿记研究法有一定的局限性。乡村社区是部分自给经济，生活各项费用并不完全包括在日常账目之中，因为账目通常限于记录货币交易。账簿只能说明村民依赖外界商品供应的程度。而这种依赖程度并不一定能够表明生活水准。例如，在正常情况下，村民不会去买米，因为他们自己有储备。只有在家庭经济困难，储存的大米已被卖光时，村民才去买米来吃。在这种情况下，现金交易量的增加与生活下降有关而不是与生活改善有关。只有这种情况才会在账目中有所反映。

很明显，在研究乡村社区生活水准时，简单地以货币的收支来总计家庭预算，是不足以说明问题的。调查者必须从两方面入手来对消费品进行估价：一方面是那些从市场买来的消费品；另一方面是消费者自己生产的物品。前者应以货币值来表示，其总和代表着人们生活所需的货币量。这个数额确定了人们为得到此数额的货币而售的产品量。消费者自产自用的物品不进入市场。这些物品的货币值无人知晓。因为如果它们进入了市场，价格就会受到影响。如以市场价格表示这些物品，从理论上讲是不正确的。的确，若不把它们折合为货币价值，就不可能得出人们生活水准的总指数。但是，这样的一个总指数是不真实的。把这类物品分开研究，有助于我们调查其间的关系，而这种关系在农业经济研究中是非常重要的。例如，目前中国农业经济中最重要的问题之一是农产品的价格下跌。为了满足必需的生活条件，村民被迫向市场多出售他们的产品。这样就降低了村民的自给程度。另一方面，农村地区的辅助工业的萧条，减少了农产品的品种和数量，增加了对货币的需要，以购买所需的工业品。为了探讨这些问题，分析这两类消费品之间的关系是很重要的。

这种“从两方面入手的方法”需要实地调查者付出更多的劳动。收集统计资料可能是不实际的。所以，我建议采用咨询估算的方法。如果可能的话，再用抽样观察来补充。选定几个有代表性的实例，在一个时期中，系统地记录消费项目和数量。但本文尚不能提供这一类的数据。下表仅仅列出了村民必须到市场上购买的物品之货币价值，以及强制支付的租金和税款。该表可以用来估计村民生活所需的最低货币量。消费者自己生产的物品包括食物，例如米、油、麦子、蔬菜，及部分衣料。自给经济最重要的部分是劳动和服务。如上所述，只有少数农户雇工种田。关于这方面的分析，将进一步结合生产过程来进行。

1. 从市场购买的物品：		203
食品		47
蔬菜和杂项	30	
糖	5	
盐	12	
衣料		30
礼品		10
燃料、灯火等		36
房屋及船上用油		20
农具及肥料		10
蚕丝业开销		50
2. 土地税		10
3. 定期用费（以积蓄的形式表示）		50
总计		263 元

第八章 职业分化

一、农业——基本职业

在消费过程中，没有必要把该村的居民进行分类，但在生产过程中，则有职业的区别。根据人口普查，有四种职业：(1) 农业，(2) 专门职业，(3) 渔业，(4) 无业。

这些职业类别并不是互相排斥的。没有被划入农业的人也可能参与部分的农业活动。除去无地的外来人以外，对几乎所有居民来说，农业是共同的基本职业。区别仅仅在于侧重面不同而已。被划归农业的人并不是只依赖于土地，他们还从事养蚕、养羊和经商。第四类人包含这样一些农户：成年男子业已死亡，寡妇和儿童靠出租的土地生活，而不是靠他们自己的生产劳动过日子。

在人口普查记录里，家的职业是根据一家之长的职业而定的。家的成员可以从事不同的职业，例如，店主的孩子可能从事农业，农民的女儿可以到城里的工厂工作。这些情况都没有表示出来。该村各类职业的家数如下：

1. 农业	274
2. 专门职业	59
3. 渔业	14
4. 无业	13
总数	360

上表清楚地说明占人口总数 2/3 以上或 76% 的人，主要从事农业。由于实地调查的时间有限，我的调查工作主要是有

关这个职业组的。下章再详细分析这个职业组的生产活动。其他职业组，我只能简单地描述一下。

二、专门职业

第二类的进一步分析，见下表：

1．在城镇从事专门职业的	14
2．纺丝工人	6
3．零售商	10
4．航船	4
5．手工业与服务行业	25
木匠	4
裁缝	3
合作丝厂职工	3
篾匠	2
理发匠	2
磨工	2
抽水机操作者	2
泥水匠	1
接生婆	1
和尚、庙宇看守人	2
鞋匠	1
银匠	1
织工	1
总计	59

表中第一项，只包含那些家长在城里经商的家或家长从事

其他职业，住在城里。不包括那些在村外丝厂工作的女工。

纺丝工人，代表一种专门职业。为镇上的丝行工作，丝行从村民手里搜集土法缫制的生丝，质量不整齐，在出口或卖给丝织厂以前，必须通过反摇整理。这种整理工作由村民来做。丝行把原料分配给纺丝人，然后再收集起照工作量给予工资。

零售商人和航船，在讨论贸易的一章中另作描述（十四章四至六节）。

整个手工业和服务行业人员占这个村庄总户数的7%。这样低的百分比是惊人的。首先，这是由于这些行业还不完全是专业化的。缝纫、做鞋、碾磨等工作，是各户自己劳动的普通工作。比较粗糙的木工、竹工和泥水匠的工作不需非常专门的知识和技巧，所用工具在大多数住家中都自备。现代抽水机尚未被广泛使用，主要在紧急时用。生孩子也不一定需要专家的帮助。在上表中，除了现代抽水机操作者外，也许只有理发匠、和尚、庙宇看守人和合作丝厂的职工的工作比较专业化，农民自己不能兼任。

此外，人们不一定都要村里供应他们所需的物品或依赖这个村里的人来解决他们生活服务的问题。质量较好的木器、竹器或铁器可以在城镇里买到。甚至于有一次理发匠对我抱怨说，村民逐渐倾向于到镇里去剃头了。有丧事时，人们往往到远处庙宇去请和尚。妇女难产时不能信托村里的接生婆来接生。

所有住在村里的外来人都是商人和手艺人，他们实际上占这个群体（二章五节）总人数的1/3。关于商业和手艺是否原来就是从外面传来的一种新的职业，我手头没有资料可以说明这一点，但我们有理由猜想一些新的手工艺往往是通过某些渠道从外边引进的。由于技术知识通常是通过亲属关系传授，本地人不易很快地吸收这种知识。即使师傅可以公开传授手艺，但那些有条件让孩子们种地的父母仍愿意让他们种地。村子里的土地不足以提供额外人口谋生，因此，外来人很难获得土地，而且土地也很少在市场出售。所以，正如上面已提到的，目前，所有外来人都没有地，其谋生的惟一手段是从事某种新手艺或经商。

三、渔　业

有两类渔业户，他们的捕鱼方法不同，居住地区也不同。第一类渔户，住在村的西头，圩Ⅰ、圩Ⅱ，仅以捕鱼为副业。他们的捕鱼方法是用网和鱼钩。冬季工作较忙。那时，农活告一段落，他们便开始进行大规模的“围鱼”作业。几只船合作组成捕鱼队，在又粗又长的绳子上密挂小鱼钩，然后再加上一些重量，捕鱼队队员围成一个圈，把鱼钩沉入湖底。寒冷天气，特别是下雪以后，湖面不结冰，但鱼都在泥里冬眠，鱼钩在泥里拉过，很容易把鱼钩住。这样的“围鱼”作业有时持续数周，收获量颇大。平时，渔民撒大网捕鱼，一日数次。这种捕鱼方式只有那些住在湖边的居民才能采用。这也就是这群渔户局限在村西地区的原因。

虾是用一种竹编的捕虾篓从湖里捕捉。捕虾也是住在湖边的渔户的普遍职业。根据1935年夏我所收集的情况，共有43条船从事这项工作。捕虾篓用一条长长的绳索连结起来，放入水中。每四小时清一次篓子，因为时间过久，虾在篓死去，死虾在市场上的价格低于活虾。两个渔民一条船，平均收入每天1元。

另一种渔户在B河中游沿岸圩Ⅱ居住。这种渔民喂养会潜入水中捕鱼的鱼鹰。喂养和训练此种鸟需要专门知识，是由家庭传授的，因此是一种世袭的职业。这些家庭形成一个特殊群体甚至与其他村里的同行渔民合作。由于他们需要到离本村较远的地方去，夜间鱼鹰需要细心保护，因此，这些渔民在共同的专业利益基础上形成了一个超村庄的群体。从事同一专业的渔民，对他们的同行都有友善招待的义务。

第九章　劳作日程

一、计时系统

为研究一个社区的生产体系必须要调查他们的各种活动在时间上是如何安排的。在分析农村经济时更需如此，因为庄稼通常直接依赖于气候条件。

有机世界的季节循环的知识，对人民有重要的现实意义。农民的生产活动不是个人自发的活动。他们需要集体的配合和准备。他们必须知道种子何时发芽以便确定播种日期，必须知道秧苗需要多长时间才能长成以便把土地准备好进行移植。如果没有农时的计算，就不能保证在正确的时间里采取某种行动。

辨认时间不是出于哲学考虑或对天文学好奇的结果。正如布·马林诺斯基教授已明确指出的，“计时法不论如何简单，它是每一种文化的实际的需要，也是感情上的需要。人类每一群体的成员都需要对各种活动进行协调，例如为未来的活动选定日期，对过去的事进行追忆，对过去和未来时期的长短进行测量”。[1]

从功能上来研究计时问题，我们就必须仔细地观察一下历法，以便了解计时系统如何安排社会活动，这一系统又是如何由社会活动来表示的。

---

① 《特罗布里恩德群岛的阴历和季节历》（*Lunar and Seasonal Calendar in the Trobriands*），《皇家人类学会杂志》（*Journal of the Royal Anthropological Institute*），第57卷，第203～215页。

中国农村中使用的传统历法是以纪月系统为基础的阴历。它的原理如下：望日被视作一个月的第15天的夜晚。因此，每一个月的天数是29或30天。（实际上一个月历时为29.53天）12个月为一年，共有354.36天，其总数与纪日系统的阳历365.14天为一年的数字不合。每隔二或三年有一个闰月以补足每年缺少的天数。但是有机世界的季节循环更多地是遵循地球和太阳之间的关系，与地球和月亮之间的关系较少。虽然两种系统最后有闰月来调整，但这两种系统的日期永远不能有规律地一致起来。

阴历的日期不能始终如一地说明地球对太阳的相对位置，因而也不能表明季节性气候的变化。譬如说，假定今年人们抓住了正确的播种时间，四月十七日，但由于闰月的关系，他们明年如果在同一天播种，就为时太晚了。阴历和季节循环两者之间的不一致性，使得阴历在农事活动中不能作为一种有效的推算农作物生长期的指南。这种理论上的考虑必然引导人们进一步来考察传统的历法。

实际上，在传统历法中，有一种潜在的纪日系统。它表明各个时期地球在其太阳轨道中的确切位置。这一系统中的单位是"节"，意思是"段"或"接头"。整个太阳历年分成24个节。1936年24个节的总天数为364.75天。这说明实际上1个年度的时间仍有微弱的0.39天之差。我不知道定节气的原理，但在旧历本中可以找到每个节气开始的准确时间，它是用时辰（两小时）、刻（1/4小时）和分（分钟）为单位来表示的。在不同年份里不同节气的长短上，闰期的变化微小，因此不需要特殊的说明。下表为1936年，每个节气开始的时间和节气的名称。

节气名称	传统历及时间	西历及时间
立春	正月十三日 辰初 2 刻	2 月 5 日晨 7 点 30 分
雨水	正月二十八日 寅初 2 刻 4 分	2 月 20 日晨 3 点 34 分
惊蛰	二月十三日 丑初 3 刻 5 分	3 月 6 日晨 1 点 50 分
春分	二月二十八日 丑正 3 刻 13 分	3 月 21 日晨 2 点 58 分
清明	三月十四日 辰初 1 刻 2 分	4 月 5 日晨 7 点 17 分
谷雨	三月二十九日 未正 2 刻 1 分	4 月 20 日下午 2 点 31 分
立夏	三月(闰月)十六日 子正 3 刻 12 分	5 月 6 日晨 0 点 57 分
小满	四月初一日 未正 8 分	5 月 21 日下午 2 点 8 分
芒种	四月十七日 卯初 2 刻 1 分	6 月 6 日晨 5 点 31 分
夏至	五月初三日 亥正 1 刻 7 分	6 月 21 日晚 10 点 22 分
小暑	五月十九日 申初 3 刻 14 分	7 月 7 日下午 3 点 59 分
大暑	六月初六日 巳初 1 刻 3 分	7 月 23 日上午 9 点 18 分

立秋	六月二十二日 丑初2刻13分	8月8日晨1点43分
处暑	七月初七日 申正11分	8月23日下午4时11分
白露	七月二十三日 寅正1刻6分	9月8日晨4点21分
秋分	八月初八日 未初1刻11分	9月23日下午1点26分
寒露	八月二十三日 戌初2刻3分	10月8日下午7点33分
霜降	九月初九日 亥正1刻4分	10月23日晚10点19分
立冬	九月二十四日 亥正1刻	11月7日晚10点15分
小雪	十月初九日 戌初2刻	11月22日晚7点30分
大雪	十月二十四日 未正2刻13分	12月7日下午2点43分
冬至	十一月初九日 辰正1刻12分	12月22日上午8时27分
小寒	十一月二十四日 丑初2刻14分	1月6日晨1点44分
大寒	十二月初八日 戌初1分	1月20日下午7点1分
立春	十二月二十三日 未初1刻11分	2月4日下午1点26分

既然西方的阳历是法定通行的，自然也传入乡村，它又与传统的纪日系统的节气有区别，因有它以一个整天作为单位，所以有一个规则的闰日方法。这两种历法不同年份相应的日期不同。

二、三种历法

这三种历法均被村里的人们采用。但各有各的作用，西历通常在新建的机构如学校、合作工厂和行政办公室里使用。这些机构必须与使用西历的外界协调工作。

传统的阴历最广泛使用在记忆动感情的事件以及接洽实际事务等场合。它被用作传统社会活动日的一套名称。在宗教活动上，人们也广泛使用阴历。每月初一及十五要定期祭祀灶神。人们还在这两个日子里去庙宇拜佛或吃素斋。在祖先的生日、忌日和固定的节日要祭祖，但有些节日是根据传统的节气来安排的。

传统的节气并不是用作记日子的，而是用来记气候变化的。有了这一总的体系，每个地方可根据当地情况来安排农活日程。

这个系统主要用于生产劳动。除日常谈话外，下列歌谣说明了它的作用：

白露白迷迷（指稻花开）　　秋分稻秀齐

霜降剪早稻　　立冬一齐倒

向我提供情况的人曾来一信，也可引述其中一段：

村里的人，每年有两个清闲的时期，第一个阶段是在秋天，从处暑到寒露，为时约两个月……第二阶段是在冬天，从大雪到年底，也是两个月，在这农闲季节，我们出去经商。

农民用传统的节气来记忆、预计和安排他们的农活。但节气不能单独使用，因为没有推算日期的办法，在使用上有困难。农村用阴历来算日子。人们必须学习每年各个节气的相应日期。例如上表所示，第一个立春是在正月十三，而第二个立春则在十二月二十三。因此，也可以这样说，阴历通过节气系统来安排人们的工作顺序。

历本并非村民自己编排，他们只是从城镇买来一红色小册子，根据出版的历本来进行活动。他们也不懂其历法的原理，他们甚至不知道历本是哪里发行或经谁批准的。因政府禁止传统历，出版这些小册子是非法的。我未能找到谁是负责的出版者。

然而政府的行动在任何意义上来说，并未影响小册子的普及和声誉。在任何一家人的房屋中都可以找到这本册子，而且在绝大多数情况下，这往往是家中惟一的一本书。人们通常将它放在灶神爷前面，被当作一种护身符。不仅在安排工作时，而且在进行各种社会活动和私人事务的时候，农民都要查询这本历书。在历本中，每一天，有一栏，专门说明哪些事在这一天做吉利，哪些事不吉利。我列举数栏说明如下：

3 月 1 日（1936 年），星期日；阴历二月初八

张大帝（洪水之神）生日。

宜祭祀，祈福求嗣，还愿，会亲友，经商，上官赴任，结婚姻，行聘，嫁娶，迁入新宅，移徙，裁衣，修造，竖柱上梁，修店铺，开市，立券，开仓库，栽种，破土，安葬。

不宜用茅草铺盖房顶，灌田，行猎。

3 月 2 日，星期一；阴历二月初九

宜会亲友，捕捉畋猎。

不宜诉讼，求医疗病（植物发芽）。

3 月 16 日，星期一；阴历二月二十三

诸事不宜。

3 月 27 日，星期五；阴历三月初五

宜沐浴，畋猎取鱼，扫舍宇，不宜安床，买地纳财（始雷鸣）。

农民并非完全按照栏内所列的忠告行事。但盖房、安排婚

事、开始长途旅行等事，他们确实要查询此种历本。他们根据栏内所列吉利的事情多少，笼统地区别“宜”或“不宜”的日子。他们避免在“不宜”的日子，特别是那些表明“诸事不宜”的日子，进行重要的冒风险的活动。每隔数天，在这一栏的末尾有一项括号内的说明，如“植物发芽”和“开始雷鸣”等。这是用周期性的自然现象来推算时间的一种附加系统。

三、经济活动和其他社会活动时间表

按节气进行的其他社会活动与宗教活动	农业	丝业	节气	气候（上海）温度（华氏）	气候（上海）雨量（毫米）	西方的阳历	阴历月份	按阴历进行的其他社会活动和宗教活动
	麦{油菜籽}		立春 雨水	39°	57	2月	一	初一：新年，祭菩萨，迎灶神上庙拜佛 初五：祭财神
祭灶神			惊蛰 春分	46°	70	3月	二	初一至初八：男人探亲戚 初八至十五：女人探亲戚
祭灶神		主要的一批{孵化蚕种、第三次蚕、蜕蚕茧}	清明 谷雨	56°	90	4月	三	初十至三十：吉利的结婚日
禁止造房屋{祭祖宗和蚕神、扫墓、祭灶神、欢宴探亲戚的蚕}		家庭抽丝	立夏 小满	65°	90	5月	三（闰）	在闰月为老人准备葬礼
	第一个农忙时节{播种育秧苗、主要农田准备、插秧、除草和灌溉}	第二批	芒种 夏至	73°	166	6月	四	
			小暑	80°	127	7月	五	初五：端阳，欢宴，祭灶神

（续上表）

			大暑	80°	127	7月	五	初三、十五及二十三：祭灶神
第一次外出经商	农闲{稻开花 稻秀穗		立秋 处暑	80°	148	8月	六 七	初三：灶神爷生日，祭祀
			白露 秋分	73°	118	9月	八 九	十五：中秋，满月，欢宴 二十四：灶神娘生日，祭祀 初九：重阳，欢宴，祭灶神
	第二个农忙时节{收割 碾米 储藏 出售		寒露 霜降	63°	73	10月	十	
第二次外出经商{祭祀祖宗			立冬 小雪	52°	46	11月	十一	初一：新稻登场，先祭祖宗
	麦		大雪 冬至	42°	29	12月	十二	二十四：送灶神爷
			小寒 大寒	28°	54	1月		三十：祭祖宗

有了以上的这些计时系统，我们便能列出村庄各种经济和社会活动的时间表。它可供进一步分析作参考。对某些具体项目，将在其他恰当的有关之处再作一些解释。

第十章 农 业

农业在这个村子经济中的重要性，已经在以上章节中显示出来。这村有2/3以上的农户主要从事农业。一年中有8个月用来种地。农民的食物完全依赖自己田地的产品。因此，要研究生产问题，首先必须研究农业问题。

本章所使用的农业一词，只是从它的狭义说的，指的是使用土地来种植人们想要种的作物。要研究如何使用土地，必须先分析土地本身。土壤的化学成分、地形和气候都是影响农业的条件。我们也需要了解谷物的生物性质。这些分析尽管比较重要，所需要的专门知识却往往是人类学者所不具备的。然而，农业占用的土地不只是自然实体。文化把土地变成了农田。此外，在农业中，直接指导人类劳动的是人们自身掌握的关于土地和谷物的知识，通过技术和信仰表现出来。

从分析物质基础开始，我们首先来描述一下这个村子的农田。根据技术需要出发的农田安排，对劳力组织、土地所有权和亲属组织都有深远的影响。研究这个问题对进一步研究人与土地关系问题的各个复杂的方面将是最好的开始。

一、农田安排

农田的安排取决于农民选择种植哪一种作物。这个村农业的主要作物是水稻、油菜籽和小麦。水稻的种植期从6月开始，12月初结束，这是主要农作物。收稻以后，部分高地可用来种小麦和油菜籽。但后两种仅是补充性的农作物，其产量仅供家庭食用。

村里90%以上的土地种植上述这些农作物。沿着每一圩的边缘，留有10至30米的土地种桑树，有三个圩再留一块大一些的空地盖房屋。在边缘的土地较高，也用作农用的堤堰。

种庄稼的土地被分成若干农田。由于种水稻需要定期供水，因此农田安排还取决于水利管理措施。

向我提供情况的人说："水是农田中最重要的东西。如果土壤干裂，稻就会枯死，如果水太多，淹过稻'眼'时，稻又会淹死。"稻"眼"即上方叶和茎的接节点，当地人认为，这部分被淹了，六七天之内，稻就枯萎。把稻的这一部位说得如此脆弱，未必那么真实。但稻"眼"确实被用作标志稻田中水多水少的一个基准。必须按照稻的长势调节水面，水位太低时进行灌溉，太高时则及时排水。水的管理是农业中的一件主要任务，它支配农田的地形。

土地被河流分割成小块，称作"圩"。每一圩周围是水。每一块农田得水机会的多少视这块农田在圩中的位置而异。圩正中间的一块田离河最远，被灌溉的机会也最少。为使中间的农田得到足够的水，人们必须把圩的土地平整得犹如一个碟子。但碟状土地表面又为储水带来困难。水总是趋向水平面，因此农田不能得到水的平均分配，反而中间形成水塘，边缘土地干旱。所以必须筑起与土地边缘平行的田埂。另一个困难是必须从较低的河流上选择一个地点，安装好水车，同时还要挖一道水渠以便将水引到里面的稻田。靠这一车水点供水的每一大片田地，还要有与边缘相垂直的田埂。两种田埂相互交叉，把农田分成小块，称作小块田或"爿"。

每小块田的高低必须相同，以便能得到平均的灌溉。小块田的所有权如果不属同一个家，那么耕种者之间常常因灌水发生争执。每一片田地有一条共同的水渠通过，在每片田地的小块田间有一个通水口。农民引水进田时，先从边缘的小块田开始。在一小块田的进水口处下面把水渠堵住，这样水便流入这小块田地。水灌足后便堵住这一进水口，打开水渠再灌溉下一块田地。这样继续下去直到最后一块田浇灌完毕。一片田地为一个灌溉单位（见图4）。

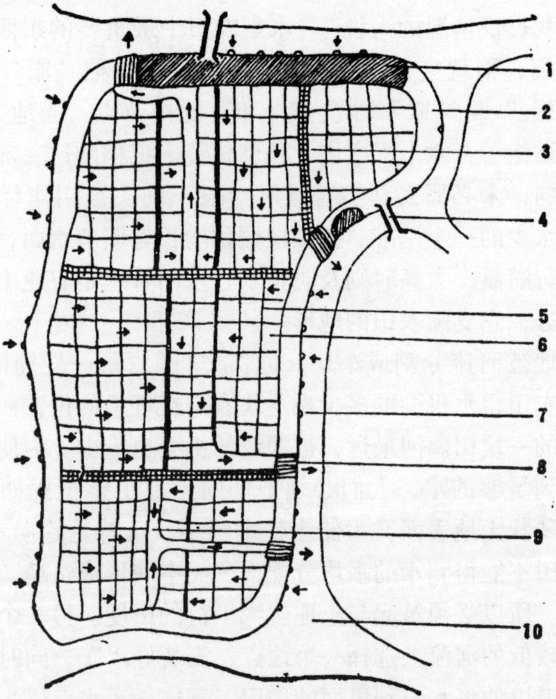

图4 西长圩农田的安排

1. 房屋　2. 种桑树的边缘地　3. 两墐田中间的埂　4. 桥
5. 两小块田之间的埂　6. 一小块田　7. 车水灌溉点
8. 集体排水点　9. 公用排水渠　10. 河

雨水多的时候，这一灌溉系统不能把田里多余的水排出，因为水不能从较低的田中央往较高的田边缘流出。所以必须在整个碟形圩地的最低部分挖一水沟。它汇集了各大片田里多余的水，水沟终端装部水车把水排出。接着，我们将看到灌溉和排水需要不同的社会组织工作。

1. 河
2. 车水灌溉点
3. 经过大片田地的水渠
4. 小块田周围的埂
5. 一小块田的临时进水口
6. 暂时封闭水渠
7. 公用排水沟

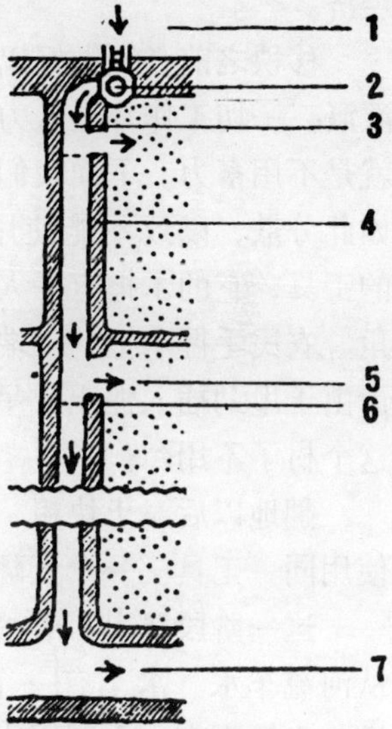

图5 田埂和水渠系统

单纯从技术观点来看，排水问题的困难主要是各圩面积大小不等的问题。圩的大小取决于河流天然分布的情况，大小相差极大。例如，这个村里有 11 个圩，大小从 8 亩至 900 余亩不等（二章二节）。圩的面积越大，将它纳入集体排水系统的困难越多。为适应紧急需要并提高工作效率，大圩必须分成较小的排水单位，称“墐”，各“墐”之间筑了较大的埂。也是农田里的主要道路。

农田安排平面图，如图 4 所示。图比实际情况简单得多，但足以说明刚才描述的情况。

二、种 稻

田地主要用来种稻，但不完全是种稻。目前只限于研究种稻这一方面。

6月开始种稻。先准备好一小块田地育秧。把种子撒在秧田里。约一个月以后，稻子长出30厘米长的嫩秧。这一时期稻秧不需要大的间隔，只是在浇灌方面需要细心调节。在小块田地上育秧，同时在大块田地上做准备工作，这样比较方便、经济。

移秧之前必须做好以下准备：翻地、耙地、平地，然后是灌溉。一切工作都是人力做的。这个地区农业劳动的一个特点就是不用畜力。下面我们将看到，农田较小，每户的土地又是如此分散，以致不能使用畜力。农民只用一种叫做“铁锫”的工具，它的木把有一人高，铁耙上有四个齿，形成一个小锐角。农民手握木把的一端，把耙举过头先往后，再往前甩，铁齿由于甩劲插入泥土，呈一锐角，然后向后拉耙，把土翻松。这个村子不用犁。

翻地以后，土块粗，地面不平。第二步就是耙细和平地，使用同一工具。一个人翻耙平整1亩地需要四天。

这一阶段要引水灌溉，必要时需检修田埂和水渠。用水车从河流车水。水车有一个长方盒形的、三面用木板做成的管道，木管内有一系列用小木片做成的阀，由活动的链条连在一起形成一个环。小阀接触三面木头的管道便在管内形成一系列方形空间，链条通过枢轴与一个轮子相连。农民踏动轮旁的踏脚板时阀链便按圆环形转动。木管的下部置入水中，上部打开，对着一个通向水渠的小水塘。由阀和木管三面形成的小方空间在下端充满了水，阀链转动时便将水带上来，流入水塘。水并非通过空气压力的差别带入塘内，而是由于阀的转动把水带到水塘。

用这种工具把水车至高处，效率不很高。由木阀形成的方形空间结构不严密，阻力较大。为1亩地车水高出地面10余厘米约需用一天的时间。灌溉上的低效率使每一大片田地中相连的小块田地产生了不同的价值。我在前面已经提到，水从边缘的田地依次流到中间，中间的田地必须等边缘的田地灌溉结束后，才能得到它所需要的水。雨水太多时，中间的田地又必须等待边缘的田地排完水后，多余的水才能排除。而等待排灌时间的长短则有赖于水车效率的高低。排水系统的不能令人满意的效率，当然是产量降低的一个因素。因此也就产生了土地价值的差别。边缘田地与中间田地价值的差别有时可达 10 元或相当于土地平均价值的 1/5。

前两年，村里有了两台动力抽水泵。一台为私人所有，另一台为合作工厂所有。承包全年的灌溉，按每亩收费。这使整个灌溉过程逐步转入集体化和专业化。然而，这种机器尚未被普遍采用，主要是因为使用机械而节约下来的劳力尚未找到生产性的出路。从村民的观点来看，他们宁愿使用旧水车，不愿缴纳动力泵费用而自己闲搁数月。有些人告诉我，那些依赖动力泵灌溉的人，自己没有事，便到城镇的赌场去赌博，害了自己。现在尚未看到节约劳力的机器和水利集体化过程对社会组织和农田安排的影响。

引水到田以后，每亩田还需要用一天的时间加以平整。现在就可以估计在准备土地过程中总共需要多少时间。一个劳力如果种 7 亩地，大约需要 35 天，相当于稻秧在秧田里生长所需的时间。

农活开始的时候没有什么仪式，每个农户自己掌握农活开始的时间，时间先后的差别约为两个星期。

把稻秧从育秧田里移植到大田里，是种稻的重要部分。人们把这段时间描述为“农忙”时节。农民一早出发到秧田去，秧田有时离稻田很远。农民必须用船来往运送秧苗，孩子们那时也被动员起来帮助工作，但不用妇女。插秧时六七棵秧为一撮插在一起，孩子们的工作是把秧递给插秧人，一个人不旁移脚步，在他所能达到的范围内，一行可插六七撮，这一行插完后，向后移动一步，开始插另一行。插完一片地以后，再从头开始插另一片。在同一块田地，如果同时有几个人工作，他们便站成一行同时向后移动。插秧人那有节奏的动作给人留下深刻的印象。对这种单调枯燥的工作加点节奏是有益的，为保持这种节奏，农民常常唱着有节奏的歌曲。随之发展而成专门的秧歌。但这一地区的女子不参加插秧，秧歌流传不如邻区广泛。

每人一天大约可插半亩，插 7 亩约共需两周。

7 月已经是夏天了，在华氏 80 度的气温下，稻的长势很快。这时期雨水很多（5 吋），老天帮忙，为幼秧提供水源。但自然界不总是那么可靠的。如果二三天没有雨，秧就需要车水灌溉，这就需要人力。如果连续下三四天雨，人们又要忙着车出多余的水。

和稻混杂在一起的野草有时长得更快。插秧工作刚刚结束一个星期，农民便需忙于除草。专用于除草的工具是一片装在竹竿柄上的木板，上面有很多钉子，农民手握耙柄，把钉耙向后拉过泥土，便把野草拔除。

除草后，下一件工作便是给土地施肥。肥料有人粪肥，畜粪肥和豆饼。黄豆榨油以后剩下的渣，压成豆饼。豆饼被碾成碎片，均匀地撒在田地里。

人粪肥保存在房屋后面的专用的粪坑里。羊粪从羊栏里收集，曝露、晾晒，并与草混合以后，撒在田里。不用新鲜粪肥。

当稻长到相当高度，开花以前，还需彻底除一遍草。这时便只能用手来拔草，因钉耙容易伤害作物的根部。为避免伤害稻，农民在大腿部系一马鞍形竹筐，他们在泥里行走时，它可先把稻撇开。

从7月到9月农民几乎都在除草和灌溉，中间有数次短的间歇。工作量的大小依据雨量的多少。9月上旬，稻子开花，月底结谷。这一时期没有特殊的工作可做，是最长的农闲时节。到10月下旬，某些早稻可以收割。长长的弯形镰刀便是收割的工具。割稻时把稻秆近根部割断，扎成一捆捆放在屋前空地上。打谷在露天空地或堂屋中进行，把谷穗打击着一个大打谷桶的一边，谷子便从秆上落下，留在桶底，然后收集起来。打过的稻秆便堆放在路边。

稻谷被放在一个木制磨里去壳，碾磨转动，壳便与米分开。粗磨的米可以出售，再经过一次精磨，才能食用。最后一次碾磨过程完全用现代机器进行。旧式工具杵臼已不再使用。

三、科学与巫术

在上述农田安排、灌溉与排水、翻土与平地、插秧与除草等农活中所用的知识，是通过农民的实践经验长期积累一代一代传授下来的。这是一种经验性的知识，使人们能控制自然力量，以达到人们的目的。详细的调查研究会表明这个地区的农业科学发展到如何高的程度。上述情况已经说明，人们懂得稻的生长过程中的普通生物原理，不同时期所需的水量，植物生理中叶子和根部的作用以及有关水的运动、水平面等的物理常识。

通过他们采用新技术和工具的方式，也可以看到他们对所经营的事业采取了一种经验式的方法。对工具的选择完全是从经济和效率原则出发的。例如，需要紧急排灌时就用水泵，但作为平时灌溉，花费太大时就不用它。

然而到目前为止，科学只能通过人力的有效控制来支配自然因素。自然界中尚有不能控制的因素。譬如对水的基本需要只能通过排水、灌溉、筑堤、挖沟等人为的手段进行部分的控制。大部分还是要靠雨水。如果雨水太多或太少时，不管人们如何努力使用水泵，稻还会枯死或淹死。蝗虫可能出乎意外地突然到来。在这种性命攸关的领域，也仅仅在这一范围内，我们发现人们有非科学的信仰和行动。

这并非意味着人们把雨和蝗虫当作是超自然的表现。他们有气象知识。“天气太热时，湖水蒸发太多，气温一有改变，就会下雨”。但这些自然现象，人不能控制。它们对实际生活可能是巨大的威胁，可能顿时把一切努力化为乌有。在这个关键时刻，人们说“我们靠天吃饭”。承认人的力量有限，转而产生了种种巫术，但巫术并不代替科学。它只是用来对付自然灾害的一种手段。它不排除其他手段。科学和巫术同时被用来达到一个现实的目的。①

巫术不是一个自发的个人的行动，而是一种有组织的制度。有一个固定的人，他拥有魔力并负责施展巫术。其次，有一套传统的礼仪来唤起超自然的干预。最后还有一些神话来维护这种礼仪和巫术师的能力。

当遭到水灾、旱灾和蝗灾的威胁时，便要施行巫术。过去每逢这种时机出现，人们纷纷到县政府去要求巫术的帮助。按照古老的传统，县行政官就是百姓的巫术师。有水灾时，他就到河边或湖边把供物扔进水里，祈求洪水退去。干旱时，他就发布命令禁止宰猪，并组织游行，游行者带着一切象征雨的用具如伞、长统靴等。有蝗灾时，他就带着刘皇的偶像游行。

以下神话解释了地方行政官担任巫术师的义务以及他担任这一角色的效果。在县政府所在地，吴江城北门大约一里开外的地方，有一个拜祭张大帝的庙宇，他的生日是阴历二月初八

① 巫术与科学的理论，见布·马林诺斯基教授的“文化”条，《社会科学百科全书》（“Culture”，*Encyclopaedia of Social Science*）。

日（九章二节）。按照人们的信仰，他是很久以前，历史上的一个县行政官。在他任职期间，有一次大雨连绵不断，湖水泛滥，造成了水灾的威胁。他便到湖边下令退水，把他的鞋、衣服和标志官衔的玉带，一件件扔进水里。但是水仍然上涨。雨继续不停地下着。最后，他自己纵身投入水中。水灾被征服了。直到现在，据说每当县里发生水灾时，张大帝偶像的长袍总是非常潮湿，因为他仍旧在暗暗地履行他的职责。

就我所知，村里不知道有关刘皇和他的灭蝗的神话。但在吴江附近的城镇里，刘皇是人人皆知的。刘皇是一个历史人物。他一生受后母的虐待。小时候是一个淘气的男孩，还能施展巫术，一夜，他邀请了所有的朋友来赴宴，把他家中的牛全部杀死。清早，他把牛的头和尾巴安放得犹如把牛半埋在地下一般。但天快破晓，他尚未安放完毕。他命令太阳慢些升起，太阳便又落到地平线下。据说，甚至到如今，早上太阳还推迟片刻升起。当他后母发现牛被半埋在地下时，由于刘皇的巫术，牛都哞哞地向主人呼叫，摇着尾巴。后母十分恼怒，后来便更加残暴地虐待刘皇，直至他死去。他死后，人们仍然相信他的阴魂有能力赶走蝗虫。这一神话证明了这个淘气男孩的魔力，也是目前人们信仰和施行驱蝗巫术的依据。

地方行政官的这种巫术师的职能是与现代行政公务的概念相违背的。而且，现在的政府认为人民中间的迷信是社会进步的障碍。因此政府发布了各种命令禁止任何巫术。所以现今的地方行政官不仅拒绝履行人民的巫术师的传统职能，而且还应该执行反对巫术的法律，但水灾、旱灾、蝗虫的自然威胁仍然危害着人民。他们的科学知识和装备仍然不足以控制许多自然灾害，对巫术的需要依然保留不变。

一个前地方行政官告诉我这个问题是如何得到解决的。“在人们普遍要求有所举动对付旱灾的压力下，我不得不发出命令禁止宰猪。我认为这是很有用的，因为流行病往往与旱灾俱来，素食能防止传染病流行。这是这种信仰的真正的作用。在我缺席的情况下组织了游行。强迫人们不抵御旱灾是不利的”。

只要巫术对人们的生活起着一些有用的作用，尽管政府发出多少命令和阐述很多理由，它仍然会存在的。在理论上，从把巫术当作一种假科学，并认为它对科学发展是一种障碍，转变到承认它的实际作用，对于处理这个问题采取实际态度方面，能给以一些启示。这种事情不是命令所能禁止的，只有提供更有效的人为控制自然的办法才能消灭巫术。既然目前不可能有完全的科学控制办法，那么在人类文化中也难以完全消除巫术。

四、劳动组织

谁在田里劳动？在什么情况下农民需要合作？谁和谁合作？形成了何种组织？让我们仍然从技术的角度来考察这些问题。把法律上的问题留到下一章去探讨。

我已经讲过，户是基本经济单位。但一户中并不是全体成员都参加农业劳动；孩子只是有时候到田地里去，女人完全不参加农业劳动。农业主要是男人的职业。男人和女人的这种劳动分工是产丝地区的一个特点。它说明了蚕丝工业的发展是产生这种特点的主要因素。在家庭缫丝业兴旺时期，女人忙于缫丝时，男人正忙着准备稻田。另一方面，从丝业得到的收入可与农业收入比拟。这也使人们有可能靠小块农地生活下去。因此农田的大小一直保持在有限的范围内，农业所需的劳动量也相应地有所限制。

为说明村里的劳力和土地是如何恰当安排的，可引用几个统计数字。成年男子，实际的或潜在的农业劳动者，年龄在15至55岁之间的其总数共450人。如果将2758.5亩耕地平均分配给劳动者，每人将得 6.1 亩。上文我已经说明了工作速度，稻的生长所需时间，以及得出一个人可耕种约 6 亩地的结论。从技术上来说，我已经表明了使用铁耙耕作使得大部分劳动成为非常个体性的。集体工作不比个体劳动增加多少收成。效率也不会提高很多。目前的技术已决定了这样大小的一片土地需要多少劳动量。因此，我们也有了每个农业劳动者能种多少亩地的近似数字。这一事实对土地占有、对农田分散的制度、对分家的频率，以及对小型的户都有深远的影响。

目前，丝业的衰落打乱了传统协调的经济活动。缫丝工业被现代工厂接收后，农田的大小仍然同过去一样。由工业变化而剩余的妇女劳动力不能为这种小块农田所吸收。这种失调的情况可以从妇女在村里闲暇时间较多这一情形中观察到，也可以见之于妇女人口从农村到城镇的高度流动性。在邻近的村庄里农田较大，在适应工业变化的新情况过程中，妇女劳力被农业所吸收。这说明传统的劳动分工是出于实践的安排，而不是由于非经验的原因。它是经济调节的一个部分。在男子只靠自己劳动，而农田不能再扩大的情况下，农业是不需要女劳力的。惟一需要女劳力的场合是紧急灌溉或排水的时期。控制水有时候需要立即行动，女人便毫不犹豫地去车水。

一户里的男子在同一农田里工作。他们之间没有特殊的分工。每个人做同样的工作，除在插秧时，孩子不插秧而是给成人递秧苗。所以大部分劳动是个体性的。

水的调节是需要合作进行的。在灌溉过程中户的成员，包括女人和孩子都在同一水车上劳动。在排水时必须把一塂地里的水从公共水沟里排出去。在同一塂地里劳动的人是共命运的。因此便出现了一个很好地组织起来的集体排水系统。为描述这种系统，我试举两长圩北塂为具体例子，加以说明。

这一塂地有 336 亩地。在北面边缘有一条通向河 A 的共同的水沟。在出口处有15个车水点。这就是说，可以有15架水车同时工作。每一水车需要3名劳动者。墐的每个成员所提供的劳动量，以户为单位，是同他所有的土地大小成比例的。派工是以劳动单位来计算的。一个单位是在4天内总劳动量的1/336。15架水车，每车分22．4单位。每个人工作4天算作6个单位，提供水车的人和小队管理人算作4．4单位。这种计算方法叫做“6亩算起”。这就是说这墐地里每6亩地的土地所有者应每天派一个人参加劳动，3亩地的拥有者每隔一天派一个人参加工作等等。每墐田，由于大小不同，各有其计算方法。

墐的成员按照15架水车组织成15个小队。每年由队里一个人负责提供水车并管理队的工作。这一职务由队里的成员轮流担任。15个队，有一个总管理人。这个职务也是轮流担任的。年初，总管理人召集其他14个管理人开会，准备筵席，作为正式开始的仪式。总管理人有权决定何时开始或停止排水。

每逢需要排水时，总管理人向其他管理人发布命令。清晨，这些管理人敲着铜锣通知值班人员。半小时以后，如果任一值班人员没有到水车前来，在同一水车前工作的另两个人就停止工作，拿着水车的枢轴到最近的杂货铺去并带回40斤酒和一些水果、点心等，这些东西的费用作为对缺席者的罚款。但如果是管理人没有通知那个缺席者，管理人自己必须承担责任。

排水的集体负责制使得引进现代水泵发生了困难，因为用新式水泵需要获得全墐的一致赞同。这种组织将如何适应技术改革的需要，还有待于进一步的观察。

第十一章　土地的占有

土地的占有通常被看做习惯上和法律上承认的土地所有权。马林诺斯基教授指出："但是，这种体系产生于土壤的用途，产生于与其关联的经济价值。因此，土地的占有不仅是一种法律体系，也是一个经济事实。"

"我们能够立刻提出这样一条原则，任何仅从法律的观点来研究土地占有的企图，必然导致不能令人满意的结果。如果对于当地人的经济生活不具有完备的知识，就不能对土地的占有进行定义和描述。"①

"'对游戏本身一无所知，就不能理解游戏的规则。'这句格言说明了这种方法的本质。你必须首先知道人类怎样使用他的土地；怎样使得民间传说、信仰和神秘的价值围绕着土地问题起伏变化；怎样为土地而斗争，并保卫它；懂得了这一切之后，你才能领悟那规定人与土地关系的法律权利和习惯权利体系。"②

在前一章中，我们已经研究过村民是如何利用土地和水的。现在我们准备讨论土地占有问题。

一、湖泊、河流及道路

就水的用于交通来说，它并不为任何人所专有。但是当你进村的时候，可以看到在河的入口处装着栅栏，夜间栅栏关闭。作为交通手段，河流的使用在这方面受到了限制。这是为了防止坏人利用此交通路线，对村民的生命和财产进行威胁。

另一方面，由于交通航道不是任何人专有的权利，所以，

①② 《珊瑚园和它们的巫术》（*Coral Gardens and Their Magic*），第318、320页。

不允许任何人阻拦河中的船只，干涉公众的便利。在饮用水及洗涤用水管理方面也有同样的限制。丝厂不得不建在河的下游，否则脏水就会污染河水，使得他人无法饮用。

灌溉用水的管理要复杂得多。不允许人们为垄断水源而在河中筑堤。这是村民之间经常发生争执的问题，在早期尤为如此。人力引入农田的水属于参加这项劳动的人所专有。为了从较高的地块“偷”水而掘开田埂是不允许的。但一块地可能属几个人共有，每人各占其中一部分。由于各人占有的各部分之间没有田埂隔开，所以水是大家分享的。在这种情况下，根据这块田地上各人地片大小不同来公平分配每个人在灌溉中应付出的劳动量。最重要的一点是，这块田的地平面要保持平坦，为的是使水的分配公平。这是产生争论的又一个起因。我目睹了几起这样的争执。因为每个人都想降低他那部分的地面，以有利于水的蓄留。

水中的自然产品包括鱼、虾和水藻。水藻可用来肥田。所有水产是村子的共同财产。这就是说，村里的居民对于这些水产享有平等的权利，其他村庄的人们则排除在外。为了说明其涵义，可以引用以下的例证。

1925 年，周村长把村西的湖中捕鱼的权利租给了湖南省来的人。这是由于那时村庄需要钱来修理河上自卫用的栅栏。签订合同以后，周向村民宣布，今后不得有人去该湖捕鱼。村民遵守了这个协定。我在村里的时候，发生了一起争端。那些湖南人抓获了一条捞虾的船，把渔民押送到城里警察署，控告他们偷窃。周抗议说，租给湖南人的不是那个湖，而是在湖中捕鱼的权利，这个权利不包括捞虾的权利。最后，被抓的人获释。

村民还要阻止外来者在河里采集水藻。

在村内和村周围水中采集自然产品的权利由村民共享。但捞获的鱼和水藻是属于捞获者专有的财产。

田埂和公共道路，就交通用途而言，像水路一样，不是任何人的特有财产。任何人不得拦阻公共道路或田埂上行走的任何其他人。但是道路和田埂也用来种菜。这种道路和田埂的使用权，是对此有特殊权利的家所专有的。因为公共道路要通过各家门前的空地，这空地是用来堆放稻草、安放缫丝机和粪缸、安排饭桌、晾衣服的地方，所以这个问题比较复杂。每一家都有把道路作这些用途的特权。

二、农田的所有权

所有农田都划分归各家耕种。在我们讨论农田所有者之前，必须为农田所有制的概念下一个明确的定义。

根据当地对土地的占有的理论，土地被划分为两层，即田面及田底。田底占有者是持土地所有权的人。因为他支付土地税，所以他的名字将由政府登记。但他可能仅占有田底，不占有田面，也就是说他无权直接使用土地，进行耕种。这种人被称为不在地主。既占有田面又占有田底的人被称为完全所有者。仅占有田面，不占有田底的人被称为佃户。我将只按照以上定义使用这些词语。

无论是完全所有者还是佃户，只要是田面的所有者，就能自行耕种土地；据此可以把这种人与不在地主区别开来。这种人也能够把土地租给他人，或雇工为自己种地。承租人有暂时使用土地的权利，他也能雇工。根据以上情况，拥有田面权利的人可以不是土地的实际耕作者。因此我们必须把实际耕作者、田面所有者以及田底所有者区别开来。对于同一块土地，他们可以是同一个人，也可以是不同的人。

所有这些人都对土地的产品有一定的权利。田底所有者可以要求佃户交地租。田面所有者可以要求承租人交租。雇工可以从雇主那里取得工钱作为劳动的报酬。无论土地的实际收成如何，不在地主、出租者以及雇工分别取得固定的地租和工钱。所以，完全所有者、佃户和承租者就要承担风险。后者（有时雇工除外）也是农具的所有者。下表对以上几点进行了归纳。

名　称	合法权利	报　酬	责　任	农具的所有者
雇　工 （a）短工 （b）长工		日工资、 年工资、 食宿	耕　种 耕　种	不是或是 不是或是
承租者	暂时使用田面	产　品	耕种、付给出租者地租	是
佃　户	永久地拥有田面	产　品	付给不在地主地租、耕种	是
不在地主	拥有田底	向佃户收租	向政府交税	不是
完全所有者	拥有田面及田底	产　品	向政府交税	是

三、雇农及小土地出租

田面所有权通常属于家这个群体。家提供男子到田里劳动。但有时它也许不能提供足够的劳力，这就产生了雇农制度。从事这种劳动的人是长工。长工住在家里，得到食宿供应。每年付给长工 80 元的工钱，在新年农闲期间有两个月的假期。在需要短期劳动力的时候就雇用短工。短工住在自己家中，自供膳食。短工通常有自己的土地，只有当他们完成了自己的工作后才受雇。

长工出卖自己的劳动力，不拥有生产工具，偶有锄头。长工来自那些土地太少，以致劳力有余的家庭。尤其是那些需要钱娶妻的人，他们愿意为别人做几年长工。我没有遇到过一辈子都没有土地的人。这个村庄中的雇工总共只有17人（六章一节）。这说明，在这个村子的经济生活中，雇工制度不起重要作用。如果我们考察一下人口统计数字，这个现象就能得到解释。前面已经提到（三章三节），任何一家只要其占有的土地在平均数以上，这家就很可能有较多的孩子。孩子长大之后就要分家产。换句话说，家中原来就不多的劳动机会，在人口压力和亲属关系的意识之下，更加减少了。况且也没有迹象表明人们要离开自己的土地去寻求其他职业，而同时又雇工来耕种土地。首先，这是由于职业分化的程度很低（八章一节），其次，是由于土地附有特殊价值（下一节），最后一点是，由于城里的工业不发达。

小土地出租制度也是非常有限的。出租土地大多是因为家里的男人死亡。孤儿寡母无力耕种土地。小土地出租与佃租是大不相同的。出租者保留土地的所有权。合同有一定的期限。出租者可以自由选择承租人，在合同期满时，可以更换承租人。

将这里的情况与华南的情况相比较是很有意思的。华南的雇工与无地的贫农为数较多，土地出租制要复杂得多。[①] 这似乎是由于华东不在地主制的特点，即“永久性佃权”制的存在；而在华南，已经消失了。接着让我们来考察一下不在地主制。

四、不在地主制

为了研究不在地主制度，必须首先考察土地所附有的价

① 陈翰笙：《华南土地问题》（*Agrarian Problem in Southernmost China*），岭南大学，广东，1936年，第4页及第3章。

值。土地的基本作用是生产粮食。但土地不仅仅是生产粮食的资料。

土地的生产率随着人们对农田的照料和投入的劳动量而波动。而且人只能部分地控制土地，有时会遭到出乎意料的灾情。因此，对人们的期望来说，土地具有其捉摸不定的特性，恐惧、忧虑、期待、安慰以及爱护等感情，使人们和土地间的关系复杂起来了。人们总是不能肯定土地将给人带来些什么。人们利用土地来坚持自己的权利，征服未知世界，并表达成功的喜悦。

尽管土地的生产率只能部分地受人控制，但是这部分控制作用提供了衡量人们手艺高低的实际标准。名誉、抱负、热忱、社会上的赞扬，就这样全都和土地联系了起来。村民根据个人是否在土地上辛勤劳动来判断他的好坏。例如，一块杂草多的田地会给它的主人带来不好的名声。因此，这种激励劳动的因素比害怕挨饿还要深。

土地，那相对的用之不尽的性质使人们的生活有相对的保障。虽然有坏年景，但土地从不使人们的幻想彻底破灭，因为将来丰收的希望总是存在，并且这种希望是常常能实现的。如果我们拿其他种类的生产劳动来看，就会发现那些工作的风险要大得多。一个村民用下面的语言向我表述了他的安全感：

> 地就在那里摆着。你可以天天见到它。强盗不能把它抢走。窃贼不能把它偷走。人死了地还在。

占有土地的动机与这种安全感有直接关系。那个农民说："传给儿子最好的东西就是地，地是活的家产，钱是会用光的，可地是用不完的。"

的确，获取食物的方法很多。可是人们不愿意拿自己的土地去和其他资料交换，即使其他的生产率更高，他们也不愿意。他们确实也从事其他职业，例如丝业和渔业，但农业始终是村里的主要职业。

对于情况的分析越深入，这个问题就越明显，土地不仅在一般意义上对人们有特殊的价值，并且在一家所继承的财产中有其特殊价值。土地是按照一定的规则传递的（四章三节）。人们从父亲那里继承土地。起源于亲属关系，又在对祖先的祭祀中加深的那种情感，也表现在对某块土地的个人依恋上。关于绵续后代的重要性的宗教信仰，在土地占有的延续上得到了具体表现。把从父亲那里继承来的土地卖掉，就要触犯道德观念。“好儿子不做这种事，这样做就是不孝”。这种评论总结了这一传统观念。

一直在某一块土地上劳动，一个人就会熟悉这块土地，这也是对土地产生个人感情的原因。人们从刚刚长大成人起，就在那同一块土地上一直干到死，这种现象是很普通的。如果说人们的土地就是他们人格整体的一部分，并不是什么夸张。

土地的非经济价值使土地的交易复杂化。虽然土地具有非经济价值，但从任何意义上讲，它都没有失去其经济价值。在感情和道德上对于出卖土地的反应，并不完全排除土地交易的可能性。人们有时急需用钱，经济紧张迫使人们把土地当作商品对待。除了在真正压力很大的情况下，我没有发现其他转让土地的事例。即使在那时，出卖土地也要通过转弯抹角的形式来完成。

一个急需用钱的人，不管是纳税还是交租，都要被迫向放债者借钱。在一定时期之后，如果借款者无力偿还本金及利息，他就被迫把土地所有权（限于田底所有权）转交给放债者。[1] 实际上，这种交易对于借款者没有什么意义，因为在日益加重的利息负担下，借款者很难有希望偿还债务。偿还高利比交付定租还要难以忍受。

事实上，从每年偿付利息变为每年交付租金，对负债者而言并无很大差别。我遇到一例情况，有关的人甚至还不理解这种改变的。“我借了他的钱，他占了我的地。我没有希望赎回我抵押出去的地。我付给他的钱到底是租还是利，这又有什么关系呢?”

当地的土地占有理论，进一步掩盖了这种差别。佃户保留着他的田面所有权。这个权利不受田底占有者的干涉。按这种惯例，佃户的权利得到了保护，不受田底所有者任何直接的干涉。[2] 佃户的惟一责任是交租。根据法律，如果佃户连续两年交不起租，地主即可退佃。但该法律并不适用于惯例至上的地方。[3] 逐出佃户的实际困难在于寻找一个合适的替换者。不在地主自己不耕种土地。如果由外来人来挤掉本村人的位置，那

① 在华南还可以看到，土地的移交是通过抵押这个中间步骤来完成的。陈翰笙说：“有时，半数的贫农家庭抵押了他们的土地，如在翁源和梅县的许多村子中那样。在那个地方，拥有土地的农民比例相对地较高。抵押的价格为土地价格的50%至60%，很少有80%到90%的。当然，只有极少数的贫农愿意出售自己的土地，多数人抱着赎回来的希望抵押自己的土地。但是，一旦贫农踏入了高利贷之墓门，他们就会被不容逃脱的阶梯一步步引入墓穴深处，再次离开坟墓的机会渺茫。在广东，至少有70%或80%的无地贫农在抵押中失去了一部分地产。”……“根据统计，在番禺县的10个有代表性的村子中，贫农在5年内抵押和出售的土地占他们土地面积的5%。”《华南土地问题》，第95~96页。

② 《民法》，第846及847条。

③ 永佃制似乎保护了贫农不致因乡村工业需要资金而迅速失去土地权。不应把永佃制当作历史遗存来研究，而应把它作为耕种者与投资者利益的调节来看待，是不在地主制整体的一个部分。这也可以用华南所作的观察来说明。陈翰笙说道：“一个明显的事实是，在广东的西南部尚未听说

么这些外村人也不会受到本社区的欢迎。只要是有正当的理由交不起租，村民们是不愿意卡同村人的脖子的。在这种情况下，抱着将来收回租子的希望，宽容拖欠是符合地主利益的。这种情况并不会对地主的地位造成真正的威胁，因为，只要有可能交租时，就有规定的制裁办法迫使佃户还租。

按以上分析，在土地占有问题中的几个重点已经明确了。村里土地的实际耕种者（雇工除外）保持不变，甚至在田底所有者变更后仍然如此。因为放高利贷被认为是不道德的，所以邻居不可能互相压榨。不在地主制度仅仅出现在农村和城市的关系之中。田面所有权一直保留在村民的手中；即使是住在村里的外来户也难以成为田面所有者，即土地的耕种者（二章五节）。

城镇和村庄之间发生密切的金融关系的结果，使上述不在地主制度获得了新的意义。R. H. 托尼教授正确地说道："看来，在某些地区正在出现……不在地主阶级。这个阶级与农业的关系纯属金融关系。"[①]他又说道："也不应忘记，土地的名

（接上页注）过永佃制，这里恰是那种人们预料会有旧经济陈迹的地方，因为至今这里还较少受到现代商业的影响。另一方面，在一些料想不到的地方，却见到了这种惯例。就是在广东省的最东端，韩江上来来往往的不仅有帆船、驳船，而且还有现代的轮船，以及一条地方铁路，经营得生意兴隆，汕头商业界的现代化影响出现在内地。在这个地区，的确不只是有永佃制的遗迹，而是已耕地的相当一部分实际上以这种形式出租。"（《华南土地问题》，第52页）陈倾向于用历史观点来解释永佃制(第51页)。尽管上面的引语表明，目前的事实与他的期望并不吻合。对我来说，作历史的解释，其本身可能很有意义，但如果我们试图理解永佃制在土地占有中的作用，则这种解释并不重要。若不怀无根据的期望，陈就可能会意识到金融问题与土地问题关系的重要性。他在分析中，曾几度非常正确地指出了这一关系，但未能加以强调。

① 《中国的土地和劳动》(*Land and Labour in China*)，第67～68页。

义占有者常常和放债人的佃户差不多。”①

田底所有权的这一变化实际上意味着城镇资本对乡村进行投资。这样，城镇市场中的土地价值与土地的真实价值相差甚大。从地主的观点来看，土地的价值寓于佃户交租的能力之中。土地的价格随着可供土地投资的资本量以及收租的可靠性而波动。于是，土地的市场价格不包含田面的价格。正如我的情况提供者所说，如果他的地主想要种地，地主就得向他购买田面。因为从来没有听说过这种事，所以无法计算田面的价格。

田底所有权仅仅表明对地租的一种权利，这种所有权可以像买卖债券和股票那样在市场上出售。田底所有权可以属于任何法人，不论是个人、家庭，或政府。这个所有权可能是私人的，也可能是公共的。但在这里我们不能详加探讨，因为这需要进行超出我们目前范围的调查。②

交租的可靠性是不在地主制度发展的一个重要条件。由此

① 《中国的土地和劳动》，第36页。目前的材料似乎肯定了托尼（Tawney）教授提出的观点，租佃制问题是城乡间金融关系的职能。他说：“自耕所有制在大城市附近极不流行。在那里，城市资本流入农业，据说，在广东三角洲，85%的农民是佃农，在上海附近，95%是佃农。但在很少受到现代经济发展影响的地区自耕所有制却普遍盛行。陕西、山西、河北、山东、河南等省是中国农业的发源地，那里约有2/3的农民据称是土地占有者。他们与工商业几乎没有什么接触，土壤的产量太低，不足以吸引资本家在那里投资，而农民也无能力租种更多的土地。在南方，土壤具有较高的生产率，农业产生了盈余，经济关系的商业化得到了发展，对土地进行投资的诱因和能力相应较强。可以合理地设想，随着现代工业和财务方法扩展到那些尚未受其影响的地区，中国的其他部分逐步产生类似的情况。在这种情况下欧洲经常发生的那种农民的习惯权利，为生存而耕作，同不在地主惟利是图地做投机生意这两者之间的斗争很可能在中国重新出现。在中国的某些地方，这种斗争已经发生了。”第37～38页。

② 参照《华南土地问题》，第2章，第24～41页。

导致考察收租的方法和佃户对交租的责任所抱的态度。由于城里土地（即田底）市场的交易自由，地主和他们占有的土地之间的个人关系缩减到最小的程度。大多数不在地主对于土地的位置、土地上种的庄稼，甚至对于交租的人都一无所知。他们的惟一兴趣就是租金本身。

收租可以有各种各样的方式。最简单的一种是直接收租，地主亲自到村子里来收租，但是这种方式的效率不很高。地主跑到各村去找佃户要花时间和力气，大多数地主不愿意自找麻烦，加之，地主与佃农的直接接触有时反而阻碍了收租的进程。佃户可能很穷，一开口就要求免租或减租。另一方面，若是这个地主属于老的文人阶层，他有时会受人道主义教育的影响。我知道几件地主不愿勒索佃农的事。传统道德与寄生虫生活之间的冲突，有时使这些地主绅士们的乡下之行只能得到精神上的满足，而得不到足够的钱来纳税。但这种直接收租的方式限于少量的小地主，大多数地主通过他们的代理人收租。

家产大的地主建立自己的收租局，而小地主则与大地主联合经营，租款分成。收租所被称作“局”。佃户不知道，也不关心谁是地主，只知道自己属于哪个局。

佃户的名字和每个佃户耕地的数量，收租局均有记录。在阳历10月底，收租局就会通知每个佃户，当年该交多少租。通知由专门的代理人传达。这些代理人是租局雇用的，并且县政府把警察的权力交给他用。这样，收租局事实上是一种半政治机构。

在确定收租数量之前，地主联合会举行一次会议，根据旱、涝情况，商定该作何项减免，并决定米租折合成现金的兑换率（地租是以稻米数量为标准来表示的，但以现金交付）。这个兑换率并不是市场上的兑换率，而是由地主联合会独断专行的。贫农必须卖米换钱交租，并且往往正值通常市场上米价较低的时候。租米和租款的双重作用更加加重了交租者的负担。

对于不同品质的土地，地租被分为9等。平均每亩地约交2.4蒲式耳租米。这等于土地全部产米量的40%。

在村里，租金交付到租局代理人的手中。这是本村独特的作法，与本县中其他地方不同。交租的实际数量并不一定与收租通知上写明的数量相等。正如一个老代理人告诉我的："村里的人不识字。他们不知道怎样把米折算为钱。没有收据之类的东西。"如果佃户拒不交租，代理人有权力把他抓起来关到县政府的监狱里去。但如果佃户真的没有能力交租的话，就会在年底得到释放，把他关在狱里无济于事，反而荒了田地，无人耕种。

更加详细地叙述收租方法，就会超出目前的研究范围，但注意佃户对于自己责任的不同态度，是令人感兴趣的。

按老年人的看法，交租被认为是一种道义上的责任。正如有些老人说的："我们是好人，我们从不拒绝交租。我们就是穷，也不会去偷东西，我们怎么会拒绝交租呢？"——"你为什么要交租呢？"——"地是地主的，我们种他的地，我们只有田面。没有田底，就不会有田面。"这些习惯规定的约束力是适合于维护这个制度的，不仅是对于监禁的恐惧心理才使得佃户履行职责。佃户不交租是由于遇到了饥荒、疾病等灾难，佃户对这些是没有责任的。一个好心的地主，这时就会同意减免地租。

最近局势正在发生变化。乡村地区的经济萧条已使得地租成为贫农的沉重负担；对地主来说，从地租得到的收入极易受到责难。农民对有关土地制度的一些新思想比较容易接受。"耕者有其田"是已故孙中山先生提出的原则，至少在理论上已被现政府接受。① 在共产党人和其他左派团体中，正传播着一种更加极端的观点。所有这些思想都已对上述的制裁措施发生了影响。交不起租的贫农现在感到不交租是正当的，那些交得起租的人则先观望是否要强迫他们交租。在地主方面，他们必须采取强硬措施来维护自己的特权，他们也不再把可用的资本放在农田上了。结果是佃户与地主间的冲突加剧，乡村经济发生金融危机。县监狱中不断挤满了欠租者。贫农组织起来采取行动，拒绝交租，与政府支持的地主发生了严重冲突。在华东，1935 年发生了农民起义，导致了苏州附近农村中的许多农民死亡。土地价值迅速贬值，村子里全部财务组织濒临险境。这个局势在中国具有普遍性。局势最严重的地方是华中，以上问题已表现为中国的苏维埃政权与中央政府间政治斗争的

① 在中山县土地局《年鉴》的前言中，孙中山先生的一名拥护者写道："土地问题是关系到我们国计民生的根本问题。如果这个问题能得到正确的解决，我们国计民生的问题也就自然会迎刃而解。只有解决了这个问题，人类才能够逐渐摆脱战争。土地所有制中的平等权利是国民党提倡的原则，我们的首要目的是防止少数人的独占，为所有的人提供利用土地的平等权利和同等机会。"引自《华南土地问题》，第 23 页。

在 1924 年《国民党第一次全国代表大会宣言》中有下列陈述："民生主义——国民党之民生主义，其最要之原则，不外二者：一曰平均地权，二曰节制资本。酝酿成经济组织之不平均者，莫大于土地权之为少数人所操纵，故当由国家规定土地法，土地使用法，土地征收法，及地价税法。私人所有土地，由地主估价呈报政府，国家就价征税，并于必要时依报价收买之，此则平均地权之要旨也……"

"中国以农立国，而全国各阶级所受痛苦，以农民为尤甚。国民党之主张，则以为农民之缺乏田地，沦为佃户者，国家当给以土地，资其耕作，并为之整顿水利，移植荒徼，以均地力。农民之缺乏资本，至于高利借贷以负债终身者，国家为之筹设调剂机关，如农民银行等，供其匮乏，然后农民得享人生应有之乐。"伍朝枢：《国民党以及中国革命之前途》（*The Kuomintang and the Future of the Chinese Revolution*），附录 C，第 255 ~ 256 页。

形式。但在我们所述的开弦弓村，问题尚未如此尖锐。较好的天然条件以及乡村工业改造的部分成功，起了缓冲作用。有利于交租的那种约束力仍然在起作用。

五、完全所有制

只有当城乡金融关系密切的时候才出现不在地主制。与城镇资本在乡下的投资相应，农田的田底所有权落到了城里人的手中。目前，该村约有 2/3 的田底被不在地主占有，余下的 1/3 仍在村民手中（对于这点，我不能提出精确的统计数。此估计数是我的情况提供者提供的）。村民自己也可以出租土地，也可以雇工，但只是从未获得过田底所有权。完全所有者、承租者以及佃户并没有形成轮廓清楚、严密的阶级。同一个家可能拥有家里一部分土地的全部权利，可能承租或出租土地的另一部分，也可能还有一部分土地属于不在地主。每家实际耕种的土地量取决于可用的劳动量。因为每家的男性成人人数差别不大，所以每家耕种的土地量也相差无几。但如果我们来了解一下每家耕种自己土地的程度，或者说每家有多少土地是完全属于自己的，我们就会发现这个差别是可观的。村公所向我提供了下列估计数：

土地的数量（亩）	家的百分比
50 ~ 70	0.6
30 ~ 49	0.7
15 ~ 29	0.9
10 ~ 14	4.0
5 ~ 9	18.0
0 ~ 4	75.8

根据这个估计，村中自己有地不到 10 亩（1.5 英亩）的人口超过 90%。他们有剩余的劳动力，但没有足够的土地。这样，他们就成了承租者或佃户。

理论上讲，佃户无交税的责任。土地税由田底所有者承担。但实际不然，此地的税收制有些特殊，与本县其他地方不同。

我从前地方行政官那里得到了以下解释。在清朝末年，政府试图对纳税者进行登记，但没有完成。这个地方的税款每年一次分派给每一圩的耕种者，指定他们缴纳一定的数额。每圩中有地 20 亩以上的一个耕种者负责征收此款额。此工作由每圩中的各位合格者轮流担任。政府对收税人分派税款的方式不加干涉。

每一圩交税的数额取决于该圩的面积。但由于土地最近才得到测量，土地的登记尚未完成，所以现在还是根据当地收税者的估计来决定其面积。这个估计不是严格地根据土地的实际大小做出的，而是根据交税人的能力做出的。无论收税人实际收到多少税，他必须向政府上交估定的数额。为了避免他自己必须补足缺额的危险，收税人便以土地荒芜为借口，提出较低的估计。遇到水旱灾情，他就会请求政府减税（这种请求以前是与祈祷神明相助联系在一起的）。

于是，税款负担的实际分派并不严格。收税者可根据人们的能力，通情达理地分配负担。诚实与平等的观念可以防止这种非正规工作中可能发生的弊端。

按目前实行的办法，佃户实际上没有免除交税的责任。关于这一点，我没有确定的资料来表明实际的分派是怎样进行的。

在土地的测量和登记工作完成之后，政府将根据每一个土地所有者拥有土地的实际面积征收税款。通过这一措施，传统税制很可能发生变化。佃户的纳税负担可能解除，但在税率不降低的情况下，肯定要使总税额增加，这是因为以前上报的土地面积总是小于测量面积的。村民意识到了这个可能性，经常想方设法破坏政府的行动。目前，这个问题还远远得不到解决。

六、继承与农业

在第三章中，我推迟了对这个问题的论述，即在家产的传递过程中，土地实际上是如何划分的。这是由于谈这个问题需要预先了解土地的占有制。另一方面，如不考虑亲属关系这一因素，在土地占有及农业技术方面仍有些问题尚不明了。在这一节，我想把土地占有和农业与亲属关系联系起来。

让我们仍以前面章节中一父两子的分“家”为例。此例中土地被划分为三个不相等的部分。让我们假设：在分家前，这家有一片农田，包括相连的 A、B、C、D 共四块。因为这四块地距河流的远近不同，所以它们的价值亦各不相同。按照规矩，父亲可以挑选自己那一份。假设他选中了田块 A 和田块 B 的一半，这半块可以沿着地头平行划分。田块 B 的其余一半分配给大儿子，作为额外部分。剩下的两块田两兄弟均分。为了保证分配平均，必须使分界线垂直于地头，每个儿子取一条。如果父亲死了，他那一份地还要再分配，划分方式同上。下图说明了此例土地划分情况：

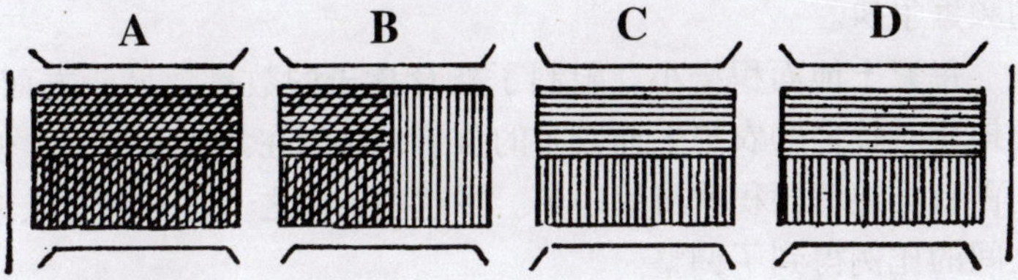

分家时给大儿子的。

分家时给二儿子的。

再次分配父亲的地时给大儿子的。

再次分配父亲的地时给二儿子的。

这些划分线，或土地分界线，并不一定要同调节水的田埂一致。这些分界线是非实体的，在田块两端的田埂上栽两棵树，用来作为分界标志。遗产的各次相继划分，结果使个人占有土地的界线变得非常复杂。农田被分为许多窄长的地带，宽度为几米。

在中国广大地区都可见到农田的分散性。这个村子亦不例外。虽然不能认为频繁的土地划分就是农田不相邻的起源，但这种划分确实加大了土地的分散程度。每“家”占有相隔甚远的几条带状田地。从一条地带到另一条地带，有时要乘船20分钟。根据情况提供者的估计，极少有面积在6亩以上的地带。大多数地带不超过1～2亩。目前，每一家有三至七条地带。

狭窄的地带和分散的地块妨碍了畜力的使用，也妨碍了采用其他集体耕作方式。这是中国农业技术落后的首要原因。

再者，一块田地可能有好几个所有者，而每人只对自己那一条地带负责。我们已经看到过这种情况怎样引起了用水方面的频繁争执。

每家土地面积窄小，限制了抚育孩子的数量。另一方面，土地相对较多的农户生养较多的孩子，从而在几代人之后，他们占有土地的面积就将缩小了。在这些条件之下，人口与土地之间的比例得到了调整。

第十二章　蚕丝业

蚕丝业是这个村里的居民的第二主要收入来源，这是太湖一带农民的特点。农民从事家庭蚕丝业已有几千年的历史。但近10年来，由于上面已讲过的原因（二章三节）有所衰退，并引进了蚕丝业的新改革。蚕丝业的衰落深深地影响了农村人民的生活。政府和其他机构已经做了各种尝试来控制这个变化，以减轻或消灭其灾难性的后果。我们所研究的村庄，是蚕丝业中心之一，它为我们分析这一过程提供了典型的例子，同时，由于江苏女子蚕业学校已经开展了改革蚕丝业的实验。因此对于这样一个有意识地进行经济改革过程中所遇到的各种可能性和困难进行观察更具有特殊的意义。

一、变迁过程图解

目前所作的分析将把影响情况的各种不同力量考虑进去。力量可分成两类：促使变化的外界力量和承受变化的传统力量，这两种力量的互相作用导致了情况的变化。因此变迁过程，可以三栏图解表示如下，[1] 图表中所列的项目将在以下各节讨论。

① 三栏分析法是布·马林诺斯基教授创始，用以研究文化接触。这种方法的理论根据在他的《变化中的非洲文化人类学概论》（*Introductory Essay on The Anthropology of Changing African Cultures*）一文中已有解释，载《国际非洲语言和文化研究所备忘录》XV，（*Memorandum XV of the International Institute of African Languages and Cultures*），1938 年。

A. 促使变革的外界力量	B. 变化的情况	C. 承受变化的传统力量
1. 世界经济的衰退；及蚕丝业在世界性范围内向科学方法工厂企业的发展。	1. 生丝价格的下跌。家庭蚕丝业的衰退。中国农村经济贫困有以下三点表现： （A）家庭收入不足，食物短缺。 （B）文娱性活动停止，婚期推迟。 （C）高利贷。	1. 最低生活水平。家庭蚕丝业是中国农村中对农业不可缺少的补充。靠它来支付： （A）日常所需。 （B）礼节性费用。 （C）生产的资本。
2. 江苏省女子蚕业学校是工业变革的积极力量。	2. 居民有变革的准备。当地领导人的支持： （A）在改革中担任领导。通过参加改革扩大个人影响。在改革中产生新的领导人。 （B）改革对领导人的经济利益。	2. 农民缺乏工业改革方面的知识。当地领导人的社会地位和作用。 （A）声望的来源不是世袭，不是通过财富而是通过文化接触中的战略地位。 （B）对这种村长职位没有直接经济报酬。

3. 变革力量的意图：	3. 改革的计划：	3. 被改革的传统技术。
(A) 应用蚕丝业的科学知识以便：	(A) 蚕业学校师生发起、组织和指导改革计划：	(A) 传统技术的缺点：
(1) 防止蚕种带有病毒细菌。	(1) 依靠专家供应蚕种。	(1) 个体家庭或当地育种者生产的受过感染的蚕种，使传染病毒广泛传播。
(2) 增加蚕茧产量和改善质量。	(2) 在教学中心的监督下养蚕。	(2) 习惯的方法不能使蚕的生长过程得到控制，因而大大降低蚕茧的产量和质量。
(3) 生产合格的出口生丝。	(3) 开设有现代机器的工厂。	(3) 旧型机器缫丝粗细不一，断率高。
(B) 以合作原则组织企业。	(B) 在改革计划中。 (1) 合作方面： (a) 稚蚕公育。 (b) 合作工厂。 (i) 所有权属于社员。 (ii) 社员供应原料。 (iii) 利润分给社员。 (2) 非合作方面： (a) 劳动由工资制付酬。 (b) 改革者及当地领导人进行管理。 (c) 社员未参加实际管理。 (d) 社员缺乏创议力；缺乏账目审查。 (3) 反对合作方面： (a) 工厂不分年利后，社员拒绝续交全部股金。 (b) 社员不愿完成供应原料的义务。	(B) 家庭副业的个体性质。 (1) 传统观念认可的新思想：在经典思想中，在集体排水实践和信贷系统中。 (2) 对实施大众管理和行使新权利缺乏教育。 (3) 仅对实际利益有兴趣。

（C）改善村庄的经济情况。	（C）改善村庄的经济情况 （1）成功： （a）养蚕成本降低。蚕茧生产增加。 （b）工资是家庭收入的新来源。 （2）失败： （a）盈利没有达到预期的数量。 （b）由于使用机器，剩余女劳力在家庭中浪费掉。 （c）延迟支付供给工厂的原料的全部价值。	（C）希望经济恢复。 （1） （a）传统技术生产成本高。 （b）劳动没有形成商品。 （2）传统缫丝的残存。 （a）家庭企业利益微少。 （b）男女劳动分工，农田面积小，没有其他工作吸收女劳力。 （c）村里保留的部分家庭缫丝业需要原料。
4. 政府作为变革力量所持的意图：	4. 政府支持改革计划。	4. 地方自治及人民怀疑政府
（A）平衡国际贸易。 （B）有关农村企业的乡村建设政策。 （1）鼓励技术改进。 （2）鼓励合作运动。	（A）1935 年对工厂产品付高价补助生丝出口。 （B）政府参加改革。 （1）检查蚕种生产，接办养蚕监督工作。 （2）工厂依赖政府贷款。	（A）中国生丝出口的重要性。 （B）对政府的经济义务。 （1）产品质量低劣，影响出口。 （2）人民没有财力来维持新企业。

二、促进工业变迁的条件

为了对农业在家庭经济中的相对重要性作恰当的估价，我们必须再注意一下在上述章节中已经提到过的一些事实。平均一户拥有土地约 10 亩（三章三节）。在正常年景每亩每年可生产 6 蒲式耳的稻米。对拥有平均土地量的农户来说，总生产量是 60. 36 蒲式耳。平均一家四口，直接消费需米 33 蒲式耳（七章五节），所以有 27. 36 蒲式耳余粮。新米上市后，每蒲式耳米价约 2. 5 元，如把余粮出卖约可得 68. 4 元。但一个家目前的开支需要至少 200 元（七章八节）。显然，单靠农业，不能维持生活。每年家庭亏空约为 131. 6 元。佃农情况更为悲惨，而村民中大多数是佃农（十一章四节）。佃农按平均土地拥有量，必须向地主交付相当于总生产量的 40%，即 24 蒲式耳米作为地租。剩余 36 蒲式耳仅仅够一户食用。

因此，很明显，为维持正常生活所需，包括日常必需品、礼节性费用、税和地租以及再生产所需的资金（C 栏 1 项）等，辅助企业是必不可少的。缫丝工业兴旺时，生产生丝，可使一般农户收入约 300 元，除去生产费用可盈余 250 元（当地生丝最高价格每两超过 1 元，一般农户总生产量为 280 两。生产成本约 50 元。工资在外）。在这种情况下，生活水平要比上述预期最低水平高得多（七章八节）。这样，农民便有了一些钱可以开展各种文娱和礼节性活动。这种活动已停止了约 10 余年。

当地生丝价格下跌。1935 年 2 两丝约值 1 元。生产量没有任何降低，但一般的户仅能获利 45 元。在这种情况下，用传统生产技术所获利益便难以平衡家庭预算。下一章我将叙述如何引进新的工业，村民如何尝试扩大商业活动来增加收入。很多人不得不在冬天出售存粮来维持生活，夏天到粮店借粮（十五章三节）。遇紧急需要时，他们不得不向高利贷者求援（十五章四节）。另一方面，他们试着削减非必需的开支，例如娱乐性聚会、婚事开支等（B 栏 1 项）。

农民收入的减少不是由于他们的产品质量下降或数量减少

的缘故。村民生产同样品种，同等数量的生丝，但从市场上不能赚回同等金额的钱。当然，影响生丝价格的因素来自外界，我在此仅举两个最重要的因素，即战后世界经济萧条以及家庭缫丝质量不匀，不适合高度机械化的丝织工业的需要（A栏1项）。

三、变革的力量及其意图

生丝价格低落及贫困加剧两者之间的关系，人们已经清楚。开始为了恢复原有的经济水平，他们试图发现技术上需要什么样的变革。但他们的知识有限，靠他们自己并不能采取任何有效的行动，发起和指导变革过程的力量来自外界。

在这种情况下，发起单位便是苏州附近浒墅关的女子蚕业学校。它对后来的发展起着深远的影响，当然这是来自村外的一种因素。

中国的技术学校，是传播现代工业技术的中心。现代技术主要来自国外，至于缫丝工业则主要来自日本。这是中国和西方文明接触的结果，一种典型的接触情境。技术学校在执行任务过程中的困难是，除非新技术为人民所接受，否则单靠它本身，事业并不能开展。从这方面来说，受过训练的学生找不到职业便反映了这种失败。蚕丝业的情况最尖锐。蚕丝业，特别是养蚕的过程，是村里的一种家庭副业。为了使进步的技术为人们所接受，并为学生找到职业，村庄的工业改革便成为技术学校迫切需要解决的问题。技术学校不能停留在纯教育机构的性质。因此，蚕业学校建立了一个推广部门，负责在农村地区传播新的技术知识。

变革力量的性质如何是重要的，因为它决定变革的计划。它制定应付形势的措施并组织行动。它对形势的理解是行动的前提。但变革力量受其社会环境影响，对形势所作的阐述往往不能代表现实的全貌。[①] 再回头来说这个村庄，生丝价格下跌的原因是多方面的。世界经济的资本主义结构，帝国主义国家之间的斗争，被压迫国家的政治地位以及摩登女郎新近获得的赤脚审美观等等，这一切都可能直接或间接成为中国农村生产的生丝价格下跌的原因，但变革力量不会把这些全部都考虑进去。由于当前的变革力量是蚕业学校，对情况的阐述是从技术因素来考虑的。村里负责改革计划的人对我讲了以下情况。

> 用传统方法养蚕，在最坏的年景里，只有30%的蚕能成活到最后阶段并结茧。蚕的吐丝量少。这种不能令人满意的情况是由于对蚕的病毒传播没有预防措施。蚕蛾通过接触把致病的微生物带给蚕卵。这样，病毒便一代代传下去，无法控制。喂养新蚕前，房屋和器具未经消毒。一旦房屋被病菌污染，蚕便连年闹病。病蚕或死蚕被扔在桑树下。人们以为死蚕可用作桑树的肥料。但实际上它们传播细菌，由桑叶把细菌带到养蚕的房子里（C栏，3项，A.1）。
>
> 蚕生长过程中的重要条件，温度和湿度得不到调节。按照习惯，不管气候有何变化，蚕第三次蜕皮后就停止烧火。村里桑树不足，人们必须从邻村购买桑叶。由于运输困难，他们往往把干萎的桑叶喂蚕。喂食的质量和次数都没有规则。即使那些没有感染病毒的蚕也不健康，不能结出好的茧子（C栏，3项，A.2）。
>
> 缫丝的基本原则是把蚕茧的丝纤维抽出来，把数条纤维合成一根丝线供纺织用。旧式缫丝机器分成三部分：煮

① 参阅卡尔·曼海姆《意识形态与乌托邦以及知识社会学概论》（Karl Mannheim, *Ideology and Utopia, and Introduction to the Sociology of Knowledge*），1936年。

水的炉子，绕丝线的轮子，和连着踏脚板的旋转轴。当纤维合成一股丝线后，用脚踏板，使轮子转动，抽缫丝线。用热水可以把蚕茧的粘性物溶解。但水温不稳定，因此溶解的程度不匀。这不仅影响丝的光泽而且影响纤维的折断率。

轮子转动，同时从几个蚕茧抽丝。丝线的粗细取决于合成的纤维数目。从蚕茧的不同层次抽出来的丝，粗细不同。为保持丝线粗细的匀称，必须保持抽取固定数目的纤维，并不断地调整从不同层次里抽出来的纤维。手工缫丝不易达到这一目的，因为首先，纤维折断率高，第二，轮子转动不均匀，第三，工人没有受过专门训练（C栏，3项，A.3）。

生丝是纺织工业的原料。既然农村生产的生丝大部分出口，它就必须与西方国家的纺织工业技术发展相适应。高度机械化了的纺织工业为生丝规定了一个新的标准。粗细程度必须一致，而且有精确的规定。断头现象必须减到最少程度。这样的要求,用传统手工缫丝是不能满足的。结果是,村民生产的生丝不适用于改进了的纺织工业。西方纺织工业对这种生丝需求下降,因而价格下跌。这也就是为什么我们必须把科学方法引进村里的原因(A栏,3项,A)。

但如果没有社会组织的相应变革，技术变革是不可能的。例如，轮子平稳的转动只有通过中心动力有规则的机械运动才能达到。为了改进技术，引进蒸汽引擎，必然引起一种从家庭个体劳动到工厂集体劳动的变革。电力的使用，又可能使生产过程分散，从而需要工业之间复杂得多的协作。在一个集体企业系统下，生产资料和劳动之间的关系也变得更加复杂。为了生产，引进新的社会组织，变革力量也必须传授新的社会原则。在组织新工业中选择社会原则也与变革力量的利益相关。蚕业学校对本身盈利不感兴趣，因为它不是一个企业机构。那么工业改革使谁得益呢？变革者的回答是人民。新工业组织的原则是“合作”（A 栏，4 项，B）。变革者对变革的正确解说如下：

机器用来增添人类的幸福。不幸的是，它被用来为相反的目的服务。但我仍然相信，试图把这些工具引进中国的改革者的责任，是寻找一种正当的办法使用机器。对我来说，最重要的是，人不应该成为机器的奴隶。换句话说，把机器当作一种生产资料的人应该拥有机器。这就是为什么我坚持合作的原则。要按照资本主义的方式来组织新的工厂容易得多，但我为什么要这样做呢？我应该为资本家的利益工作而使人民更加痛苦吗？从技术改革所得到的利益应该归于参加生产的人们。

我的另一个信念是，蚕丝工业曾经是而且应该继续是一种乡村工业。我的理由是，如果我们把工业从农村引向别的地方，像很多工业家所做的那样，也是非常容易做到的，农民实际上就会挨饿。另一方面，我也很了解，工人们在城市里是如何生活的。农村姑娘被吸引到城市工厂去工作，挣微薄的工资，几乎不能养活自己，她们离开了自己的家。这种过程既损害了城市工人又破坏了农村的家庭。如果中国工业只能以牺牲穷苦农民为代价而发展的话，我个人认为这个代价未免太大了。

我工作的目的是，通过引进科学的生产技术和组织以合作为原则的新工业，来复兴乡村经济。

变革者趋向社会主义的思想代表了当前中国知识阶级的部分思想状况。这是同西方的现代技术和资本主义工业系统一起引进的新看法。中国人民在世界经济中的地位以及同西方列强的不断斗争，为传播社会主义思想创造了有利条件。正如中国人民所了解的，公众普遍反对资本主义，甚至于那些代表资本主义的人也不敢公开为资本主义的原则辩护。这种态度在已故孙中山先生的“三民主义”里阐述得很清楚，从理论上说，它被现今政府所接受并作为国家政策的指导原则。

另一方面，社会主义思想在中国并非新的东西。孙中山先生的基本政治思想是实现传统的教导，诸如“天下为公”和“耕者有其田”。（C栏，3项，B.1）

四、当地对变革的支持

我们已经看到，蚕业学校由于在村外，因此仅仅是一种潜在的力量。为把潜在力量转变成现实力量，还需要另一个因素，学校和村民之间没有直接的社会关系。占有新知识的群体没有直接使用知识，而需要这种知识的群体又没有机会获得知识，要使变革力量在村中起作用，中间必须有一座桥梁，这是重要的。当地领导人是充当这个桥梁的角色。

根据合作工厂已公布的报告，主动在于当地领导人一边。可以引陈写的一席话来说明。

> 江苏以产丝著称，但这一工业更多地依赖自然因素而不是人的力量，结果是农民在丝业中失败了。这经常损害人民。鉴于这种情况，我（陈）和沈先生（震泽镇的一个领导人）在1923年的夏季例会中向镇改进社建议，应设立一个教学中心以便改革养蚕方法。建议获得批准后，拨款600元来筹办此事。
>
> 恰巧蚕业学校的校长，也因生丝价格下跌正想为改革缫丝工业传统技术开办一个附设的推广部门。当年冬天，他由费女士和胡女士陪同来到开弦弓，并讲了一些课。人们都非常感兴趣。然后，镇改进社的主席根据决议，授权

校长组织拟议的教学中心。校长同意与镇改进社合作，资助这一计划并决定就地在开弦弓开始工作。

除了我自己的家庭以外，我还把过去由于丝业的不断失败而受苦的20家召集在一起。改革工作于1924年春开始了。①

我已提过，村长的职务不是世袭的。除了他的服务对社区有用以外，他的权威没有其他的凭藉（六章四节）。他的一项最重要的职能是了解当地的需要，采取必要的措施来实行领导。村长的职务没有经济报酬，但通过为村里做一些特殊的工作，他可以得到经济上的收益。这就是陈支持蚕业改革计划的意愿。（B栏，2项，A及B）

当地领导人的地位，通过丝业改革加强了，这从周的情况来看更为明显。在丝业改革以前周没有什么社会影响。由于他识字，有能力，他成为这项工作的助手并提高了声望。最后，他被高一级的行政管理机构任命为乡长（七章五节）。他的社会地位是通过参加这项改革计划而获得的。

在解释村长在社会变革中为什么不是一股反对改革的力量时，上述分析有重要参考价值。在最初阶段没有人积极反对改革。蚕业学校作了情况会得到改善的允诺，在人民一方面则抱着希望。

蚕丝价格的急剧下跌迫使人民接受对传统丝业的某些改革。但他们缺乏阐明情况的知识和缺乏制定变革计划的知识（C栏，2项）。他们对已经提出的计划所要达到的要求也缺乏判断能力。新的技术虽然已被证明有用时，人们一方面准备接受改革，一方面还在怀疑新鲜事物。这就是为什么一开始参加

① 《过去三年的合作工厂》，1931年。

这项计划的仅有21户，正如该报告具体说明的那样，这些户用传统技术操作时遭受了惨痛的失败。但总起来说，只用了两年工夫便把整个村子纳入蚕业教学中心的指导。

五、养蚕的改革计划

如同我已经解释过的，改革者的主要目的是从技术上改进农村企业，但是对文化的某一方面进行变革，自然会引起其他诸方面的变化。这样的过程一旦开始，便会继续下去，直到整个系统完全重新改组为止。在研究社会制度之间的功能关系时，研究变迁的顺序是特别有意义的。

改革计划是沿着蚕丝业的自然过程向前推进的。这是从蚕蛾产卵生产蚕种开始，接着是孵化、养蚕、收集蚕茧，从农村来说，到缫丝作为结束。关于市场销售问题，将在以后章节中讨论。

生产蚕种的科学知识可分成两个部分，即通过实验杂交，培育良种，以及通过显微镜检查，分离受感染的蚕种。过去，人们是通过他们自己喂养的蚕的纯系繁育生产蚕种的。这也会使病菌传给第二代。为了改革蚕种生产系统，把遗传学的原理和使用显微镜的方法教给每一个农民是不实际的，聘请一个专家为农民生产蚕种要便宜得多。因此，蚕业学校首先接过了此项工作，供应村民蚕种。有趣的是我们发现在这一点上，改革者的行动与他们的目的不那么一致。他们决定把工业留在农村里，却把蚕种的生产从农村转移到专家手里。但蚕种的生产从经济上来说是不重要的，因为蚕种的价格仅为生丝生产总费用的3%。

当蚕丝改革工作逐步普及到整个长江下游地区时，对于灭菌蚕种的需求量迅速增加。蚕业学校已不能满足需要，很多私人便来生产蚕种，乘此机会牟取利益。蚕种的质量不能保证，对改革计划的坏影响明显起来，这引起了政府的干预。省政府成立了蚕种检查局，对私人生产的蚕种有权检查，并进行价格控制（B栏，4项，B.1）。

人们只在孵化前不久收到蚕种。蚕种在生产者手里是得到特殊照料的。从孵化到收茧子，这整个工作过程都包括在“养蚕”这个词中。这个过程是在一个特殊组织之下在村里开展起来的。改革开始阶段，学校派出指导人员教村民如何利用科学知识，特别是防止蚕病、控制温度和湿度。为了便于管理和指导，各家的幼蚕，按照合作的原则，集中到公共房屋里，称作“稚蚕公育”。费用和劳动根据蚕主放在公用蚕室内的蚕种按比例分摊。目前村里共有八间公用蚕室，基本上包括了村里养的全部幼蚕。为了这一目的，专门造了这所有八间房屋的建筑物。从1923年至1925年对每张蚕种增收两角作为建筑费(B栏，3项，B. l. a)。

集体养蚕的方法只有在幼蚕时期有效。六个星期之内，它们从极为细小的“蚕蚁”长到两吋半长蚕身。第三次蜕皮以后，目前公用的房间便不足以容纳这些蚕了。如果没有更大的房屋，集体喂养的方法便只得中断。建造能容纳全部的蚕的一所房屋从经济上来说并不值得，因为需要大地方喂养的这一段时间较短，用私人的房子方便得多。最后两个星期，家里的全部房间，除去厨房和一半卧室以外，都用来养蚕。仅这一事实就意味着除非村里的物质基础有根本的改变，否则养蚕基本上只能依旧是家庭副业。

第三次蜕皮以后，蚕被搬到各户。每户分别喂养自己的蚕。在搬蚕以前，个人养蚕的房子要经过消毒，学校的指导员要告诉他们注意事项。在这一阶段经常要去检查。有病的蚕立即消灭以防传染。根据蚕的需要控制室内温度和湿度（B栏，3项，A. 2）。采取这些措施的结果，因病而损失的蚕，其数量控制在20%以下，蚕茧的总生产量同用传统方法喂养时相比至少增加40%。

当学校指导工作在村里被公认取得成功时，省政府便把它的工作向整个产丝区推广。在以后章节中我们再进一步描述这一情况。

在讨论缫丝程序以前，可尝试估计一下这一部分的生产及其成本。一家养蚕的总数取决于房屋大小和劳力多少。蚕是养在约1.5×1米大小的长方形匾里。匾放在支架的搁杆上。每一个支架可放8个匾。每间房间可放5个支架。一张蚕种（标准大小）孵出来的蚕，到最后阶段需占一个支架的地方。一个人可管理两或三架。每架可收蚕茧34磅，可缫生丝48两（或3.4磅）。在改革条件下，一户一般可生产蚕茧约200磅，每100磅可卖60~70元（根据上述报告）。

每养一架蚕约需400磅桑叶。在养蚕期间，桑叶价格升降幅度很大。每100磅的最高价格有时超过3.5元，最低价格不到1.5元。养蚕所需总的开支约30~40元。除其他费用以外，蚕茧生产费用不包括劳动，每户约需50元。如果出售蚕茧，一般的户可收入70~90元。

改革计划还包括引进秋种。这个地区一年可育三次蚕。但因气候关系，夏季和秋季养蚕需要更多的设备和注意的地方。目前，养两季蚕的仍然非常有限。

六、合作工厂

现在我们就要说到缫丝过程，这就是把蚕茧缫成生丝的最后阶段。对这一过程的改革主要目的是生产质量较好的生丝。根据丝的粗细划一，断头减少来评定生丝的质量。据蚕业学校的专家说，传统方法的缺点在于：（1）用于溶解蚕茧上胶质的水温不恒定；（2）一股丝线中所含纤维数不固定；（3）从蚕茧不同的层次抽出来的丝粗细不同，未予重视；(4) 缫丝机轮子的运动不规则。为了改进生丝质量，改革者试了数种方法。他们的下述谈话将说明这个情况。

一开始，我们并没有想要引进工厂。我们想的是继续在家里进行这种劳动。我们只不过采用一种改良的木制机器来代替旧式机器。用脚踏转动轮子，每个人可分别在自己家中工作。用化学品来溶解胶质，但溶解温度无法达到严格的控制。蚕业学校在镇里组织了训练班，为时三个月，教授调整蚕茧各层的丝以及保持固定数量纤维的技术。1924 年的时候，村里只有 10 台这样的机器。到了 1927 年，机器总数增加到 100 多台，在训练班里有 70 多名年轻妇女。但由于轮子的运动不规则，产品质量仍然达不到出口标准的要求。另一方面，市场萧条更加严重。1928 年，这种“改良丝”的价格跌到每 100 两 60 元。虽然它比土产丝好些，但我们不满意这种情况。我们从实验中了解到，除非能有一个用蒸汽引擎的中心动力，质量就不易达到出口水平。但引进蒸汽引擎必须同时有集体工厂系统。换句话说，如果我们要提高产品质量，就不能保持家庭手工业的生产方式。所以我们决定试验设计一个要能实现应用现代生产技术的一切有利条件的工厂。这个工厂同时又不宜太大，要能办在农村里，用当地的劳力和由当地供应的原料。这个试验具有比较广泛的意义。如果我们能用较便宜的劳动力生产与大工厂同等质量的生丝，我们就能扩大这种缫丝工厂而不必惧怕城里工厂的竞争。通过开办这种小规模的工厂，乡村工业能打下一个坚实的基础，乡村经济从而可以复兴。1929 年我们开始试验。我们的试验直到 1935 年重新装备了新机器之后才证明是成功的。这种机器是由日本最新型机器修改而成。我们用它生产出中国最好的生丝。1935 年，这个工厂的产品被出口局列为最佳产品。

从上述情况可以明显地看到合作工厂代替家庭手工业是由技术考虑决定的。蒸汽引擎使轮子转动可以控制，并且平稳，从而使抽丝均匀，速度加快，因而不可避免地产生了一种集中的系统。至于引进电力是否会再改变集中的系统，则是将来试验的问题了（B 栏，3 项，A. 3）。

一个从事生产的工厂需要有适合安装机器的房子。建造工厂又需要技术知识和经费。技术知识由蚕业学校提供，但经费从哪儿来呢？这个问题就关系到所有制和分配问题。根据改革者的意图，在工厂开办以前，制定这些规章所依据的基本原则都已经确定了。原则是，工厂应属于农民。但农民如何拥有它，谁是农民？

所有权属于这个合作社的社员。他们对工厂的责任限于他们所贡献的股份。入社以自愿为原则，并不限于本村的人。凡愿遵守社员义务者便可被吸收为社员。社员的义务是在工厂里有一份股金，每年供给工厂一定数量的蚕茧作原料。这一合作社共有 429 名社员，基本上包括了村里所有的住户及邻村的 50 多户。

根据规章，工厂的最高权力机构是社员全体大会。大会选出一个执行委员会，理论上它对大会负责。实际上恰恰相反，人们按照当地领导人和执行委员会的意见工作，当地领导人遵照改革者和蚕业学校的意见行事。由于整个工作是在改革者的指导下进行，人们对开办工厂也没有足够的知识。社员没有什么可以说的。由于农民缺乏受教育的机会，文盲率高，这使改革者在实施训练计划中发生很大困难，这些需要受训练的农民才是工厂的真正的主人（C 栏，3 项，B.2）。社员对投票制度完全不熟悉，他们也未想过行使投票的权利来管理工厂。他们只关心以利润形式分给他们的实际利益，对工厂的其他工作很不了解（C 栏，3 项，B.3）。他们不知道根据什么他们可以要求利润，正如他们不知道根据什么他们应该给地主交租。对他们来说，所有权只意味着他们可以分得一份利润。当我们讨论工厂的财务问题时，这个问题将表现得更加清楚。

当然，村里没有多余的资金来资助工厂（本章二节）。开办工厂所需的经费总共为 49848 元。每个社员约需分担 114 元，第一年，社员入股金额实际上仅 2848 元，约为总额的 5.7%。

名义上，"资本"，或工厂所有者的贡献，或工厂主的有限责任固定在 1 万元。这一数目被分成 1000 股，每股 10 元。社员每人至少购买一股。第一年，认购了 700 股，可在 5 年期间交款。目前，只收到一半的股金（B 栏，3 项，B.3.a）。显然，工厂的资金还需靠其他来源。

蒸汽机和机器（旧式）是从蚕业学校借来的，估计价值 4000 元。有协议规定，5 年以后工厂从利润中抽出钱来还给学校。但由于经济困难，工厂尚未履行这一诺言。为建造厂房和其他开支，工厂向省农民银行借了 1.5 万元的一笔长期贷款。由于商业上的原因，农民银行尚未同意支付。显然，负债是受"资本"1 万元的限制的，由于工厂在农村，一旦工厂破产，厂房和其他不动产无法拍卖。但政府的政策是要为乡村工业提供资金，这才有可能向银行借贷（B 栏，4 项，B.2）。另外，工厂向最近的镇，震泽的一个地方银行借了一笔 3000 元的短期贷款，（用土地和厂房作抵押）。从上述情况可以看到，工厂资金的基础实际上主要是政府的信贷，并不是靠人民的投资。

原料由社员供应。每年收集新鲜蚕茧。社员交蚕茧时，工厂交付蚕茧价值的70%。这笔钱，是每年从省银行借来的，蚕茧作为抵押。

由于30%是延期付款，社员多交蚕茧也得不到多少好处，因此他们只交最低限额的蚕茧，尤其是1930年以后。1930年是把利润分给社员的最后一年。以下是工厂提供的统计数字。

年	社员供应	从外面购买	缫丝	为其他单位缫丝	工作日
1929	527.07	—	41.31	—	175
1930	591.55	—	43.18	—	204
1931	415.73	—	32.21	—	145
1932	202.92	92.10	22.21	25.63	107
1933	307.87	45.37	40.46	5.00	186
1934	255.35	330.00	57.84	—	187
1935	375.80	301.08	64.21	—	199
1936	424.80	—	—	—	—
	（不完全）		（以担为单位）		

上表说明从1930年到1935年社员供应蚕茧的数量逐渐下降（B栏，3项，3. b）。1932年总供应量还不足以供工厂开工100余天之用。机器闲着不转是不经济的。因此，还需从市场购买一些蚕茧。1934年从市场购买的蚕茧量比社员供应的多。在另一方面，工厂还接受其他工厂供给的原料代为缫丝的订货。这种方法被称为“代缫”，即为其他人缫丝。1932年为别厂缫丝超过25担，实际上相当于从村里供应原料的缫丝量。1935年工厂重新装备以后，丝的总产量超过前几年平均量的

1/3。但社员的蚕茧供应没有跟上来，虽然1935年稍有增加。在原料供应方面，工厂是半依赖于外界的。

劳力来自社员。由于引进工厂，生产中所需的劳力比在家庭手工业中所需的劳力少得多。这个工厂的缫丝部分30个工人已足够。她们都是年轻妇女，年龄从16～30岁不等。选茧和清洗蚕茧需要非技术工人10名。丝抽出来以后必须重新整理并按出口标准包扎，这一部分工作需要6～8名技术工人。工人总数约50人。此外，尚有两名经理，一名技师，一名司库，一名机器维修保养工，两名杂工。

在缫丝和整理丝时需要特殊训练。因此，工种不同，待遇也不同。缫丝和整理工按日工资计算，每天4～6角。挑选和清洗蚕茧工按计件工资计算，一天可得约2～3角（B栏，3项，B. 2. a）。

技师由蚕业学校推荐，司库由当地银行推荐。总的管理业务由当地领导人陈和周负责。但最高职权在蚕业学校推广部。职员均是固定工资。1929年总工资为7557元，占当时总开支的57%。每一个普通工人一年工作150天约可得70元。

从以上分析，我们能看到工厂（1）属于社员所有，（2）主要由农民银行给予资金，（3）由蚕业学校通过当地领导人管理，（4）部分社员参加劳动，担任工作。所谓合作原则其意义主要在于分配上。

1929年即第一年，工厂的利润为10807. 934元。按下列原则进行分配：

> 为鼓励社员并扩大组织，我们决定提高红利，约为总利润的70%。我们要求社员借一半红利给工厂以便工厂还债。利润的15%将作为我们的储备基金。其余金额将被分成（1）改良储备金，（2）明年开支津贴，（3）职员

奖金。比例为 4: 3: 3。①

那一年，社员所分到的红利确实相当于他们所购股份的两倍。但自从那年以后，丝价跌落到如此程度，以致毫无利润可得。1931 年以来一直没有公布资产负债表。我只能提供头三年的数字。

年	纯利润	纯损失
1929	10807.934 元	
1930	—	3010.330 元
1931	—	4183.655 元

1931 年起，工厂想开始还债。如 1929 年资产负债表上所示，负债达 135663.763 元，但 1931 年减为 77271.544 元。大笔借款的利息，也是亏损的一个原因。1929 年利息为 5060 元，1930 年为 5500 元，1931 年为 4121 元。1935 年工厂重新装备现代机器，预期在 1936 年可有一些盈利，他们想要修改分配原则。改革者和当地领导人都认为一开始分配这样高的股息是错误的。一般社员把这看成是理所当然。但当工厂不能分配利润时，他们便抱怨和失望。他们认识到以后每年如能分到少一些但固定的红利比在一个时期分到一大笔红利要好。

七、政府的支持

上面我已说明政府是如何进入改革事业的。一开始，镇地方政府，即镇公所与蚕业学校合作草拟改革计划。但 1923 年那时候，省政府在一个军阀手里，他对那种措施没有任何兴趣。南京国民党政府在 1927 年成立以后，农村建设才逐渐成

① 《过去三年的合作工厂》。

为政府的主要政策，对乡村丝业和合作运动给予特殊关切。所以，这个村子的合作工厂才能得到政府提供的资金。此外，村里的试验是中国农村工业中大的改革方案的先驱。回顾一下政府是如何接受这个趋势并把这种改革计划传到中国产丝的其他许多区域，是颇有意思的。

下面摘引的几段文章是选自《中国年鉴》中有关这个问题的、有代表性的官方计划。

(1) 蚕丝业改革

中国农村工业中最重要的一项是蚕丝业。但近年来甚难与日本竞争，主要是因为在该国培育了最好的蚕。

在所有省份中，凡蚕丝生产有所发展者，均属地方当局与国民政府合作，或为改善蚕丝工作中的状况而采取了特殊措施。江苏、浙江两省之所为，可作为全国各地为振兴蚕丝业而采取的措施的典型。过去，蚕都由农民饲养，他们的保守态度以及缺少资金的条件，阻碍了引进改良办法来改进工业的可能性……江苏、浙江的官员，组织了一个蚕丝业委员会，作为改良工作的第一步。一开始，委员会为避免与茧商竞争，提出了收购鲜茧的官价。在秋季，委员会倾注全力于改进蚕种，用改良的品种来代替当地的蚕种。浙江农民用的蚕种由政府的蚕丝实验站颁发，私人培育的蚕种禁止使用。1934 年江苏实行了同样的控制，措施是试验性的，不像浙江那样彻底……除改良品种外，委员会还对新鲜蚕茧规定一个官价以及对每一地区的收购代理处限定了数目。

江苏、浙江、山东、四川、广东等省改进蚕丝工业的三年计划也由国家经济委员会的蚕丝改良委员会制定。为实现 1935 年的第一年计划，所需经费为 150 万元。

1934 年 7 月至 1935 年 6 月的财政年度，国家经济委员会为蚕丝改良委员会拨款 40 万元。①

(2) 合作运动

自从 1919 年中国开始了合作运动以来进展很慢，但随着北伐国家统一，合作运动在国民党计划中开始有了重要的地位，它旨在同外国平等的基础上发展中国。从那时起，合作运动迅速发展。国民党早在 1919 年便对合作运动有了兴趣。孙中山先生在地方政府的演说中曾建议，在工人农民中促进合作企业……国民党第二次全国代表大会决定组织农民银行，在中国农民中间推广合作企业。1936 年 8 月国民党中央执行局全体会议决议中指出政府应在农民中推进合作社的组织……

南京国民党政府成立以后，很多省开始认真推动合作运动。1928 年 2 月国民党中央执行理事会第四次全体会议上，蒋介石将军和陈果夫联合提议组织专门的合作委员会。当年 10 月，国民党中央执行局向所有分支发布命令，要求它们把合作事业作为其政治活动的一个组成部分。

此外，江苏省政府颁发了一系列有关合作社的暂行规章制度，并于 1928 年 7 月 16 日组织了江苏农民银行以便发展农村经济并为农民提供方便的低息贷款。②

---

① 《中国的重建》（*Reconstruction in China*），汤良礼编，转载于《中国年鉴》（*Chinese Year Book*），1935～1936 年，第 859 页。

② 《合作运动》（*The Co-operative Movement*），王志莘，载《中国年鉴》（*The Chinese Year Book*），1935～1936 年，第 881～882 页。

八、改革中的困难

人民愿意接受改革，主要在于实际利益，例如增加了家庭收入。现在我们可以看一看改革计划在多大程度上满足这种期望。

蚕种的消毒、稚蚕公育、教员的定期指导使成本有所降低，蚕茧增产。这一部分改革使得农民的收入大约比以前增加了一倍（B 栏，3 项，C. 1. a）。缫丝改革的成果并不理想。1929 年每股分得红利约 10 元。但自从那年起，他们再也没有从工厂拿到什么。相反，他们还有义务供应原料而且是延期付款 30%。至目前为止，由于有了工厂而收入真正有所增加的是工厂的工人和职员，以工资的形式增加了收入。他们是这一社区的少数（B 栏，3 项，C. 1. b）。

工厂未能分给社员年利是由于两个基本因素。首先，改革者未能控制价格水平。他们成功地生产了高质量的丝，但质量和价格之间比率不相称。确实，好丝应该能卖好价，但丝的总的价格在不同时期波动较大。只要改革者不能控制市场，单是改进产品质量未必能获取高的报酬，因此，村民的收入未见提高。

造成目前这种状况的更直接的因素是资金问题。在 1930 年至 1936 年间工厂并不是没有盈利，因为贷款的数目每年有所降低。换句话说，工厂节约下自己生产的盈利，买回了借来的生产资料。人们不算这笔账。他们只知道家庭的具体收入。一旦他们的愿望没有实现，他们的希望破灭，其直接反应就不再继续向工厂交纳股金，至目前为止，只缴纳了认购股金的半数。

当然，根据规章，社员自己有权查账，并可要求经理解释。但人们只停留于怀疑和偶尔的议论上，而不采取一定步骤进行调查。他们大多数是文盲。他们不明白写在资产负债表上的数字。规章赋予他们的角色，对他们来说是新的。改革者只教授女孩子如何缫丝，而没有教社员如何当工厂的主人。他们对自己的责任没有认识。只要教育工作跟不上工业改革的步伐，合作工厂可以只是为人民而开设，部分属于人民，但决不可能真正由人民管理。

现代机械被引进农村经济，正如我们已经看到在农业中引进了水泵，使有缫丝机的家家户户发生了一个新的劳动工具利用的问题。换句话说，这个村庄过去至少有350名妇女从事缫丝工作。现在开办了工厂，同等量的工作，不到70个人就能轻易地担负起来。生产所需的劳动量减少了。例如，现代的缫丝机，每个工人同时能照看20个锭子，而旧缫丝机一个人只能掌握4~5个。从技术观点来看，这是一个很大的改进。但这一改进对农村经济意味着什么呢？将近300名妇女失去了她们的劳动机会（B栏，3项，C.2.b）。"失业"的问题引起了比较广泛的反响——根据男女性别不同的传统分工仍然不变，但农田面积如此之小，要把妇女劳力引向田地是不可能的。然而也没有引进新的工业来吸收多余的妇女劳力（C栏，3项，C.2.b）。

改革者曾经想用分红办法来解决问题。但如我们在上面表明的，并未获得成功。结果是（1）为那些由于多种原因不能到城镇去的人保存了或在某种程度上恢复了传统的家庭工业，通过原料的竞争成为改革计划的一种阻力。（2）妇女向城镇移动，这是与改革者原来的意图相矛盾的。（3）农村中产生了一种特殊的挣工资的阶层。

对残存的传统家庭工业，可以作量的估计，这个村庄蚕茧的总生产量约为72000磅。假定这一生产量是稳定的，直接卖给城镇的茧子为数极少，那么对工厂的供应减少表明了家庭的储存增加。1929年，留给家庭的蚕茧约为总生产量的1/6，但

1932 年增加到 2/3。1936 年我离开村庄以前，留给家庭的约为 1/3。卖生丝能比卖蚕茧多得多少，很难说，因为蚕茧和生丝价格都有波动，农民不知如何预测。如果我们按生丝最低价格看，1 元钱 3 两，生产者仅能比原料的价值多拿少许，如果后者的价格约为每担 50 元。但蚕茧市场开放时生丝的价格还是未知数。农民保留原料以便从事家庭缫丝的原因，并不在于实际考虑丝和茧的价格，而是因为他们相信缫丝能比卖原料多挣钱。

在蚕丝工业中工厂取代家庭工业是一个普遍过程，并不限于这个村庄。近 20 年来附近城市机缫丝业的发展极快，[1] 城市工业吸引农村劳力，无疑这种人口流动对农村社区的传统社会结构是一种破坏性的力量。改革者的原意之一就是要阻止这一过程。但村庄里的小型工厂为当地原料供应所限，未能充分利用村里现有的劳力。相反，它也不能阻止农村人口的外流，我已经在上面表明，1935 年有 32 名 16 ~ 25 岁的女青年住在村外（六章一节），她们在无锡丝厂工作。我在村里的时候，震泽又开了一家蚕丝工厂。村中更多的女青年被吸收到工厂里。本村 16 ~ 25 岁的女青年共有 106 名。80% 以上现在村外的工厂或在合作工厂工作。她们就是新的挣工资的人。

挣工资的阶层并不是村里传统的结构。农业雇工非常少。劳动在非常有限的意义上进入商品领域。只有在家庭手工业衰落的情况下，妇女劳动力才在村里形成了一个市场。我们将在下一节再讨论这个问题。

九、对亲属关系的影响

现在挣工资被看做是一种特殊的优惠，因为它对家庭预算

① 刘大钧：《上海的蚕丝工业》(*The Silk Industry in Shanghai*)。

有直接的贡献。那些没有成年妇女的人家开始懊悔了。妇女在社会中的地位逐渐起了变化。例如，一个在村中工厂工作的女工因为下雨时丈夫忘记给她送伞，竟会公开责骂她的丈夫。这是很有意思的，因为这件小事指出了夫妻之间关系的变化。根据传统的观念，丈夫是不侍候妻子的，至少在大庭广众之下，他不能这样做。另外，丈夫不能毫无抗议或反击，便接受妻子的责备。

一个女孩的传统经济地位是依附于她的父亲或丈夫的。她没有机会拥有大宗的钱财（四章二节）。家的财权在一家之长的手里。这与传统的集体生产相互关联。在地里工作的男人靠他们的女人送饭，饲养蚕所需的桑叶由男人从远处运来。个人不容易意识到在一家的集体生产中的贡献。但挣工资基本上是个人的事。挣钱的人能感觉到她的工资收入是她自己劳动的结果。这是收入者本人和家长，都会感觉到的。此外，工资由工厂直接付给她本人。至少在这个时候，她可以将她的一部分工资按她自己的愿望去花费。因此，家中的经济关系就逐步地得到改变。比如，女孩子在合理范围内，为了正当的目的，如买一些衣服，那是可以允许而不受干涉的。但不允许她把所有的工资都花掉，工资的大部分要交给家长，归入一家的共同预算。为了在这个新的形势下，保持集体和集中的经济体系，家长甚至不惜牺牲他的权威，也必须被迫的对家中的成员作出考虑。女孩子挣的钱交给谁，不是一个复杂的问题。女孩子未婚时，如果她有母亲，而家长是她的祖父，她的母亲会将她的钱收下一部分以供她将来结婚时所用。如果经济状况不允许存钱，全部金额归入家的总的预算之中。一个已婚的妇女则将她收入的一部分留作她自己的积蓄。这种情况说明了单个家庭不断从家的复合群体中分化出来。

挣钱的人从一家的成员中分离出来，对亲属关系也产生了实质的变化。儿媳从婆母处分离出来可以减少日常的争吵。但妻子从丈夫处分离出来会使婚姻的关系松散。可以举出一个极端的例子来说明。有一个妇女，在结婚一年后离开了她的丈夫。她在无锡的一家工厂里工作，并和这个厂里的一个工人发生了恋爱。他们这种不合法的结合被发现之后，他们被厂方开除。他们同居了两个月，由于经济所迫不得不分离。这妇女回到村中，受到很大的羞辱。她的公婆拒绝再要她，但后来又收留了她，因为她的公婆准备将她另嫁他人，以便可以收到一笔钱作为补偿。最后，考虑到她在本村丝厂里能工作的本领，她的公婆取消了原来的打算，待她一如既往。她的丈夫对这件事则完全采取被动的态度。

孩子从母亲处分开，就会使家中的亲密关系发生新的安排。母亲喂奶的时间缩短了。当祖母的接过母亲的责任，继续照看、抚养孩子。这也使婆媳之间产生了新的关系。那些在本村工厂里工作而不能带孩子的女人，也有类似的状况。

以上事实说明了亲属关系以新的形式进行着重新组合，并将随着工业的变迁得到调整。我现有的材料只能为进一步的调查提出一些问题。

第十三章 养羊与贩卖

进行蚕丝业的改革仅仅是为增加居民的收入，抑制丝价下跌所做的各种努力之一。但根据我现有的资料不可能对目前采取的其他措施进行详尽的分析。

新兴事业中最重要的一项是养羊。大约 10 年前就有人开始养羊。但到最近才变得重要起来。养羊业的发展并不是由于某个人的倡议。村里的人从邻居那里听说，镇里新开了一家店铺，收购羊胎和新生的羊羔。市场的需要使这个村子里兴起了这项新事业。但甚至到现在，人们还不甚了解羊胎究竟有何用处，他们经常向我提出这个问题。有些人想要杀掉母羊好取羊胎，羊胎皮是值钱的。这个主意与传统的伦理观念很不相符，尽管人们自己还要溺杀婴儿。

养羊所遇到的主要困难是饲养问题。土地的 90% 是农田（十章二节）。除几块属于城里人的坟地外，几乎没有适于放羊的场地。农田是敞开的，没有篱笆，牲畜乱走，可能损害庄稼。在这种情况下无法在田野中放羊。所以，就盖起了专用的羊圈，把羊关在里面。正如我上面提到的，羊圈已变成了住家普遍都有的附属建筑了。

为了喂羊，就必须割草，冬天用干桑叶喂羊。就这一点而言，家庭劳务中就产生了一种新的劳动分工。割草的事由孩子们担任。如果你在村里走一走，就可以看见到处有三五成群割草的孩子，有些还不到 10 岁，他们有的在桑树下，有的沿着河边，还有些在坟地里。这样，孩子们的劳动与家庭经济结合了起来。对于小学校来说，这就产生了一个新问题，文化教育的价值在人们眼里，还不如孩子们割草直接为家庭收入做出的贡献大。缺课人数与村里养羊的头数相关。陈曾遗憾地表示，学校的课程过于死板，难以与目前的经济状况相适应（三章五节）。这使人们注意到关于经济与教育的关系的令人感兴趣的问题，但目前我不能讨论这个问题。

把羊关在羊圈里饲养的另一个好处是便于收集羊粪。羊粪是一种有价值的肥料。村里有300多个小羊栏。每个羊圈养1~5只羊。粗略估计，村里养羊的总数约为500头。

为了开展养羊业，需要一定数额的资金，至少要有足够购买母羊的钱。公羊可以从亲戚那里借来或者租来为繁殖之用。对于这项服务所付的报酬没有固定的数目，多数是采取送礼的形式。如果一个农民自己筹不起款子来买母羊，他可以养别人的羊。这样就产生了一种特有的方式，村民称之为“分羊”，从字面上讲就是“把羊分开”。养羊的人的责任是饲养，到时便能分得半数小羊羔和羊栏里的一半粪肥。周的父亲是最大的羊主，他有40只羊，其中只有四只养在他自己的羊圈里。

当羊胎即将长成前不久，就可以把母羊卖掉。每只羊胎的价格为3~5元。羊主也可以把刚生下的羊羔卖掉，把母羊留下。这时，羊羔的价格略低，但一只母羊一年能生一两次羊羔，而把羊羔饲养成熟却需要一年多的时间。所以人们喜欢卖羊羔，而不卖羊胎。反对屠杀孕期动物的传统也使得人们更加愿意这样做。一只母羊平均每年生产2~4只羊羔，能为羊主增加20~30元的收入。

农民收入的另一个来源是贩卖。在较长的农闲季节里，人们从事这种买卖（九章三节）。货物并非自己生产，而是用自己的船从邻省浙江运至沿岸的一些城镇贩卖。这是一种地区之间的流通。但从村民的观点看来，实际是像贩卖或搬运工一样出卖自己的劳务。

为我提供情况的当地人说，每条贩运船一年可赚 40 元。当然，收入取决于贩运货物的种类及其价格的波动情况。我没有机会跟着他们一起去，因为他们这行的活动时间是 8 月底至 10 月中，然后又从 12 月中至 1 月底，那时我已经离开这个村庄。这些商业活动都是按阳历时间安排的。我不能在此作很深入的分析，只是想说明，这是农民收入的一个重要来源，根据提供情况的人说，从事该项行业的船只数目，近几年来有所增加。

第十四章　贸　易

一、交换方式

交换是个人之间或一些人之间，他们的物品或劳务在某种等价的基础上，相互转换的过程。哪里有专业化的生产，哪里便需要交换。生产专业化甚至发生在家庭的不同成员间，但在家庭中，交换方式同在市场中所见到的不同。因为首先在集体经济中，分配和交换的过程不易区别。在田里劳动的丈夫靠妻子为他煮饭。从妻子对生产过程的贡献来说，她对农产品的权利，应该列在产品分配的项目下。但如果她消耗的要比她分配所得的那一份多，实际上便产生了交换。其次，当财产为一个群体的成员共同所有时，交换的要素是模糊不清的。有了劳动分工，成员通过不同的职业向共同生活的来源做出自己的贡献，同时从这一来源获取各自生活所需的资料。各成员之间究竟做了些什么交换因而是不明显的。

这并不意味着权利和义务的相互关系的概念、贡献和享受对等的概念不存在于亲近的社会群体中。相反，它们是家庭生活中发生争吵和不满的最常见的原因，并且往往发生一种妒忌性的坚持不下的局面。对这种家庭群体的经济关系作出定量分析，需要精确的实地调查技术，但并不是不可能的。

比较不明显的、不直接的交换形式通过群体固有的制度的约束，已经成为可能了。例如，父母对孩子的义务可以通过年轻一代以后对父母的赡养，或者年轻一代对下一代的义务来取得平衡。时间越长，物品和劳务的转换范围越大，群体中社会纽带亦越强。物品或劳务的交换是社会纽带的具体表现。只有在一些需要很长时期才能相互完成的义务，有关的个人才会感到他们之间有着牢固的社会关系，其结果是形成了群体的一种内聚力量。从这一角度考虑，慷慨可以被看做是一个人向另一个人提供劳务或物品的预支性质取得使两个人的关系密切起来的结果。

在大一些的社会群体中有同类的交换。例如扩大的亲属关系群体和邻里群体。在村里邻居之间，需要时可以互相挪拿东西用于消费或其他用途。在一定的限度内，一个人对他的邻居有用，他会感到高兴。如果借用者立刻要付酬并说明同等交换，出借者便会很不高兴地说："我们不是外人。"田里如果需要额外劳力，住在附近的亲戚便来帮忙，不要报酬；有重大婚丧喜事时，邻居也这样来帮忙（六章二节）。从长远看，亲戚和邻居之间的互相接待、留宿和服务都是取得平衡的。社会关系越亲密，对等的交换也越少。

送礼亦可被看做是另一种交换。这不是专业化生产的结果。不同职业的亲戚，也不把他们的专业产品作为一种礼物。用来作为正式礼品的一些东西是根据习俗而来的，主要是食品。在重要礼仪场合则送一些现金。人们送礼的食品，或是从市场买来的，如年底送的火腿和糖果，或是自己制作的，如端阳节（九章三节）送的三角形的糯米粽子。接受礼物的人，也做同样的粽子，买相同的东西回送亲戚。这种类型的物品转让意义不在于弥补相互间的欠缺而是加强社会联系。

从上述分析可以看出，社会义务、互相接待、留宿和互赠礼物是不够的，它不足以使村里的一个农户获得他自己不生产的日常必需品。在消费品中，消费者生产的只占总数的1/3（七章八节）。另一方面，农民生产的东西，很多不是生产者消费的。羊羔和羊胎的真正用处，看来养羊人本身也不知道

（十三章）。在产丝区，丝绸衣服很少，甚至于米，也只是部分地供人们自己消费。所以非常明显，必须有广泛的流通系统。

二、内外购销

购销是一种交换方式，在交易中对等的价值被明白地表达出来，立即付给或许诺偿付。简单地说，这就是购买和销售的过程。在农村里，除少数例外，交换一般是通过货币来进行的。

我们可以把购销分成内部和外部两种：内部购销是在村庄社区范围内交换货物和劳务，外部购销是村和外界进行的交换，它们是互相依赖的。

村的内部市场是同这个社区职业分化有密切联系的（八章一节）。我们已经看到，村里2/3以上的人口从事生产稻米、生丝和羊羔的工作。他们不在村里出售这些产品，而要到城镇里去出卖。从事渔业的也只能出售一小部分产品给同村的人。生产专门货物和给村民提供专门服务的限于少数，只占总人口的7%（八章二节）。大部分工作并非完全专业化而是普通农户所需的工作的一种补充。木匠、篾匠、泥水匠主要是从事修理工作，他们在自己家里干活，也到顾客家中去做活。

职业分化程度小，这使社区内部市场非常狭窄，人们靠外界供应货物和劳务。因而，产生了一个问题：货物如何运到村里来？农民可以直接在外部市场购买货物并带回村来，或者货物可由不同的中间人带到村里来。中间人，主要可分三类：

一、定期到村里来的小贩，在买主家门口卖东西。

二、零售店，在村里有固定的地点，店铺里存放着从外界买来的货物，吸引顾客去购买。

三、航船从城镇代消费者购买货物并运到村里。

三、小　贩

小贩可以是固定的或不固定的，根据他们出售的货物种类而定。小贩卖的货可以是他们自己制作的，也可能是从市场上零买来的。大多数不固定的小贩出售他们自己的产品，他们来自其他村，不是来自城镇。这是一种城镇外的村际分散性的贸易活动。这种市场的范围受到这种情况的限制，即附近村子的地方生产方面分化程度不大。如已经提到过的（七章五节），惟一的分化是蔬菜的种植。在村里，菜园太小，不能种足量的蔬菜供村民消费。但太湖附近的农民可以种植大量蔬菜，并把附近的村子作为他们的市场。同样，时令水果，村里没有种植，是邻县供应的。卖者用船载着他们的产品到周围的村子来兜售。

这些小贩只盼望回去时赚到一些钱，对每一笔交易并不坚持一个固定的价格。譬如卖者报一个价，三个甜薯卖两个铜板，买者并不和他讨价还价而是给了钱以后，再拿几块甜薯。卖者可能拒绝不给或装着拒绝，但我从未见到过因为买者拿得太多而否定交易的。这种讨价还价之所以可能是由各种因素造成的：卖者对价格没有严格的概念，买者对他自己的要价也没有严格的想法。卖者和买者都没有直接竞争者。付钱以后买者拿取额外货物的量不会超过买者看来是合理的范围，同时还有其他不同的情况。譬如说，男人就不拿额外的货物，因为他们认为，这有损于他们的自尊心；但他们的妻子可以随便这样做。对话和开玩笑，特别是异性之间开玩笑，将增加拿取额外货物的数量。在这种情况下，卖者将不经要求自愿多给一些。当然，不能拿得太多，除非把额外货物当作礼物来送。从长远看来，这种买卖的价格不比城镇里的市场价格高，因为如果被发现确实是这种情况，卖者下次将不易出售他的货物。可能价格也不低于城镇的商品，因为如果卖者的利润比他把商品卖给城镇的店铺要少，最后他就不到农村来卖货了。但在某些具体交易中价格上下的界限是比较宽的。

从城镇来的有两名固定的小贩：一个卖缝纫和梳妆用品，另一个卖小孩吃的糖果。女人由于有家务在身，还需照顾孩子，因此到城里去的机会比男人少。缝纫和梳妆等用品是专为妇女的消费品。此外，对这些商品的需求与个人喜好有关。妇女不愿托别人或丈夫替她购买，这才使小贩有他的市场。与这种小贩做买卖的形式和上述有所不同。买主不是先接受小贩的要价然后拿取额外的商品，而是先还价。因此价格如不能使双方满意时便不能达成交易。小贩要的最低价格决定于他买货时付的价钱和维持他的生活所需的利润。货物不会消失，他可以等待好一些的价钱。

卖糖果的小贩用另一种方式。对这种货物的需求必须通过卖者人为的创造。小贩用一个很响的喇叭来吸引孩子。通常孩子们不是都有零钱用的。很多孩子必须要求大人买给他们。因此，小贩常常会引起戏剧化的家庭场面。孩子的吵闹和母亲的呵责往往与买卖糖果声混杂在一起。这种买卖，讨价还价并不厉害，因为，买主或是不懂得隐瞒自己真正兴趣的孩子，或者是一心想摆脱麻烦的母亲。部分糖果是在小贩自己家里做的，原料便宜。因此糖果的价格主要决定于小贩的生活费用。

每一个小贩都有一个习惯卖货的地区，有时是几个村，范围的大小取决于小贩能走多少路，能赚多少钱。售货的次数也取决于上述因素。卖缝纫和梳妆用品的小贩每隔二至四天到村里一次，而卖糖果的则几乎每天都来。

四、零售店

小贩不住在村里。他们定期到消费者那里去。而零售店则坐落在一个固定的地方吸引顾客到店里来。这就产生了一群专门从事商业的人。他们出售的东西并不是自己生产的，而是把从城镇里买来的东西再卖给村庄。下表说明了各行业的店铺数目：

杂货店	3
肉　店	3
豆腐店	2
药　店	1
砖瓦店	1
总　计	10

三家杂货店在三座桥附近。它们主要出售香烟、火柴、糖果、纸张、蜡烛、纸钱及其他带宗教色彩的物品。我未能估计他们的存货数量。我也无从计算他们每天的平均销售量。主要困难是他们不记账。按他们所说，每天销售额 2 角至 1 元不等，很明显，他们不能供应全村以各种日用必需品。我即将谈到，大多数货物是靠航船从城里购运来的。周向我描述了杂货店的功能。“我们有客人时，便到杂货店去买纸烟。”换句话说，这只是航船的一种补充。航船为了满足顾客的订货，需要花一整天的时间在城里购买，紧急需要时，顾客等不及它们回来，便到店铺里去买。带宗教色彩的东西不属于紧急需要，但在预期的某一时间内使用。又由于这些东西用航船运输有一定困难，所以人们常常可在零售店里见到这些东西。纸钱是用锡箔做成旧的银锭形，里面是空的不能受压，航船无法提供如此大的空间来运输它。

在村里，肉类是重要食物之一。肉贩在半夜去到城镇屠夫那里购买第二天早晨需要的猪肉后，将其运回村里。消费者到中午煮饭时就能有肉。由于没有保存鲜肉的手段，所以卖肉的商人根据他能卖出多少来买进。最后一个主顾去买肉时往往就销售一空，如果有人一定要买到肉，必须在前一天傍晚订购。

豆饼是农田的肥料，分量重，像砖一样，也占地方。航船不能运这类货物。村里有专门的店铺出售砖。药店出售中草药，零售价格较高，又常常是急需的，所以在村里，药店有一个固定的地方。

五、航船，消费者的购买代理人

村庄店铺不能满足农民全部日常的需求。例如村里没有地方卖盐和糖这样的重要物品。这些东西必须由航船去买。航船提供免费的日常服务，从城里购买日常必需品，同时充当村民的销售代理人，从中赚得一些收入。他们在乡村经济中起着重要的作用。这种制度在太湖周围地区非常普遍，它促使附近城镇有了特殊的发展。

每天早晨，约 7 时许，航船开始活跃起来。村里共有四条船，两条往返于河 A，两条往返于河 B 与河 C（二章四节）。船沿着河划出村时，农民们便向航船主订货，“请在这个瓶里打 20 个铜板的油，在那个坛里打 30 个铜板酒。”航船主收了瓶和钱，数也不数，他把钱扔在船尾的底板上，便和顾客随便交谈起其他的话题来。船到了村的西端，从这里就可以直接到城里，那时他已经收了数十个瓶子和很多铜板。那些要到城里去的人，船经过他们的家门口时便搭上船，他们不用付船费。

每一条船有它自己固定的顾客。村子可分为两个区域，每个区域有两条船为他们服务。在一条河里的两条船，它们的顾客是同一区域的。这两条船互相就有竞争，但是友好的竞争。如果一条船上的乘客很少，它就会等另一条船，把乘客都合到一条船上。摇船的是年轻乘客。航船主按照顾客订货把瓶子和容器分类，把船板上的铜钱收起来，一面与乘客聊天，或帮助他们把蚕丝按照出售的要求捆起来。

从村庄到城里需要两个半小时。船约于10时到达。每条船与城里的一些店铺有联系，航船主就向这些店铺购买农民订购的东西。店里的学徒下船来拿瓶子和容器并接受订货。下午店铺里的学徒回到船上以前，航船主要到店铺去结账。下午2时，航船开始返回，约四五点钟到达村里。船经过时，村民都在门口等待，接受他们托买的东西。

其中有一条船在我到村子以前约两个月才开始做此项经营，另三条船已做了多年。有一个航船主，现在已年老，这一职业是从他父亲处继承的。因此，我们可以了解到，这是一个存在已久的制度。

从理论上讲，任何人可以经营航船，航船主没有正式的资格，他只要向公众宣布，他将做航船这行业，接受别人委托买东西即可。但一旦开始了这个行业，他必须每天有规律地继续下去，无论他接受多少委托。有一个航船主名叫周福生，我在村里时，他病得很厉害，但他无法停止他的服务工作，因为所有顾客都靠他供应日常必需品。有一个新经营这行业的叫周志法，他有时到城里去，连一家订户都没有。这意味着，航船主必须把全部时间和精力花在经营这个行业中，大多数有地种的农民是不可能达到这种要求的。此外，航船主必须与城里的店铺有关系，特别是作为一个销售代理人。要懂得商业上的知识和习惯，需要时间和实践。

一个地区有多少航船，要看有多少居民及航船主个人有多大能力。一个像福生这样有非凡能力的人，过去垄断沿河A的整个地区，约150多户。个人能力即脑子清楚，记忆力好，不会记错各种口头的委托。一眼看去，不借助任何记录，能处理这么多瓶瓶罐罐，简直是不能使人相信的。实际上，只有经过一个缓慢的过程，才能逐渐熟悉每一个顾客的瓶子或罐子，记得每个顾客经常的需要。有时也会记错，有一次一个顾客说，给了福生1元钱，但福生不记得他这件事了。虽然福生毫不犹豫地负责还了他1元钱，但顾客还是埋怨。当福生的能力逐渐衰退时，志法已能够在他这地区开始接替他了。

航船主为顾客服务并不向顾客索取佣金，也不从中赚钱，城里的店铺定时送他一些礼物或招待他。货物通过航船主的手，价格并不提高。如果农民自己直接到城镇商店去买，他们可能得到更少或更坏的东西，城里的商人可能欺侮个别来的买主而他不敢欺侮航船主。这并不是因为航船主个人能力比城里的商人强，而是由于城镇商人竞争需要保持经常的主顾。大多数城里的店铺依赖航船来得到农村这个广阔的市场。对商人来说，失去一条船即意味着很大的损失。他们力图保持旧主顾，吸引新主顾。因此行贩在交易中是处于有利地位的。

航船的存在使村庄的店铺处于一种辅助性的地位。村庄店铺无法与航船竞争。它们太小，不能像城镇商店那样直接向城市里的大批发商店订货。它们也像航船一样向城镇店铺购货。但航船代客买东西免收服务费，而村庄的商人零售时要赚钱。如上所述，村庄小店里只有那些急需品以及航船不能运输的货物才有买主。

航船主不记账，所以我无从估计他们的交易额。福生作了一个估计，每天约10～20元。快到年底时，最高记录为每天40元。看来，这一估计是可靠的，可以从农民向外购货的总金额来核对一下。按农户开支的分析（七章八节），估计每年约为8万元。如果我们从这一数字减去衣服、蔬菜、重型工具和桑叶的费用，这些东西不是通过航船购买的，约为3万元，这与福生的估计大致相似。

我不能把航船从城镇购买的商品开列一个清单。这个清单一定会很长，因为所有可从城镇购买的，航船可以运输的商品都可以委托航船去购买。船不挤的时候，少量的豆饼，砖，纸钱一类的商品也可代购。委托航船购买最多的东西是食品和烹调用的配料或调料。

为了对购买过程进行全面的描述，必须重提一下消费者从城镇市场或其他村庄直接购买的商品。譬如，村里桑叶不够，这是蚕丝工业的重要原料。村民必须从太湖附近的其他村庄购买。买主自己去购买和运输，每次他们进城，都要买些其他东西。通过这一渠道进行的贸易额就难以估计。但由于村民不常进城，所以买的东西也有限。

六、航船，生产者的销售代理人

航船的一个重要特点是作为消费者的代购人，是不赚钱的。同样，乘客也不付船费（年轻人得出劳力划船除外）。城镇店铺给航船主的礼物远远不足以维持他们的生活。他们只有在充当生产者的销售代理人时才得到报酬。

销售货物需要更多的技巧和有关市场的知识，农民不一定具备，因此他们出售产品时需要依靠航船主。后者经常与城镇里的收购商品的行家保持联系。他了解各个行家的情况。行家与不同的商人或纺织厂相联系，他们收购货物是有挑选的。生产者为了出售他们的某种产品应该知道与那些有关的收购人保持联系，这是很重要的。此外，在收购生丝的时候，有一种已经被收购者接受了的习惯做法，即允许生产者在丝里加一定量的棉花和水以加重分量。但如果超过惯常的限量，收购者便要扣钱，扣的数量比外加分量的钱更多。因此，生产者需要就这方面的业务与内行的代理人商量。

航船主还帮助生产者按照购买者的要求来包装蚕丝，以便使同样数量、质量的丝能卖到较高的价钱。生产者与航船主一起到收购人那里去，但收购人只认识航船主，他的账上有航船主的户头。如果生产者不接受对方的价格，他可以不出售他的产品。但在一般情况下，他听从他所信任的航船主的忠告。生产者如果出售 100 两蚕丝，约合当前的市价 25 元，他便付给航船主 1 元钱佣金。换句话说，航船主按生产者出售蚕丝的数量拿 4% 的佣金。佣金数不随蚕丝价格的变化而变化。因此，蚕丝价格高时佣金率反而低。每出售 3 蒲式耳米要给佣金 5 分，生产者收益约合 7 元，佣金百分率约为 0.7%。这个村庄的蚕丝总生产量约为 9 万两，航船主可得 900 元的佣金。大米的总出口量为 7000 蒲式耳，航船主可得总数约为 117 元的佣金。如果四个航船主平分这个数额，每人一年约得 250 元。有这样一笔数目，生活可以过得不错了。

那些卖出产品后付给航船主佣金的人，有权把船当作交通工具使用，而且可委托航船主购买货物。因此，此项服务的支付额是根据生产量来定，而不是根据顾客的消费量来定的。

新近的养羊工作为航船主增加了一项新的收入来源，但我不知道卖羊收佣金的确切办法。

蚕丝业的改革对航船制度的存在提出了挑战。新的丝厂不利用航船到城镇市场去代销蚕丝。产品直销上海。开始时，航船主要求补偿。改革者考虑到航船是村里一种有用的制度，因此决定根据传统的佣金额给他们补偿。合作社的每一个社员收到一张卡片，上面记录着他供应蚕茧的数量。生产者可以把卡片交给他委托购买东西的航船主。根据合作社社员卡片上记载的蚕茧供应数量，航船主可收到一定数量的补偿费。这样才把航船制度保存了下来。

七、其他收集方式

大宗的农村产品由城镇通过航船或由城市通过工厂收购。

但对一些零星物品和废品——如旧衣服、纸钱灰、废铜烂铁等还有另一种收购方法。有时候是以货易货的形式出现，即：货物直接交换。收购者带着陶瓷器或一种特别的糖果来换取旧衣服和金属器皿。纸钱灰含锡，可换叠纸钱的锡箔。

八、贸易区域和集镇

贸易区域的大小决定于运输系统——人员及货物流动所需的费用和时间。消费者直接购买货物的初级市场局限于这样一个区域，即买者不需要花很多时间以致妨碍他的其他活动便可在其中买到货物。在这个村里我们可以看出来，有两个初级购销区域。住在河 B 的桥附近的人们不会到河 A 的桥附近的商店去买东西。例如，理发店、肉店、杂货店和庙宇都分设在两个地区，大致与航船活动分工范围相当。但银匠、鞋匠和药店坐落在河 A 的西桥附近，是村内道路系统的中心（二章四节）。这些行业在村里各自只有这一家店。从这个意义上说，这个村子也是一个初级市场。

中级市场就是初级市场的零售商用批发价格购买货物的地方。在这个地区，航船不能被看做是一个零售商。它代替消费者买货，但正如我们知道的，这项服务不收费。这样，航船便限制了村里初级市场的作用，并使远处的城镇成为消费者初级购买的中心。

专门从事这项工作的航船主能把他所有的时间用于这一活动。因此，购买者和出售者之间的距离便延长到适于当日往返的旅程。实际距离取决于船的速度，估计每小时为 1.6 英里。能够派出航船到镇上代购货物的村子，其最远的距离不能超出 5 英里以外。因此，这样一个购销区域的直径是 8 至 10 英里。

每个贸易区域的中心是一个镇，它与村庄的主要区别是，城镇人口的主要职业是非农业工作。镇是农民与外界进行交换的中心。农民从城镇的中间商人那里购买工业品并向那里的收购的行家出售他们的产品。城镇的发展取决于它吸引顾客的多少。正如我们已经了解的，航船的制度使这一地区的城镇把附属村庄的初级购买活动集中了起来，从而减弱了农村商人的作用。这一类购销区域的范围比中国北方购销区域大得多，中国北方主要是陆路运输，代购或代销体系不发达。杨庆堃的研究①说明了在村庄初级市场之上的典型的中国北方的购销区域的直径约为1.5至3英里。更高一级的购销区域，包含六个基本购销区域，其直径约为8到12英里。后者与我们现在正在研究的城镇市场规模相仿。

这个村庄所依托的城镇，就是航船每天去的镇，叫做震泽，在村庄以南约4英里的地方。其实，这个镇没有垄断这个村庄的全部贸易活动。在北面，还有一个镇，叫大庙港，离村庄约1.5英里，在太湖边上（见图2）。这是一个专门与太湖里的岛屿进行贸易的小镇。镇附近有一座太湖神庙，镇由此而得名。人们去庙宇的时候，通常在这个镇里购买物品。徒步走去需要约1.5小时。但这个村庄和大庙港之间的贸易同这个村庄和震泽镇的贸易相比是无足轻重的。

在收购农产品的过程中，震泽镇垄断了这个村庄全部大米的贸易。但它从未完全垄断蚕丝产品，自从村中丝厂成立以来，加过工的蚕丝被直接运到上海。即使在过去，这个村庄也供应大量生丝给村东约12里处的盛泽镇丝织工业时，也有一条航船直接往返此镇。路程太远，不能当天往返，班次也不定期，所以只管售货。10多年来，一方面由于该镇丝织工业衰落，另一方面由于这个村庄的蚕丝业改革，此船已经停止了。

关于城镇之间如何竞争以保持它们的附属村庄，将是一个

---

① 《山东邹平的贸易系统》，中国，燕京大学社会学系，未出版的专著。

有趣的研究。但是对这一问题的详细分析，需要对整个地区做更广泛的调查，这不是目前的研究所能达到的。

九、销售与生产

丝和羊完全是为出售而生产的。我们已经看到，在这些行业中，价格是如何影响生产的。土产生丝的价格低廉，刺激了技术改革。改革结果，土产生丝产量大大下降。但近年来，其产量并未按其价格下降的比率下降。相反，还有一些增加的迹象。正如已经解释过的，这是由于缺乏其他工作来吸收村里剩余的妇女劳力的缘故。村里开始养羊，这是因为市场有新的需要。但目前缺乏草的供应，产量不可能增加。因此，价格不是决定产量的惟一因素。

生产大米，部分是为出售，部分是为消费。储备粮的数量不一定根据价格的波动而升降。每一户都要准备够一年消费的储备粮。市场大米价格上涨不会诱使生产者出售他的存粮，因为未来的大米价格不确定。但大米价格低会迫使农民出售更多的大米。这是因为收割的时候要求佃农用钱交租，那时每户所需要的货币收入或多或少都已知道。这一事实，对大米收购者来说很重要。他们通常为了增加贸易额而压低大米价格。农民的总储备量往往就这样被减少到不够他们自己消费。来年夏季，他们就只得靠外界供应（十五章三节）。这对商人也有利可图。

价格波动不影响大米的总生产量。总生产量决定于土地的大小、生产的技术以及最终决定于降雨量的多少。这些都是人们几乎不能控制的事。改变职业是困难的，甚至改变农作物，村民脑中都很少想到。因此，生产结构是受到严格限制的，它不能随着市场的需求作出灵活的反应，变化是缓慢而长远的。

让我们以丝业作为例子。尽管在蚕丝业方面有很好的改革计划，计划者对改革也做出了特殊的努力，但市场的新需求与生产系统之间的调整过程经历了几乎 10 年的时间。从我们对变迁过程的分析（十二章），我们看到供应和需求的有效性取决于对市场的了解，这是农民不具备的。如果没有特殊的力量来影响并促使变革，人们几乎不理解蚕丝价格下跌的原因，更不明白市场对货物类型所提出的新的需求。为了实现蚕丝改革，需要专门的知识和社会组织。所有这些因素延误乡村经济在供求方面的及时自动调整。

在农村，改变职业比改革现有作业更加困难。除养羊以外，没有发现人们想在村里发展新的职业。甚至养羊也仅仅是现有生产系统的一种补充，而不是职业的改变。农村居民只有离开农村才能改变他们的职业。换句话说，在目前情况下，职业流动意味着人口从农村流向城镇。在城里，出去找新职业的大多数是女青年，她们在这个社区里尚未进入一个固定的社会位置。甚至在这个群体里，这种流动已经向传统亲属关系和家庭群体的稳定性提出了挑战（十二章九节）。反抗破坏社会稳定的力量变成了一股阻碍当前人口流动的力量。目前很难说，在新的情况下，传统力量会作多少让步，但总的来说，人口流动是缓慢的，特别是男性人口流动得很少，这说明了外界对劳动的需求不大和村里传统生产系统的僵化。

尽管如此，市场强烈地影响着生产，这一点是显而易见的。它导致了各方面的变化，这些变化不仅仅局限于人们的经济生活。生产系统对市场情况的反应不是一个简单的过程，而是一个长期复杂的过程，要了解这一过程需进行范围更广泛的调查研究，单纯从经济方面研究是不够的。

第十五章 资 金

在交换过程中，以货物、劳务或现金不能及时偿还时便发生了信贷。简单地说，信贷就是一方信赖另一方，经过延迟一段时间，最后偿还。

在这一意义上讲，相互之间的义务，互相接待留宿，互赠礼物等非即刻交换的形式也是信贷的形式。这些信贷的偿还是通过社会制度中固有的互惠原则来保证的，并与亲属关系及友谊有密切关系。对于有这种关系的群体之外的交易，偿还的时间必须有明确的协议，并且信贷只有对贷方有利才能被接受。

贷款可以作任何用途，或可能限于协议中规定的某种用途。但信贷一词不能仅限于指对未来产品的预先付款。在这个村里，信贷在多数情况下是用于消费或付租付税，租和税与生产过程仅有间接的关系。同样地，也很难把借来办婚事的钱看做是对借钱人的生产能力有所帮助（除非是隐喻的意义）。

在讨论中国农村的信贷体系时，托尼教授写道："这个体系的特点……是借钱人和出借人对用于农业生产的信贷和补助家庭开支的借款两者之间的区别看来都不清楚。这就是说，把一切都记作一笔笼统的账，其结果，在欠债人或债权人的脑海中对借贷来作生产用途或家庭用途的钱无所区别。他们不明确用于生产的钱最后应该产生利润并足以偿还利息，家庭开支在没有意外的不幸事故的情况下，应能以收入偿付。"①

在本章，我将从信贷的广泛意义上来使用这一术语。

① 《中国的土地和劳动》，第62页。

一、积蓄与亏空

信贷只有在一方面有积蓄，另一方面亏空时才可能产生。积蓄是指村里的经济单位家的收入超过支出时的剩余。收入指家的全部产品。它可以转换为钱，也可以不转换为钱。支出则包括家的成员用于消费、用于完成社会义务和用于生产而由自家生产或从市场购买的全部物品。

村里每家的生产量，相差不大，因为这种群体的大小，大致相仿，生产技术亦基本相同。它们的消费量也有一致性（七章一节）。除个别情况有特殊原因外，其财产分配不平等的原因，主要是土地占有制问题。佃农必须负担很重的地租。村里 2/3 的土地为不在地主掌握。村民每年交付租米总额为 4800 蒲式耳。这一负担并不是平均分摊在村民身上，而是由 70% 以上的人分担。在这些人中间，负担又不同（十一章五节）。土地占有制的这种情况导致了每年大量财富从村里外流到城镇，以及村中财富分配不均的情况。

蚕丝业兴旺时，尽管地租很高，但村民仍可维持足够的生活水平，并且尚可有所积蓄。这种积蓄通常被储藏起来。在村里，很少有投资的机会，除交租以外，城镇没有其他手段吸收积累的财富。农民储藏的货物或金钱首先是用作储备以对付经常发生的灾难，其次是供昂贵的礼节性开支。与个人生活有关的繁重的礼节或当地群体定期的宗教集会实际上是农村地区所积蓄的财富的重要出路。在礼节性场合，炫耀财富的思想替代了勤俭节约。在丧葬、结婚聘礼、嫁妆、宴席等方面，特别是举行村际游行时，财富挥霍严重（七章七节）。

蚕丝业的萧条使村里的平均收入减少了 1/3（十二章二节）。在开支方面，消费和社会义务仍然像过去一样。惟一可以缩减或暂缓的款项是礼仪性开支，据我估计，目前这种开支占总货币开支的 1/5（七章八节）。由于收入迅速降低，支出依然不变，结果是亏空。

亏空可以是紧急的或非紧急的。紧急亏空需要采取立即措施。食物不足、资本货物缺少，无能力付租付税等属于这种情况。除非给以资助，否则对有关个人会产生灾难性结果。由于付租义务并不是人人都有的，这种紧急亏空限于一部分村民。一小部分人，即使在目前情况下，仍能有些积蓄，还有另一些人则可以维持最低限度的生活。非紧急亏空，例如无力支付礼仪所需的费用，这在比较有钱人中间也是较普通的。我已经描述过村民是怎样推迟婚期，暂停每年的团聚，缩减礼仪性开支等情况。

积蓄减少造成了对外界资金流入的需求增加。内部借贷系统只能对付这个社区内部财富分配上的不平等，不能解决普遍无力偿付债务的问题。因此外界资金流入便成为村里紧急的金融问题。

以下各节，我将描述各种内部和外部的信贷系统。但目前掌握的材料不足以从定量分析方面来阐明它们相对的重要性。这种数据很重要，但需要比我现在所能做到的更广泛的调查研究。

二、互助会

物品、劳动和少量的钱可以不付利息，短期地向亲戚朋友借用。这种补贴的办法主要见于遇有暂时性亏空时，债权人相信借款人有能力在短期内还债。此类借贷可能延续数个月。这种相对较长期的信贷在分家后的兄弟之间常见。他们虽然有各自的房子和财产，但仍然有社会纽带把他们联系起来，照顾彼此的福利。为少量借款，向兄弟要利息，被认为是不可能的。

但需要大笔款项时，向个人商借并在短期内归还常有困难。因此，兄弟之间或其他亲戚之间的互相帮助便不能满足需要。这样才产生了互助会。

互助会是集体储蓄和借贷的机构，由若干会员组成，为时若干年。会员每年相聚数次。每次聚会时存一份款。各会员存的总数，由一个会员收集借用。每一个会员轮流收集使用存款。第一个收集人即组织者。一开始，他是该会的借债人。他分期还款，交一定量的利息。最后一个收集人是存款人，他最后收集自己那笔存款和利息。其他成员则依次收集存款，从存款人变为借债人。收款次序按协议、抽签或自报公议的办法决定。每次聚会时，每一会员存款数目的计算往往由于各种因素而变得较为复杂，我将在以后描述。

这种互助会，经常是由于某人需要经济援助而发起组成的。参加互助会的会员被认为是对组织者的帮助。按以上描述的办法，每个人似乎都轮流得到好处。但我们必须记住，投资的机会有限，借一笔款并付利息，可能是不经济的。此外，由于收钱时间不定，收款人可能难以把收来的钱用于最适当的需要。所以组织者对会员不能只强调他们在经济上会得到什么好处，而必须说他自己需要经济上的帮助。因此，会员通常只限于某些有义务帮助组织者的人或一些为了其他目的自愿参加的人。

通常组织这种互助会的目的是为办婚事筹集资金，为偿还办丧事所欠的债务。这些也是筹集资金的可以被接受的理由。但如为了从事生产，譬如说要办一个企业或买一块土地，人们往往认为这不是借钱的理由。

有了一个正当的目的，组织者便去找一些亲戚，如：叔伯、兄弟、姐夫、妹夫、舅父、丈人等。他们有义务参加这个互助会。如果他们自己不能出钱，他们会去找一些亲戚来代替。

会员的人数从 8 至 14 人不等。在村庄里，保持密切关系的亲属圈子有时较小。因此，会员可能扩展至亲戚的亲戚或朋友。这些人不是凭社会义务召集来的而必须靠互利互惠。如果一个人需要经济上的帮助，但他没有正当的理由来组织互助会，他将参加别人组织的互助会。被这个社区公认为有钱的人，为了表示慷慨或免受公众舆论的指责，他们将响应有正当理由的求援。例如，周加入了 10 多个互助会，他的声誉也因此有很大提高。

但这种互助会的核心总是亲属关系群体。一个亲戚关系比较广的人，在经济困难时，得到帮助的机会也比较多。从这一点来说，我们可以看到，像“小媳妇”（三章八节）这样的制度，使亲属圈子缩小，最终将产生不利于经济的后果，另一方面，扩大亲属关系，即使是采取名义领养的方式，在经济上也有重要的意义（五章三节）。

在理论上，组织者将对会员的任何违约或拖欠负责，他将支付拖欠者的一份款项。但由于他自己需要别人的经济援助，因此他的负责是没有实际保证的。拖欠或违约并不是通过法律的制裁来防止而是通过亲戚之间公认的社会义务来防止。拖欠的可能性又因互相补贴的辅助办在而减少。一个人在这样的环境中，很容易提出要求补贴，特别是他届时有从互助会中收集存款的机会。不利于自己的后果也是一项重要的考虑。拖欠人会发现，他需要帮助时便难于组织起他所需的互助会。然而事实上还是有违约或拖欠的，尤其是以往数年来，有这种情形发生。正如我已提到过，当地信贷系统的有效程度取决于村民普遍的储蓄能力。经济萧条使拖欠人数增加，从而威胁着当地的信贷组织。这对现在的亲属联系起着破坏的作用。但由于我对此问题没有详细的调查，只好将它留待以后做进一步的研究。

有三种互助会，最流行的一种叫“摇会”，在这个会中，组织者召集 14 个会员，每人交纳 10 元，组织者总共得 140

元。摇会每年开两次会：第一次在7月或8月，那时蚕丝生产告一段落，第二次在11月或12月，水稻收割完毕。在每一次会上，组织者偿还摇会10元本钱和3元利息。这样，在第14次会结束时，他可以把债还清。

在相继的每一次会上，有一个会员收集70元钱。收这笔钱的人就是摇会的借款人，他在以后的每一次会上应还5元本钱及1.5元利息。由于会员只拿相当于组织者一半的钱，所以计算时稍为复杂。组织者每次交款的半数将在会员中平分 $\frac{13}{2}\div 14=0.464$，这叫组织者的余钱。会员拿的实际数为70+0.464，借款人每次交款为6.036（6.5-0.464）元。

组织者和借款人每次交的钱和会员收的钱数均为恒定。没有收款的那些人为摇会人。由于每一次会有一个会员收款，所以借款人逐步增加，存款人随之减少。在每一次会上，存款人存款数目根据以下公式计算：会员的款数70.464-｛组织者的存款（13）+〔借债人数×借债人存款（6.036）〕｝÷存款人数。

在每一次会上存款人存款总数减少①。对每一个会员来说，存款总数，按照收款的次序逐步减少。由于收款数不变，

① 在第11次会上，组织者和借债人交纳的钱数已经超过会员的集款数。存钱人不需再交付任何款项而可以分享新的余款。分配余款的原则是：前4次会的组织人和收款人除外，其余会员根据他们集款的次序按比例均可分得一份。例如，在第11次会上，第5次会的集款人将得0.11元或总余款（2.432）的5/110。但这个会上的3个存款人，其集款次序尚未确定，他们将各得余款的13/110。从第11次会后的每次会的总余款为：

第11次………2.432
第12次………8.004
第13次………14.968
第14次………21.004

存款和收款数目之间的差即借债人付的利息或存款人收的利息。借债人的利率规定为年利4.3%。但由于存款和借款以及两种余额混在一起。因此，会员之间以及每年的实际利率不同。[①] 每次会的收款人根据抽签的办法决定。每个会员掷两颗骰子，点数最高者为收款人。组织者为每次摇会准备了宴席，由各次摇会的收钱人负担宴席费用。席后，组织者收齐了会员交纳的款项，再进行抽签。

① 见下表：

收款次序	交款数	收款数	每半年平均利率（%）	
			借　款	存　款
组织者	182.00	140.00	2.2	—
第1人	88.47	70.47	2.1	—
第2人	86.85	70.47	2.3	—
第3人	85.10	70.47	2.6	—
第4人	78.96	70.47	2.0	—
第5人	74.71	70.47	1.5	—
第6人	71.99	70.47	1.0	—
第7人	69.06	70.47	—	2.0
第8人	65.62	70.47	—	3.4
第9人	62.70	70.47	—	2.8
第10人	57.08	70.47	—	3.1
第11人	51.41	70.47	—	3.4
第12人	44.91	70.47	—	3.6
第13人	38.43	70.47	—	3.8
第14人	31.06	70.47	—	4.0

平均利率是这样计算的：把交款数与收款数的差被收款数加存款与还款次数之间的差除。（表格中的数字疑有误，但无从查考——编者）

摇会的办法比较复杂。但有它的优点：

（1）参加会的会员对收来的钱没有预计肯定的用处。减少会员交纳的钱数，会员的负担减少，从而也减少了拖欠的危险。（2）用抽签办法决定收款人，每个存款人都有收款的均等希望。这促使需要经济援助的人去交款。（3）存款人交款数迅速下降弥补了他们延期收款的不足之处。（4）丰盛的宴席吸引会员。有些人，把宴席改在冬天，每年一次，下一阶段的收款人预先决定。人们发现春天收款极为困难，所以放弃了这种办法。

摇会次序	存款人数	每个存款人的存款
第1次	13	4. 420
第2次	12	4. 286
第3次	11	4. 126
第4次	10	3. 936
第5次	9	3. 702
第6次	8	3. 410
第7次	7	3. 035
第8次	6	2. 535
第9次	5	1. 838
第10次	4	0. 785

这种会的办法比较复杂，普遍农民很难理解它。事实上在村子里，懂得这种计算办法的人很少，所以必须请村长来教。为了解决这一困难，不久以前，有人提出一个比较简单的互助

会办法，叫徽会，因为据说这是从安徽传来的。这个会的收款次序，及每个会员交纳的款数，均事先规定①。

每次会收款总数不变，规定为 80 元，包括收款人自己交纳的一份。这一借贷办法便于计算，每个会员能预知轮到他收款的时间并纳入他自己的用款计划。

第三种互助会称广东票会，来源于广东，采取自报的方式。所有存款人自报一个希望在会上收款的数目，报数最低的人为收款人。存款余钱减去收款人的款数后，在会员中平分。在村子里，此种会不很普遍，向我提供材料的人告诉我，这种方式的赌博性质太重。

三、航船，信贷代理人

村庄和城镇之间亲属关系非常有限。住在城镇的农民很少。几代在城镇居住的人，他们与村子里同族的关系已经比较疏远。我已提到过，族人分散后，族就分开了（五章一节）。城镇与农村通婚也很少。在我看来，城里人和村民的关系主要是经济性质的。例如，他们可能是地主和佃农的关系，在目前的土地占有情况下，他们之间的关系不是个人的关系。主人和暂时在城里当女佣的妇女，他们之间的关系较密切。但就整体来看，城里人和农民之间的社会关系不密切，不足以保持一个在

①

收款次序	每次会的交款数
组织者	13.5
第 2 人	12.5
第 3 人	11.5
第 4 人	10.5
第 5 人	9.5
第 6 人	8.5
第 7 人	7.5
第 8 人	6.5

经济上互相补贴或互助会的系统。当村民需要外界资助时,他们通常只得求助于借米和高利贷系统。

在稻米是主要产品的农村里,粮食供应不足并非常态。这是农产品价格下降的结果。要使收入与过去一样不变,产量必须增加。结果是村民的稻米储备往往在新米上市以前便消耗尽,以致需要借贷维持。从这方面讲,航船在村庄经济中起着重要的作用。

村民通过航船出售稻米给城镇的米行。米行与航船主联系,而不是与真正的生产者联系的。为了能得到经常不断的供应,特别是为对付城镇市场的竞争,米行必须与航船主保持友好的关系。另一方面,航船主对生产者来说,是不可缺少的服务对象。生产者依赖航船主进行购销。这些关系使航船主在需要时建立起米行和村民之间的借贷关系。

航船主代表他的顾客向米行借米,并保证新米上市后归还。他的保证是可靠的,因为借米人生产的米将通过他出售。此外,收购人出借大米不但可以获利而且也有利于保证未来的供应。

向米行借米的价格为每 3 蒲式耳 12 元,比市场价高。借债人将以市场价格偿还相当于 12 元钱的大米(冬天,3 蒲式耳米约为 7 元)。如果借期两个月,每月利率约为 15%。这一利率比较高利贷还算低些。这是因为一方面有航船主作为中保,另一方面对米行来说,可以保证其未来的大米供应,出借人所担的风险不大。由于镇上存在好几家米行,出借大米,价格并不划一,有利于借米人以较低的利息借进大米。

这是一种比较新的信贷系统。它尚未超出借米的范围。但用同样的原则,这种系统可逐步扩展至通过米行和丝行变成银行来出借钱,作为对收购产品的预先支付。这种产品相对来说比较稳定,而且是可以预计的。

四、高利贷

当农村资金贫乏时，从城镇借钱给农村是必然会发生的。农民向城镇里有关系的富裕人家借钱。其利息根据借债人与债权人之间关系疏密而异。然而，如我已经提到过的，农民和城里人之间的个人关系有限，而且与农民有个人关系的人也可能没有钱可出借。结果城镇里便出现了一种职业放债者。职业放债者以很高的利息借钱给农民。这种传统制度，我们可称之为高利贷。

例如，无力支付地租并不愿在整个冬天被投入监狱的人，只得向别人借钱。高利贷者的门是向他敞开的，出借的钱按桑叶量计算。农民借钱时并没有桑叶，也没有桑叶的市场价格。价格是人为制定的，每担（114 磅）7 角。譬如，借 7 元钱，可折算成 10 担桑叶。借期在清明（4 月 5 日）结束，必须在谷雨以前还款（4 月 20 日）。借债人必须按照当时桑叶的市场价格归还相当于 10 担桑叶的钱，那时每担桑叶为 3 元。因此，如 10 月份借 7 元钱，到第二年 4 月必须还高利贷者 30 元。在这五个月中，借债人每月付利息 65%。这种借贷办法被称为“桑叶的活钱”。

清明时节，人们正开始从事养蚕业。在村里，这是经济上最脆弱的时期。冬天付不起地租的人，也不见得有能力还钱给债权人。在前五个月中，人们除了做一些生意外，不从事大的生产活动。在这种情况下，借债人可以向债权人续借贷款，按米计算。这种方式被称作“换米”。不论市场米价如何，借米的价格为每 3 蒲式耳 5 元。借期延续至下一年 10 月。偿还时按市场最高米价计算，每 3 蒲式耳约 7 元。一个人在 10 月借 7 元到第二年 10 月应还 48 元，利率平均每月 53%。

借债人如果仍无力还清债务便不允许再延长借期。借债人必须把手中合法的土地所有权交给债权人。换句话说，他将把田底所有权移交给债权人。土地价格为每亩 30 元。从此以后，他再也不是一个借债人而是一个永佃农。他每年须付地租(十一章四节)而不是利息。

地租为每亩2.4蒲式耳米或约4.2元。如果我们按巴克对农村土地投资所估计的平均利率8.5%计算[①],我们发现每亩地值56元。因此,7元钱的贷款一年之后使债权人最终得利为一块价值89元的土地。

通过高利贷者,田底所有权从耕种者手中转移到不在地主手中,不在地主系从高利贷者手上购得土地所有权。不在地主制便是以这种金融制度为基础的(十一章四节)。

高利贷是非法的制度,根据法律,约定年利率超过20%者,债权人对于超过部分之利息无请求权[②]。所以,契约必须用其他手段来实施而不是法律力量。高利贷者雇用他自己的收款人,在借债满期时迫使借债人还债。如果拒绝归还,收款人将使用暴力并拿走或任意损坏东西。我知道一个实例,借债人死的时候,债权人便抢走死者的女儿,带到城里做他的奴婢。借债人通常无知,不懂得寻求法律保护,社区也不支援他。他完全受高利贷者的支配,如果借债人既没有钱还债,也没有田底所有权,债权人认为比较巧妙的办法还是让借债人继续耕种,这样可以保留他向借债人未来产品提出要求的权利。借债人被逼得毫无办法时,可能在高利贷者家里自尽。高利贷者便面临着鬼魂报复,也会引起公愤而被迫失去债权。这种极端的手段虽然很少使用,但在某种程度上,对防止高利贷者贪得无厌的做法是有效的。

高利贷者住在城里,每人有一外号。同我调查的这个村庄有关系的一个高利贷者,姓施,叫剥皮。这一外号说明了公众的愤恨。但他却又是农民急需用款时的一个重要来源。可供借贷

① 《中国农村经济》(*Chinese Farm Economy*),第158页。

② 《民法》,第205条。

的款项极为有限,而需求又很迫切。入狱或者失去全部蚕丝收益的后果更加势不可挡。向高利贷者借款至少到一定的时候,还可能有一线偿还的希望。

我未能计算出村里高利贷者放债的总数。因为田底所有权转移到村外的其他方式即使有的话,也是很少的。租佃的范围可能就说明了高利贷制度的范围。

高利贷的存在是由于城镇和农村之间缺乏一个较好的金融组织。在目前的土地占有制下,农民以付租的形式,为城镇提供了日益增多的产品,而农民却没有办法从城镇收回等量的东西。从前,中国的主要纺织工业,例如蚕丝和棉织工业在农村地区发展起来,农民能够从工业出口中取得利润以补偿农村的财富外流。农村地区工业的迅速衰退打乱了城镇和农村之间的经济平衡。广义地说,农村问题的根源是手工业的衰落,具体地表现在经济破产并最后集中到土地占有问题上来。在这个村子里,为了解决当前的问题,曾致力于恢复蚕丝业。这种努力的部分成功是很重要的,它也是在尖锐的土地问题下减轻农民痛苦的一个因素。

五、信贷合作社

关于信贷问题,我也应该提一下政府为稳定农村金融而采取的措施。农村的合作信贷系统实际上不是农民自己的组织,而是农民用低利率从国家银行借钱的一种手段。江苏省农民银行专拨一笔款项供农民借贷。这一措施指望基本解决农村资金问题。但它的成功与否取决于它的管理水平和政府提供贷款的能力。在我们这个村里,我知道这个“合作社”借出了数千元钱。但由于借债人到期后无能力偿还债务,信贷者又不用高利贷者所用的手段来迫使借债人还债,借款利息又小,不足以维持行政管理上的开支。当这笔为数不大的拨款用完后,信贷合作社也就停止发生作用,留下的只是一张写得满满的债单。

目前,至少在这个村里,这种实验的失败告诫我们,需要对当地的信贷组织有充分的知识,这是很重要的。如果政府能利用现有的航船、互助会等系统来资助人民,效果可能要好一些。建立一个新的信贷系统需要有一个新的约束办法。在当地的信贷系统中,对到期不还者有现成的约束办法。如果能利用传统的渠道,再用政府的力量将其改进,似乎成功的机会会大一些。

第十六章 中国的土地问题

上述一个中国村庄的经济生活状况是对一个样本进行微观分析的结果。在这一有限范围内观察的现象无疑是属于局部性质的。但他们也有比较广泛的意义,因为这个村庄同中国绝大多数的其他村子一样,具有共同的过程。由此我们能够了解到中国土地问题的一些显著特征。

中国农村的基本问题,简单地说,就是农民的收入降低到不足以维持最低生活水平所需的程度。中国农村真正的问题是人民的饥饿问题。

在这个村里,当前经济萧条的直接原因是家庭手工业的衰落。经济萧条并非由于产品的质量低劣或数量下降。如果农民生产同等品质和同样数量的蚕丝,他们却不能从市场得到同过去等量的钱币。萧条的原因在于乡村工业和世界市场之间的关系问题。蚕丝价格的降低是由于生产和需求之间缺乏调节。

由于家庭手工业的衰落,农民只能在改进产品或放弃手工业两者之间选择其一。正如我已说明的,改进产品不仅是一个技术改进的问题,而且也是一个社会再组织的问题。甚至于这些也还是不够的。农村企业组织的成功与否,最终取决于中国工业发展的前景。目前的分析对那些低估国际资本主义经济力量的改革者来说,是一个警告。

如果农村企业不立即恢复,农民只得被迫选择后者。他们将失望地放弃传统的收入来源,正如纺织工业已经发生的那样。如果从衰败的家庭手工业解除出来的劳动力能用于其他活动,情况还不至于如此严重。必须认识到工业发展中,某些工业并不一定适合留在农村。但就目前来说,尚无新的职业代替旧职业,劳力的浪费将意味着家庭收入的进一步减少。

当他们的收入不断下降,经济没有迅速恢复的希望时,农民当然只得紧缩开支。关于中国农民的开支有四类:日常需要的支出,定期礼仪费用,生产资金,以及利息、地租、捐税等。正如我们已经看到的,农民已经尽可能地将礼仪上的开支推迟,甚至必要时将储备的粮食出售。看来,农民的开支中最严峻的一种是最后一种。如果人民不能支付不断增加的利息、地租和捐税,他不仅将遭受高利贷者和收租人、税吏的威胁和虐待,而且还会受到监禁和法律制裁。但当饥饿超过枪杀的恐惧时,农民起义便发生了。也许就是这种情况导致了华北的"红枪会",华中的共产党运动。如果《西行漫记》的作者是正确的话,驱使成百万农民进行英勇的长征,其主要动力不是别的而是饥饿和对土地所有者及收租人的仇恨。

在现在这个研究中,我试图说明单纯地谴责土地所有者或即使是高利贷者为邪恶的人是不够的。当农村需要外界的钱来供给他们生产资金时,除非有一个较好的信贷系统可供农民借贷,否则不在地主和高利贷是自然会产生的。如果没有他们,情况可能更坏。目前,由于地租没有保证,已经出现一种倾向,即城市资本流向对外通商口岸,而不流入农村,上海的投机企业危机反复发生就说明了这一点。农村地区资金缺乏,促使城镇高利贷发展。农村经济越萧条,资金便越缺乏,高利贷亦越活跃——一个恶性循环耗尽了农民的血汗。

中国的土地问题面临的另一个困境是,国民党政府在纸上写下了种种诺言和政策,但事实上,它把绝大部分收入都耗费于反共运动,所以它不可能采取任何实际行动和措施来进行改革,而共产党运动的实质,正如我所指出的,是由于农民对土地制不满而引起的一种反抗,尽管各方提出各种理由,但有一件事是清楚的,农民的境况是越来越糟糕了。自从政府重占红色区域以来到目前为止,中国没有任何一个地区完成了永久性的土地改革。

我们必须认识到,仅仅实行土地改革、减收地租、平均地权,并不能最终解决中国的土地问题。但这种改革是必要的,也是紧迫的,因为它是解除农民痛苦的不可缺少的步骤。它将给农民以喘息的机会,排除了引起“反叛”的原因,才得以团结一切力量寻求工业发展的道路。

最终解决中国土地问题的办法不在于紧缩农民的开支而应该增加农民的收入。因此,让我再重申一遍,恢复农村企业是根本的措施。中国的传统工业主要是乡村手工业,例如,整个纺织工业本来是农民的职业。目前,中国实际上正面临着这种传统工业的迅速衰亡,这完全是由于西方工业扩张的缘故。在发展工业的问题上,中国就同西方列强处于矛盾之中。如何能和平地解决这个矛盾是一个问题,我将把这个问题留待其他有能力的科学家和政治家去解决了。

但是有一点,与中国未来的工业发展有关,必须在此加以强调。在现代工业世界中,中国是一名后进者,中国有条件避免前人犯过的错误。在这个村庄里,我们已经看到一个以合作为原则来发展小型工厂的实验是如何进行的。与西方资本主义工业发展相对照,这个实验旨在防止生产资料所有权的集中。尽管它遇到了很多困难甚至失败,但在中国乡村工业未来的发展问题上,这样一个实验是具有重要意义的。

最后,我要强调的是,上述问题自从日本入侵以来并未消失。这种悲剧在建设我们的新中国过程中是不可避免的。这是我们迟早必然面临的国际问题的一部分。只有经历这场斗争,我们才有希望真正建设起自己的国家。在斗争过程中,土地问题事实上已经成为一个更加生死攸关的问题。只有通过合理有效的土地改革,解决农民的痛苦,我们与外国侵略者斗争的胜利才能有保证。现在日本入侵，给我们一个机会去打破过去在土地问题上的恶性循环。成千个村庄，像开弦弓一样，事实上已经被入侵者破坏，然而在它们的废墟中，内部冲突和巨大耗费的斗争最后必将终止。一个崭新的中国将出现在这个废墟之上。我衷心希望，未来的一代会以理解和同情的态度称赞我们，正视我们时代的问题。我们只有齐心协力，认清目标，展望未来，才不辜负于我们所承受的一切牺牲和苦难。

附录

关于中国亲属称谓的一点说明

由于对人类学中亲属称谓问题具有特殊的兴趣，我想为本书增写一个附录，作为“亲属关系的扩展”这一章的补充。

必须弄清楚亲属称谓的结构分析至多只能作为研究整个亲属系统问题的一部分，如果仅仅提供一个称呼表是没有什么用处的，因为这不能说明它们的社会意义。过去的有关研究都用这种方法处理，从摩尔根和哈特的旧著直至冯汉骥[1]最近的出版物都是如此。这是由于对语言的概念谬误，把词语看做是表现现实的结果，因此才相信对亲属称谓的分析就足以了解亲属关系的组织情况。

像其他一切语言资料一样，亲属关系的称谓应该结合其整个处境来研究。它们被用来表示某人身分或对某物享有某种权利，表达说话人对亲属的感情和态度，总之是说话人对亲属的部分行为。我们必须直接观察称谓究竟是如何使用的，然后才能充分的分析。[2] 但在本说明中不可能详尽地研究这一问题，我只想为今后的进一步调查研究提供一个提纲。

中国亲属称谓从语言处境来说大致可分为四类：

---

① 我对用历史书面语言研究中国亲属制度的批评，参见《中国亲属关系制度问题》(*The Problem of Chinese Relationship System*)，《华裔学志》(*Monumenta Serica*)，第2卷，1936～1937年；我对冯汉骥的《中国亲属制度》(*The Chinese Kinship System*)的评论，《人类》(*Man*)，1938年8月，第135页。

② 语言理论，参见马林诺斯基《珊瑚园和它们的巫术》(Malinowski, *Coral Gardens and Their Magic*)，第2卷。

一、某人直接与亲属说话

二、某人说话时间接提到亲属

三、某人用通俗口语描述亲属关系

四、用书面语表达亲属关系

一、对话时的称呼

对话时的称呼是个人生活中最早使用的一套亲属称呼。人们教孩子用亲属称谓称呼他所接触的不同的人。孩子最先接触要称呼的人便是他家里的人——父母、父亲的双亲、有时父亲的兄弟和他们的妻子、孩子以及父亲的未婚的姐妹等等。在多数情况下母亲抱孩子,母亲的家务繁忙时,她便把孩子交给别人抱,这时孩子的祖母、父亲的姐妹,孩子的姐姐以及父亲兄弟的妻子将代替母亲担任起照看孩子的功能。

家中的男性成员对照看孩子负较少的直接责任。但当孩子长大时,父亲作为孩子的纪律教育者,他的作用便逐渐显得重要起来(孩子与亲属的关系,参看三章四节和五章一、二节)。父亲方面的亲属称谓见下表。

表中所记载的有时只是实际生活中所使用的称谓的基本词。对讲话的人来说,每一个称呼代表一个确定的人。如果与讲话人有同样关系的有两个以上的人,例如他父亲的两个哥哥,则须在基本称呼词前面加修饰词,以表示特指的关系。他将称父亲的大哥为"DA PAPA"("DA"意思是年纪大的或年长的)。称父亲的二哥为"NI PAPA"("NI"意思是第二)。修饰词有两种:数词和个人名字。一般来说,对近亲或亲属中年纪大的,如父亲的兄弟姊妹及自己的哥哥、姐姐加数字。对远亲和弟弟妹妹则加个人的名字作为称谓前的修饰词。

所有下代的亲属均用个人名字或以简单数字称呼。

=代表婚姻关系;>代表年长的;

<代表年幼的；（ ）表示近来用的称谓

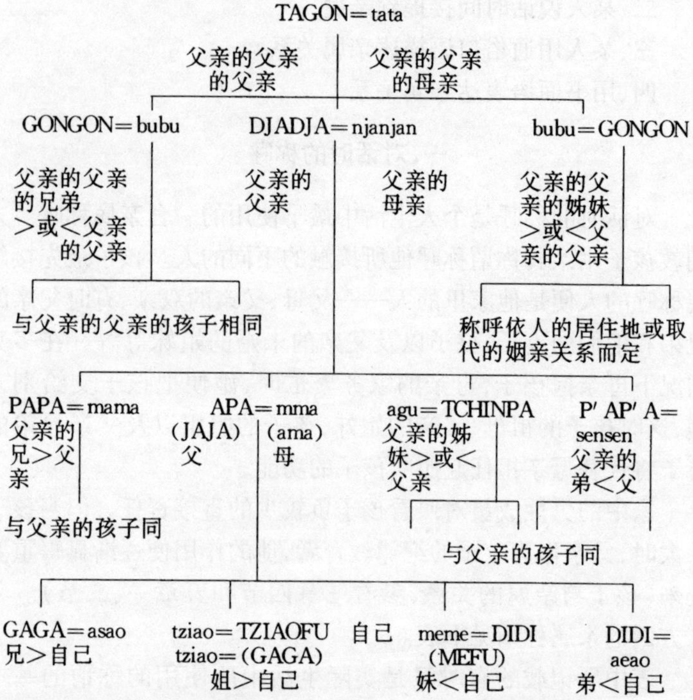

对父系亲属分类时可从上表看出几个主要规则：

（a）性的区别：这一规则没有发现例外。在这一页中，语言区别与社会关系方面的区别两者之间的相关关系大。在家务劳动、其他社会功能、权利和义务方面的性的区别在上面已有描述。

（b）亲属关系级别的区别[①]：根据亲属关系级别而分化的社会义务和权利，在亲属关系社会学中已有很好的表述。例如，祖父对孙子往往不像父亲对儿子那样行使他的权威，相反还经常姑息孩子，在父亲和儿子之间充当调停者。只要父亲还活着，孙子对祖父没有特定的经济义务。但上二代上三代的男性称谓，除父亲的父亲外有同一个基本称谓词 GON；TA 是修饰词，意思是大。实际上，TAGON 这个称呼在直接对话中很少用，因为罕见有四代同堂的。

（c）血亲关系与姻亲关系之间的区别：由于婚嫁而产生的姻亲与由于生育而产生的血亲总是有区别的。譬如，父亲的姊妹与父亲的兄弟的妻子有区别。在日常生活中就保持这种区别。父亲的兄弟的妻子，即使不住在一所房屋内，但也住得不远，而父亲的姊妹出嫁后通常便住到另一个村子里。前者，在需要的时候便接替母亲的任务，后者则多数在逢年过节、走亲戚时才见面。

（d）自己同代中，年长的或年幼的亲属的区别或自己直接的男性上代中，年长的和年幼的亲属的区别：这种区别只存在于自己的一代或自己的上一代。但称呼后者，发音区别不大，因为父亲的哥哥和弟弟都用 PA 这个音，只是称呼哥哥的音长一些，称弟弟的音短一些，然而区别还是有的。对父亲的姊妹和她们的丈夫用同样称呼，大小没有区别。

哥哥和弟弟的区别可与长子的特殊权利和义务联系起来（四章三节）。上代亲属的社会关系区别较少，从称谓的融合来看，也反映了这一点。

---

① 根据雷蒙德·弗思，亲属关系级别在下述意义上与世代不同，即“前者根据出生，含有生物学上分类的意思；后者根据家谱等级，属于社会学上的次序，《我们提科皮亚人》（*We The Tikopia*），第 248 页。

(e)家庭群体的区别。这一规律不影响自己这一代。自己的上一代,父亲这个称谓与称呼父亲的兄弟用同一个主要词素PA。而近来又有一种新的称谓JAJA。用于描述这种关系时,JA是父亲的称谓。母亲和父亲兄长的妻子用同一个主要词素ma。虽然如此,保持的区别说明了同样一个事实,即在较大的亲属关系单位家中,家庭核心并未完全被淹没。

从上述情况,我们可以看出亲属关系的语言与亲属社会学之间大体上是相关的。这种关系只能在分类的普遍规律中找到,而不能在具体称呼中找到。

第二类亲属是孩子母亲方面的亲属,他们通常住在邻近的村子里。虽然,孩子的外婆在他母亲生孩子时就来帮忙,但她呆得不长;女儿出嫁以后,母亲只是在这种情况下偶尔在女婿家呆一夜。但是孩子却常常和母亲一起到外婆家去,每年数次,每次住10天或10多天。在外婆家,他是客人而且是受娇宠的(五章二节)。他在这个环境中学到了母亲一方的亲属称谓,其含义与他在父亲一方学到的自己的亲属称谓不同。

母系亲属与父系亲属在称呼上的区别主要存在于上一代,母亲自己的父母例外。正如我已在上面说明的,与自己有亲密关系的母系亲属限于母亲的父母,母亲的兄弟和姐妹以及他们的儿女。特殊的称谓也限于他们,与自己同一代的亲属除外。年长的和年轻的区别仅在对母亲的姊妹的称呼。这种区别是在称呼前加修饰词来表示。他们和自己在社会关系方面没有区别。

通常一个人,在童年时便学会了全部亲属称谓,有时弟弟妹妹的称呼除外。成婚后再加上的新称谓很少。

已婚妇女在她的婚礼结束后,人们便把他丈夫一方的亲戚介绍给她。在介绍时,她同她丈夫一样称呼他们,公公除外,她称公公为“亲爸”。称丈夫的兄弟的妻子,同她称自己的姊妹一样。结婚初期,她是一个新来的人,不便于同她丈夫一方的亲属有过多密切的接触。她甚至不称呼自己的丈夫。因此,彼此间没有特别的称呼。例如,她烧好了饭,便招呼“大家”,意思是大家来吃饭。这种无名的称呼是大家认可的做法。她要提起丈夫时,用一个简单的代名词就足够了。但如果她必须称呼亲戚时,她用丈夫所用的称谓。生下了孩子后,她代表着孩子,与丈夫一方亲属的接触增多。她也有义务教育孩子称呼长辈。亲属关系称谓是这种教育的一个组成部分。代孩子问询或问到孩子并教孩子认识亲属关系时,她用孩子应该用的称谓。例如,在这种情况下她叫孩子的祖父为 DJADJA。但这并不意味着,放弃在别的场合用 TCHINPA 的称谓。事实上她可以根据不同情况选择她自己专用的、她丈夫用的以及孩子用的称谓。母系亲属称谓见下表:

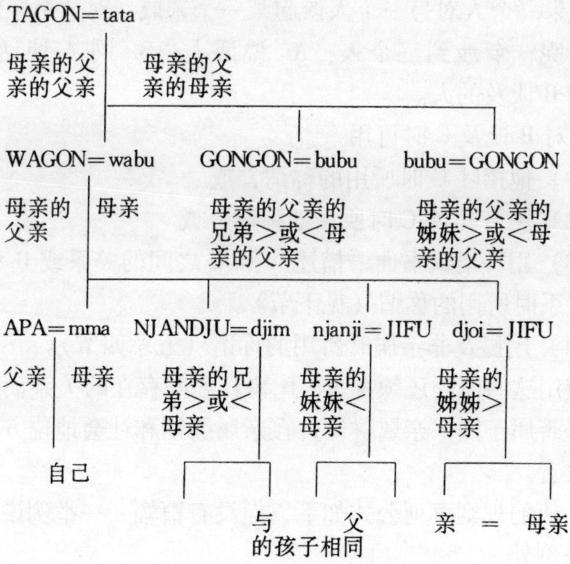

一个男人称他妻子的父亲为TCHINPA，称妻子的母亲为tchinm。TCHINPA的称呼也用于父亲的姊妹的丈夫。它既然也被媳妇用来称呼公公，这表明了两种表亲婚姻——“上山”型和“回乡”型（三章八节）。在实际生活中“回乡型”不受欢迎。因此，称谓的识别不能只用婚姻方式来理解。

对于他妻子的其他亲戚，根据不同的场合用他妻子或孩子用的合适的称呼。

实际使用的称谓，其数目取决于亲属关系群体的大小。在农村，家的规模小，所以称谓数目不会大。此外，一个孩子的母亲如果是通过“小媳妇”制度成婚的，则整个母系亲戚群可能就消灭了。

二、间接称谓

如果一个人对另一个人谈起某一个亲戚，对这个亲戚用什么称呼呢？牵涉到三个人：A. 说话人；B. 同A谈话的人；C. A和B谈及的人。

A对B谈及C时可用

（1）他招呼C时所用的称谓，或

（2）用B招呼C时所用的称谓，或

（3）用口语或书面语描述A和C之间的关系或B和C之间的关系时所用的称谓（见下节），或

（4）用提及非亲属时所用的称谓（五章四节）。

应用这些原则还须视A、B和C之间存在的关系而定——他们是否属于同一亲属群体，在亲属级别和社会地位方面哪一个是长者。

一般的规则可列公式如下，但没有篇幅一一举例说明并描述特殊例外。

（1）A、B和C属于同一家：

(a) C < A 和 B，用 C 本人的名字

(b) C = A 和 B，用（1）

(c) C > A 和 B，A < B，用（1）

A = B，用（1）

A > B，用（2）

（2）A、B 和 C 属于同一个扩大了的亲属群体：

（A）C 在 A 的家中：

(a) 用（3）或个人名字，

(b) 用（3）或个人名字，

(c) A < B，用（1）或（3）

A = B，用（3）

A > B，用（2）

（B）C 在 B 的家中：

(a) 用 C 的个人名字

(b) 用（2）、（3）或（4）

(c) A < B，用（1）

A = B，用（1）或（3）

A > B，用（2）、（3）或（4）

（3）A 和 B 之间没有亲属关系（哪一个是长者系按年龄大小和社会地位高低来计算的）：

（A）C 是 A 的亲属，

(a) 用（3）或个人名字，

(b) 用（3）或个人名字，

(c) A < B，用（1）或（3）

A = B，用（3）

A > B，用（3）或（4）

（B）C 是 B 的亲属，

(a) 用（3）或个人名字，

(b) 用 (3) 或个人名字,

(c) A < B, 用 (4)

A = B, 用 (3) 或 (4)

A > B, 用 (2)、(3) 或 (4)

在上述情况中, A 和 B 是直接对话, C 是间接地被谈及。另一种情形是 A 和 C 对话, B 作为涉及的中心。我已经提出, 孩子由别人作为代言人的例子。孩子的母亲代孩子说话称公公为 DJ – ADJA, 即祖父。在这种情况下, A 并不是作为他或她自己在说话, 而是替别人说话。这不能同直接对话时用的称呼混淆。

三、描述亲属关系用的称谓

这类称谓与上述称谓不同, 后者指特定的人, 前者指这种关系。一个孩子叫母亲 ma, 但两者之间的关系被描述为 NITZE (儿子) 和 njian (娘)。

如上节所示, 这种称谓在间接提到时也使用。例如, 一个大人问小孩 "你的 njian 怎么样了?" 或 "他 njian 好吗?" 在这种情况下, 除非完全不可能混淆, 一般要加一个代名词。

描述关系用的一般称谓是可以 "归类的", 因为可能有一群人与自己有同一类关系。例如, 父亲有两个弟弟, 他们同自己的关系是一样的, 即 SOSO (叔叔——父亲的弟弟) 和 ADZE (阿侄——兄弟的儿子) 的关系。

对话时用同一个基本称谓表述的亲属分类与描述亲属关系时用的称谓的分类不同。例如, 称母亲的兄弟的儿子与称父亲的兄弟的儿子用同样的称呼。但在描述关系时, 前者为 PIAOGA (表哥) 后者为 AGA (阿哥)。称呼所有下代的亲戚用个人名字或用数字, 但描述关系的称谓则分类了, 自己的儿子叫 NITZE (儿子), 兄弟的儿子叫 ADZE (阿侄), 姊妹的儿子叫 WASEN（外甥）等。

在这一类称呼中，口头语言和书面语之间可能不一致。口语和书面语的总的区别在于前者系当地人口说的，后者为所有有文化的中国人写的。当然两者都可以口头说和用文字写，在实际运用中，总起来说，一直保留着这种区别。虽然近来有一种发展口头文学的尝试，换句话说，就是写成口说的形式，即白话，实际上是“北京话”。另一方面，几千年来有文化的中国人用的书面语言是以书写的文字表达的，可以根据地方的特有语音，读法不同，但总是写在纸上，随时可以读它。由于书面语的语法与口语语法不同，将前者读出来，普通人听不懂。书面的词语仅在特殊的情况出现于口语中。书面表示一件东西或一种关系与口头表达所用词语可以不同。这种区别可以用亲属称谓举例说明。例如，描述父亲的关系：书面词用 Fu（父），但口语，在村庄中用 JA（爷）。此外，在书面语中分类别的亲属在口语中可能就没有区别。例如，父亲的兄弟的儿子这一亲属关系和父亲的父亲的兄弟的儿子的儿子，在口语中都叫 Z－ZOSHONDI（自族兄弟——我本族的兄弟），但在书面则分别称 TONSHON（堂兄）和 ZET－ONSHON（族堂兄）。

我不能在此充分阐述书面的和口头的亲属称谓之间的关系问题。我已在别处扼要发表了我的观点。“在称谓的书写系统中，理论家系统地完全地实现了分类原则，这些分类原则是在亲属关系系统变化的实际过程中注意到的。每一代用同一主干定名，垂直分裂成两组，年长的和年轻的，然后在这个‘家庭’（父母子女这个团体）的称谓前加修饰词以此表示它不同于其他‘家庭’；其他‘家庭’又根据其与这个‘家庭’的亲疏加以区别。这种逻辑结构不仅模糊了年长和年轻的类别的存在，特别是年少的一类失去了特殊的称呼，而且还错误地表述了这些原则实际应用时的现实性。这种结构的结果是，书面语的称谓系统与实际上实行的称谓系统相去甚远。当然，上面提到的变化方向曾受到了书面称谓系统的很大影响。然而中国社会组织的新变化，如族的部分瓦解，母系亲属的日益重要，妇女社会地位的变化等，正如对吴江情况分析中所显示的，已经形成了一种变化的趋向，这些是过去的理论家所未预见到的，同时也是在已编纂的书面称谓系统中找不到的。故新的社会变化将促使实践中的称谓系统更加远离书面的称谓系统。”①

① 《中国亲属关系制度问题》，第 148 页。在上述引语中，实际上实行的称谓系统指口语的称谓，书写的称谓系统指书面称谓。书面称谓的详单可见陈和施赖奥克（Chen and Shryock）的《中国亲属称谓》（*Chinese Relationship Terms*）一文，刊于《美国人类学家》（*American Anthropologists*），1932 年第 34 卷第 4 期；或冯汉骥，同前引文，《哈佛亚洲研究杂志》（*Harvard Journal of Asiatic Studies*），1937 年第 2 卷第 2 期。

乡 土 重 建

中国社会变迁中的文化结症

任何对于中国问题的讨论总难免流于空泛和偏执。空泛，因为中国具有这样长的历史和这样广的幅员，一切归纳出来的结论都有例外，都需要加以限度；偏执，因为当前的中国正在变迁的中程，部分的和片面的观察都不易得到应有的分寸。因之，我在开讲之始愿意很明白的交代清楚，我并不想讨论本题所包括的全部，我只想贡献一种见解，希望能帮助我们了解中国社会变迁的方向。我在这次演讲中，并不能把社会各方面，好像经济、政治、宗教、教育等等的变迁情形，一一枚举，只愿分析在这些方面所共具的基本问题，也可说是文化的问题。所谓文化，我是指一个团体为了位育处境所制下的一套生活方式。我说一“套”，因为文化只指一个团体中在时间和空间上有相当一致性的个人行为。这是成“套”的。成套的原因是在：团体中个人行为的一致性是出于他们接受相同的价值观念。人类行为是被所接受的价值观念所推动的。在任何处境中，个人可能采取的行为很多，但是他所属的团体却准备下一套是非的标准，价值的观念，限制了个人行为上的选择。大体上说，人类行为是被团体文化所决定的。在同一文化中育成的个人，在行为上有着一致。

讲到这里，我应该特别提出位育这个字。一个团体的生活方式是这团体对它处境的位育（在孔庙的大成殿前有一个匾写着“中和位育”。潘光旦先生就用这儒家的中心思想的“位育”两字翻译英文的 adaptation，普通也翻作“适应”。意思是指人和自然的相互迁就以达到生活的目的）。位育是手段，生活是目的，文化是位育的设备和工具。文化中的价值体系也应当作这样看法。当然在任何文化中有些价值观念是出于人类集体生活的基础上，只要人类社会存在一日，这些价值观念的效用也存在一日。但是在任何文化中也必然有一些价值观念是用来位育暂时性的处境的。处境有变，这些价值也会失其效用。我们若要了解一个在变迁中的社会，对于第二类的价值观念必然更有兴趣。因之，我在这次演讲中将要偏重于这方面，去分析那些失“时宜”的传统观念。

我这里所说的“处境”其实可以代以常用的“环境”一词。但是我嫌环境一词太偏重地理性的人生舞台，地理的变动固然常常引起新的位育方式，新的文化；但是在中国近百年来，地理变动的要素并不重要。中国现代的社会变迁，重要的还是被社会的和技术的要素所引起的。社会的要素是指人和人的关系，技术的要素是指人和自然关系中人的一方面。处境一词似乎可以包括这意思。

对于变迁的概念，我也想作一注脚。变迁是一个替易或发展的过程，从一种状态变成另一种状态。若要描写这过程，最方便的是比较这两种状态的差别。但这是须在后起的局面多少已成形的时候才能有此方便。中国社会变成什么样子，现在还没有人敢说。所以我只能先说明传统的方式。传统的方式不但有记载可按，而且有现实的生活可查；关于新兴的方式则除了可以观察者外，只能参考所采取新的要素在其他社会里所引起的变迁了。我并不愿承认中国从西洋传入了新工具必然会变成和西洋社会相同的生活方式。我不过是借镜西洋指出这可能的趋向。

中国社会变迁的过程最简单的说法是农业文化和工业文化的替易。这个说法固然需要更精细的解释，不能单从字面上做文章，但是大体上指出了中国是在逐渐脱离原有位育于农业处境的生活方式，进入自从工业革命之后在西洋所发生的那一种方式。让我从这一句笼统的说法作出发点，进而说明农业处境的特性和在这处境里所发生的价值观念和社会结构。

中国传统处境的特性之一是“匮乏经济”（economy of scarcity），正和工业处境的“丰裕经济”（economy of abundance）相对照。我所说的匮乏和丰裕，并不单指生活程度的高下，而是偏重于经济结构的本质。匮乏经济不但是生活程度低，而且没有发展的机会，物质基础被限制了；丰裕是指不住的累积和扩展，机会多，事业众（我在《初访美国》中有较长的说明）。在这两种经济中所养成的基本态度是不同的，价值体系是不同的。在匮乏经济中主要的态度是“知足”，知足是欲望的自限。在丰裕经济中所维持的精神是“无餍求得”。关于西洋资本主义的发展和“无餍求得”精神的关系，已经由今天的主席 Tawney 教授分析过，我不必在这里详述。我在这里想用同样方法来分析的是匮乏经济和知足观念的关系。

传统匮乏经济的形成有着许多条件。首先，中国是个农业国家。中国人民的生活多少是直接用人力取给于土地的。土地经济中的报酬递减原则限制了中国资源的供给。其次，我们可耕地的面积受着地理的限制。北方有着戈壁的沙漠，而且日渐南移，黄沙覆盖了农业发祥地的黄河平原。西方有着高山。东方和南方是海洋，农夫们缺乏航海的冒险性。中华腹地，年复一年地滋长着人口，可耕的可说都耕了。悠久的历史固然是我们的骄傲，但这骄傲并不该迷眩了我们为此所担负的代价。这个旧世界是一个匮乏的世界，多的是人，少的是资源。

马尔萨斯的人口论似乎最适合于中国的情势了。但是我却常觉得并不够解释为什么中国人口会这样多，使他们生活程度不能不降得这样低。人究竟不是普通的动物，依着生物原性去增加他们后裔的。中国人口的庞大实在是农业经济所造成的，在利用人力和简单的工具去经营农业的时代，这也许是不能避免的现象。农作活动是富于季候性的。在农忙时节，很短的时间中，必须做完某项工作，不能提早，也不能延迟。若是要保证在农忙时节不缺乏劳力，在每一个区域之内，必须储备着大量人口。农忙一过，农田上用不着这些劳力了，但是这批人口还得养着。生产是季候性的，消费却是终年的事。农田不但得报酬所费的劳力本身，而且还要担负培养和储备这些劳力的费用。农业和工业性质的不同也分出了担负的轻重。表现出来的是人多资源少的现象。

土地所需劳力的分量是跟着农业技术而改变的。若是农业中工具改进，或是应用其他动力，所需维持的人口也可减低。但是，在这里我们却碰着了一种恶性循环。农业里所应用人力的成分愈高，农闲时失业的劳力也愈多。这些劳工自然不能饿了肚子等农忙，他们必须寻找利用多余劳力的机会。人多事少，使劳力的价值降低。劳力便宜，节省劳力的工具不必发生，即使发生了也经不起人力的竞争，不值得应用。不进步的技术限制了技术的进步，结果是技术的停顿。技术停顿和匮乏经济互为因果，一直维持了几千年的中国的社会。

我承认物质生活的享受总是人生的一种引诱。但是我们应当问的，在一个资源有限的匮乏经济中这种引诱会引起什么结果？在村子里，每一方田上都有着靠它生活的人。若是有一个人要扩张他的农田，势非把别人赶走不成。一人的物质享受必然是其他人生活的痛苦。路上的冻死骨未始不就是朱门酒肉臭的结果。人不向自然去争取享受，而在有限的供给中求一己的富裕，结果不免于人相争食。这并不是东方的特色，而是人类社会的基本原则。桑巴克曾说，在资本主义以前的社会通性是“从权力得到财富”。在中国历史上固然不缺乏刘邦、朱元璋之类的人物，但是每个人若都像项王一般，存着“取而代之”

的心思，这个社会显然是难于安定了。没有机会的匮乏经济中是担当不起这一种英雄气概的。刘邦、朱元璋究竟是亿万人中的幸运儿，不足为训；历史上读不到的是屈死篱下的好汉。尊荣享受所给的对象是个人，幻灭是社会的混乱。这史实，这教训，这领悟，凝成一种态度，知足安分；一代又一代，知足安分的得到了生存和平安，谁能否认这不是处世要诀？

我这种分析并不想把价值观念只视作客观经济处境的心理反映。观念是文化中不能分的一部分；是一种帮助社会位育处境的力量。在资源有限的匮乏经济里有不知足不安分的人，而且对于物质享受的爱好，本是人性之常，但是这种精神并不能使人在这处境中获得满足，于是有知足安分的观念发生了。这观念把人安定在这种处境里。我并不是在批评这种观念，我不过想了解这观念。

从这个角度里去看传统的儒家思想，可以帮助我们对它的领会。我常觉得我们这位“万世师表”所企图的是在规划出一个社会结构，在这结构中有着各种身分（君臣父子之类），每个人在某种身分中应当怎样想，怎样做。社会结构本是人造的，人造的东西都可以是一种艺术。社会也可以是一种艺术。身分安排定当，大家安分的生活下去，人生的兴趣就在其中——“吾兴点也”。这正是像英国的国术足球。球员们从不感觉到球场应当要加宽一些，球得加重一些，或是增加几个球员。他们是安“分”的。他们更不会坚持一套规则只许自己用手，不许人家用手，自己门上装个铁网，人家门前不许守卫。这样做不成了玩球了。人生的鹄的若在“游于艺”的话，我们似乎必须有一套社会结构。这结构的创立固然需要合于艺术的原则，大同之境，而人也必需要安分的精神。这精神就是“礼”，我很想翻译成英国人民所熟习的 sportsmanship。Sportsmanship 是承认自己所处的地位，自动的服从于这地位的应有的行为，也就是“克己”。在北平街上，有些门上还可以看到“知足常乐”四字。快乐是人生的至境，知足是达到这境界的手段。

我并不知道在传统社会中的中国人是否快乐；但是知足的态度却使他并不能欣赏进步的价值，尤其是一种不说明目的地的“进步”。孔子对于生产技术是不发生兴趣的，他是一个在农业社会里不懂农事的人。他的门徒中比较更极端一些的像孟子，劳力的被视作小人了。当时和儒家不太和合的庄子，在限制欲望、知足这一点上是表示赞同的，以“有限”去追求“无限”，怎么会不是件无聊而且危险的事呢？惟一对于技术有兴趣的墨家，在中国思想上所占的地位远不如儒家，这也可以说明在一个劳力充斥的农业处境中去讲节省劳力的技术，是件劳而无功的事。我在这里并不能对中国传统思想多作介绍，我所想的是指出知足、安分、克己这一套价值观念是和传统的匮乏经济相配合的，共同维持着这个技术停顿、社会静止的局面。

在这里我想对儒家偏重身分的观念再下一些注释。儒家的注重伦常，有它的社会背景，中国传统社会结构的基础是亲属关系。亲属关系供给了显明的社会身分的基图，夫妇、父子间的分工合作是人类生存和绵续的基本功能所必需的。这些身分比了其他社会团体中的身分容易安排，容易规律。而且以婚姻和生育所结成的关系，一表三千里，从家庭这个起点，可以扩张成一个很大的范围。而且在亲属扩展的过程中，又有性别、年龄、辈分等清楚的原则去规定各人相对的行为和态度。在儒家的社会结构中，亲属也总是一个主要的纲目，甚至可以说是一切社会关系的模范。

以亲属关系作结构的纲目是同儒家以礼作社会活动的规模相配合的。礼，依我以上的注释，是依赖着相关各人自动的承认自己的地位，并不是法。法是社会加之于各人使他们遵守的轨道。自动的合作，必须养成于亲密、习惯、熟悉的日常共处中。“学而时习之”的习字，是养成礼的过程。足球的指导员一定明白球员的合作必须经过朝夕的练习。从这个意义上说，礼也很近于哈佛大学 Mayo 教授所谓 social skill，直译是“社会技术”，意译是“洒扫应对”。用普遍社会学的名词来说：积极的和自动的合作需要高度的契洽，契洽是指行为前提的不谋而合，充分的会意；这却需要有相同的经验，长期的共处，使各人的想法、做法都能心领神会。换一句话说，人和人之间的亲密合作，不能是临时约定，而需要历史养成。亲属在这方面说正是人和人的历史关系，家庭又正是养成亲密合作的场合。在家庭和亲属关系里，“社会技术”最易陶养，以礼来规范生活的社会也最易实现。儒家想创造一个礼尚往来的理想社会结构，中国原有的亲属组织也就成这结构的底子了。

也许我们可以问这种把社会身分规定住了的结构不是一种保守主义么？从人类文化的物质基础上说也许是这样。但是我觉得儒家并不是反对物质的享受，孔子至少承认富人也可以为善，虽则和穷人为善的方法不完全相同。他对于贫富、财货并不关心，他所关心的是人和人的相处，并不在人对自然的利用。我们若要为儒家辩护，可以说不论人对自然的利用到什么程度，人和人相处相得还是和人生直接有关的问题。对于这问题，人类还得不住的用工夫，求善道。因之，儒家可以有理由对物质享受之道不加关心。不关心并不是疾视，“你去问别人好了”。若是我们从人和人的关系上去看，儒家并不是保守的，而是有理想的，有理想的就不能对现实满意。孔子的栖栖皇皇，坐不暖席，为的是他有理想。社会结构的标准是完整，是大同。这个概念和法国社会学家的前驱 Le Play 和 Durkheim 很相近。大同或是社会完整，很不易加以简单的定义，若是必须要说的话，我认为这是一种社会组织的程度，在这程度上个人觉得和团体相合，而且在作这整体的一部分时，个人从团体中获得他生活需要的高度满足。Durkheim 在他的《自杀论》里反面的说明了不完整社会的形态。在他之前 Le Play 已有 6 册巨著分析工业初期欧洲社会的解组。这两位大师对于英国人类学的影响之深早已显著，但是他们对于现代社会的批判却并没有引起海峡对岸的回响。可是，远隔大西洋的美国，这基本概念，社会完整，却被许多研究工业组织的学者们所重视了，可惜的是数十年中，人类已经受到两次大战的打击了。回念我们被视为古旧的中华文化，几千年来这问题久已成为思想家的主题。东西相隔，我们的传统竟迄今没有人能应用来解释当前人类文化的危机。人类进步似乎已不应单限于人对自然利用的范围，应当及早扩张到人和人共同相处的道理上去了。

我对中国传统秩序已说了不少的话，可是我还只能粗枝大叶的提出一些问题罢了。我这篇话只想说明中国传统价值观念是和传统社会的性质相配合的，而且互相发生作用的。希望并没有引起一种误会，认为我是主张回返传统或是盲目于饥饿的群众。即使我承认传统社会曾经给予若干人生活的幸福或乐趣，我也决不愿意对这传统有丝毫的留恋。不论是好是坏，这传统的局面是已经走了，去了。最主要的理由是处境已变。在一个已经工业化了的西洋的旁边，决没有保持匮乏经济在东方的可能。适应于匮乏经济的一套生活方式，维持这套生活方式的价值体系是不能再帮助我们生存在这个新的处境里了。“悠然见南山”的情境尽管高，尽管可以娱人性灵，但是逼人而来的新处境里已找不到无邪的东篱了。我不反对我们能置身当年情境欣赏传统的幽美，但这欣赏并不应挡住我们正视现实：这一个利用自然动力，机器和庞大组织的生产方法；这人口汇集，车如流水的都市；这财富累积，无餍求得的社会；这疾如流星，四通八达的交通；这已经发现了利用原子能的新世界——回到我最初的命题，这自从工业革命之后在西洋所发生的那一套生活方式，这是一个丰裕的经济。

我并不觉得自己配谈西洋文化，我缺乏分析这新处境所需的知识，但是从别人的著作中看去，似乎工业革命曾在欧洲社会引起过一个很重要的转变；在西洋人民的生活中已有一套新的原则在活动，在若干方面正和我在上面所指出的那种生活方式刚刚相反。当然，我并不是说东方和西方事事相左，我们的白天是你们的黑夜；你们的白天是我们的黑夜。人类文化有着基本的相同点，但是今天我是在讨论变迁，变迁是出自相异。

若是匮乏经济和丰裕经济只是财富多寡之别，东方和西方正可以相邻而处，各不相扰。贫而无谄，富而好施，还是可以往来无阻。但是这两种经济的不同却有甚于此。匮乏经济是封闭的、静止的经济，而丰裕经济却是扩展的、动的经济。工业革命之后的西洋，代表着一个扩展的过程，一个无孔不入的进取性的力量。甘地想从个人意志上立下一道匮乏经济的最后防线，显然是劳而无功。这世界已因交通的发达而形成不可分割的一体，在这一体之内，手艺和机器相竞争，人力和自动力相竞争，结果匮乏经济欲退无地，本已薄弱的财富，因手工业的崩溃、生产力的减少，而益趋贫弱。在这方面说，确是一个弱肉强食的场合。尽管你可以瞧不起锦衣玉食，但是当饥寒交迫的时候，谁也不能不承认生活确是有一道物质基础的。当经济的竞争把人推到不能不承认物质生活的重要时，怎能不憬然醒悟最初不重视物质生活的失策了。

即在东西接触之初，西学的实用是早经公认的了，我们可以很简单地说，直接使东方受到患难的是西方的武器和生产技术。这就是“西学为用”的用的方面。在学习和接受西学之用的方面时，我们逐渐发现了用和体是相关联的，是一套文化。技术是人利用自然的方法，重视技术，发展技术是出一种人对自然的新关系。匮乏经济因为资源有限，所以在位育的方式上是修己以顺天，控制自己的欲望以应付有限的资源；在丰裕经济中则相反，是修天以顺己，控制自然来应付自己的欲望。这种对自然的要求控制使人们对它要求了解，于是有了科学。西学确是重于人和自然的关系，根本上脱不了利用厚生之道，是重“用”的。但是这偏重的背后却有一种新的看法，这看法规定着人在宇宙里的地位，是出于西洋宗教的基源。这一点，今天的主席 Tawney 先生已经分析过，不必重述。我想指出的是在基督教传统中所孕育的那种无餍求得的现代精神，只有在一个丰裕经济中才能充分发挥，成为领导一个时代的基本力量。我在论匮乏经济时曾指出一种循环：劳力愈多，技术愈不发达，技术愈不发达，劳力也愈多；在丰裕经济中也有一种循环：科学愈发达，技术愈进步，技术愈进步，科学也愈发达。到现在至少已有一部分人感觉到，科学发达得太快，技术进步得太快，人类已不知怎样去利用已有的科学和技术来得到和平的生活了。这两种循环比较起来，前者已造成人类的贫穷，后者已造成了人类的不安全，都可以说是恶性的。

中国传统文化中不发生科学，决不是中国人心思不灵，手脚不巧，而是中国的匮乏经济和儒家的知足教条配上了，使我们不去注重人和自然间的问题，而去注重人和人间的位育问题了。我不敢说在人事上中国传统文化是否有很大的造就，但是在科学上没有发达，那是无法否认的。一直到现在我还是不敢说中国的科学已有基础。我怀疑在中国经济得到解放之前科学在中国是会入土滋长的。我们要知道过去 100 年东西的接触，并没有造下中国能在本土发达科学的处境。这远东的大国至今不过是西洋工业的市场，本身并不是一个工业的基地。我似乎觉得工业化和科学化是相配的，分不开的。日本工业发达之后，科学上的成就并无逊于西洋，是一个很好的证据。中国经了100多年，在接受西洋文化上还没有显著的成效，在我看来，是在我们匮乏经济的恶性循环并没有打破，非但没有在经济上得到解放，反而因为和现代工业国家接触之后，更形穷困。在这生产力日降，生活程度日落的处境中，绝不会有“现代化”的希望的。

在接受西洋生产技术的过程中，还有一种困难，我愿意在这里加重的提到，那就是利用现代技术的社会组织。在西洋，因为现代技术的需要产生了集中的工厂。工厂在中国都市里也发生了，机器也装上了，工人也招来了。虽则在规模上比不了西洋，但是这新的生产组织至少也传入了中国。中国乡土工业的崩溃使很多农民不能不背井离乡的到都市里来找工做。工厂里要工人，决不会缺乏。可是招得工人却并不等于说这批工人都能在新秩序里得到生活的满足。有效的工作，成为这新秩序的安定力量。依我们在战时内地工厂里实地研究的结果说，事实上并不如此（可参考史国衡著《昆厂劳工》）。我们认为在中国现代的工厂里，扩大一些，现代的都市里，正表示着一种社会解组的过程，原因是现代工厂的组织还没有发达到完整的程度。

我在上面已说过社会完整的意思。在完整的社会里社会所要个人做的事，养孩子，从事生产，甚至当兵打仗，个人会认真地觉得是自己的事。这就是我所谓“个人觉得和团体相合”的意思，要使人对于社会身分里的活动不感觉到是一种责任，而是一种享受——孔子所谓“不如好之者”的境界——至少要先使人对于他所做活动和自己生活的关系有认识；活动、生活、社会三者要能结合得起来。这里，在我看来，必须要一个完整的人格，就是个人的一举一动都得在一个意义之下关联起来，这意义又必须要合于社会所要求于他的任务。现代技术的发达在社会组织的本身引入了一个“超人”的标准，那就是最小成本最大收获的经济律。在这标准之下，再加上了机械活动的配合律，串成一套生产活动，支配这活动的最终目的并不是参加活动者的个人目的，甚至并非社会的目的，而是为生产而生产，为效率而效率的超于人的目的。资本主义的不断累积，是出于积财富于天上的动机。

在这种活动体系中，一个工人实在不易了解在这体系中他个人活动的意义何在，除了从这活动中所得到的报酬。他们能吸收到个人生活体系中去的只是这报酬，并不是活动的本身。他们对于活动本身并不发生兴趣，没有乐趣，更谈不到“好之”的境界。于是在现代工业里的劳工最主要的要求是，少做工，多得报酬，这还是欧美劳工运动的基本目标。在社会学的观点上看，是社会解组的现象，因为这里充分表现了社会缺乏完整。Le Play 和 Durkheim 很早的见到这个趋势，感觉到人类社会的危机。

西洋这社会解组的趋势并没有很快的走上危机，因为现代技术虽则一方面打破了社会的完整性，但是另一方面却增进了一般人民的物质享受。而且他们有充分的时间，逐步的用“法”把社会关系维持下去。基督教和罗马法本是西洋文化的两大遗产，和现代技术结合，造成了个人资本主义的一种文化。在中国，现代技术并没有带来物质生活的提高，相反的，在国际的工业竞争中，中国沦入了更穷困的地步。现代技术所具破坏社会完整的力量却已在中国社会中开始发生效果。未得其利，先蒙其弊，使中国的人民对传统已失信任，对西洋的新秩序又难于接受，进入歧途。

在歧途上的中国正接受着一个严重的试验。我当然希望欧美的文化既已发生了现代技术，能百尺竿头，再进一步，创造出一个和现代技术能配合的完整的社会结构。这可以使在技术上后进的东方减轻一些担负。但是我不能不怀疑现在这种结构已经存在，虽则我愿意承认社会主义在英国的出现确表示着对这方向的迈进。以往只在技术上求发明，而忽略各社会组织上求进步和配合，不能不说是人类历史上的憾事。我们的传统，固然使我们在近百年来迎合不上世界的新处境，使无数的人民蒙受穷困的灾难，但是虽苦了自己，还没有贻害别人。忽略技术的结果似乎没有忽略社会结构的弊病为大。若是西方经过了这两次大战而不觉悟到非注意到人和人的关系时，我想也许我们几千年来在这方面的研讨和经验，未始没有足以用来参考的地方。在这里我记起 Radcliffe-Brown 教授的话，他发挥了社会人类学的理论之后，在中国的一次旅行中，发现了荀子的著作里有着不少和他相同的见解。在欧洲曾有过一次文艺复兴，为这现代文化开了一扇大门，我不敢否认世界文化史中可能再有一次文艺复兴。这一次文艺复兴也许将以人事科学为主题，中国和其他东方国家传统可能成为复兴的底子。我不必在这方面多作猜测，在我们中国立场上讲，我们只有承认现在有的弱点，积极地接受西洋文化的成就，但是我们也应当明了怎样去利用现代技术和怎样同时能建立一个和现代技术相配的社会结构是两个不能分的问题。若是我们还想骄傲自己历史地位，只有在这当前人类共同的课题上表现出我们的贡献来。

中国社会变迁，是世界的文化问题。若是东方的穷困会成为西方社会解体的促进因素，则我们共同的前途是十分暗淡的。我愿意在结束我这次演讲之前，能再度表达我对欧美文化的希望，能在这次巨大的惨剧之后，对他们文化基础作一个深切的研讨，让我们东西两大文化共同来擘画一个完整的世界社会。

1947 年 1 月 30 日在伦敦经济政治学院学术演讲稿

乡村·市镇·都会

相成相克的两种看法

对于中国乡村和都市的关系有相成和相克的两种看法：

从理论上说，乡村和都市本是相关的一体。乡村是农产品的生产基地，它所出产的并不能全部自消，剩余下来的若堆积在已没有需要的乡下也就失去了经济价值。都市刚和乡村不同。住在都市里的人并不从事农业，所以他们所需要的粮食必须靠乡村的供给，因之，都市成了粮食的大市场。市场愈大，粮食的价值也愈高，乡村里人得利也愈多。都市是工业的中心，工业需要原料，工业原料有一部分是农产品，大豆、桐油、棉花、烟草，就是很好的例子。这些工业原料比了粮食有时经济利益较大，所以被称作经济作物。都市里工业发达可以使乡村能因地制宜，发展这类经济作物。另一方面说，都市里的工业制造品除了供给市民外，很大的一部分是输入乡村的。都市就用工业制造品去换取乡村里的粮食和工业原料。乡市之间的商业愈繁荣，双方居民的生活程度也愈高。这种看法没有人能否认。如果想提高中国人民生活程度，这个乡市相成论是十分重要的。中国最大多数的人民是住在乡村里从事农业的，要使他们的收入增加，只有扩充和疏通乡市的往来，极力从发展都市入手去安定和扩大农业品的市场，乡村才有繁荣的希望。

但是从过去历史看，中国都市的发达似乎并没有促进乡村的繁荣。相反的，都市兴起和乡村衰落在近百年来像是一件事的两面。在抗战初年，重要都市被敌人占领之后，乡市往来被封锁了，后方的乡村的确有一度的（即使不说繁荣）喘息。这现象也反证了都市和乡村实在害多利少。这个看法若是正确的，为乡下人着想，乡市的通路愈是淤塞，愈是封锁，反而愈好。

这两种看法其实都是正确的，前者说明了正常经济结构中应有的现象，后者说明了中国当前经济畸形发展的事实。让我先分析一下为什么在中国应当是相成的经济配偶会弄得反目相克的呢?

传统市镇并非生产基地

第一我们应当了解的是乡市的差别在中国并不是农工的差别。在传统经济中，我们的基本工业是分散的，在数量上讲，大部分是在乡村中，小农制和乡村工业在中国经济中的配合有极长的历史。孟子已经劝过人家在田园四周种些桑树，意思是农业本身并养不活农场极小的人家，惟一的求生方法是兼职，农闲的时候做些手工业。基本工业分散的结果，乡市之间并不成为农工的分工了。乡村是传统中国的农工并重的生产基地。它们在日常生活中保持着高度的自给。惯于降低生活来应付灾荒的乡下老百姓，除了盐，很可以安于自给自足的经济，虽则这种自给自足的经济必然是匮乏的。

在乡村里生产者之间，各人所生产的东西可能并不完全相同，于是需要交换。这种贸易在大部分的中国到现在还是在日中为市式的“街”、“集”等临时集合的摊子上进行的。街集之类的贸易场合里甚至还有直接以货易货的方式，即是以货币作媒介的，货币也常只是价值的筹码；带着货物上街的人，还是带了其他货物回家的。乡村里很大部分的贸易活动就到这类街集为止。

在比较富庶的地方，这类街集集合的时间可以频繁些，频繁到每天都有，更在这些集合的场所设立了为憩息之用的茶馆，为收货贩运者贮货的小仓库——成了一个永久性的小市镇。我愿意相信这类从乡村贸易需要里产生的小市镇在中国各处都有，但是中国很多较大的市镇却并不都是这样兴起的。

中国人口的繁殖，使乡间的劳力过剩。过剩的劳力在只有农业和小规模的家庭手工业的传统经济中并不能离开乡村，他们尽力的以降低生活程度为手段向别人争取工作机会。劳力成本的降落，使一部分稍有一些土地的人付出很低的代价就可以得到脱离劳作的机会了。他们出租了土地，自己就离乡住入较为完全的城里去。在乡间做个小小富翁并不是件太安心的事，那是我们中国人的普通经验，用不着我来举例作证的。那些地主们在他们住宅周围筑个城墙，可以保卫。他们有资本可以开典当铺，可以在谷贱时收谷，谷贵时卖谷，可以放高利贷，可以等乡间的自耕农来押田借谷，过一个时候贱价收买。Tawney教授曾说：那些离地地主和佃户的关系其实是金融性质的。我想我们很可说，这类市镇所具的金融性质确在商业性质之上，至于工业实在说不上。在这类市镇中，固然有兼做大户人家门房的裁缝铺，有满储红漆嫁奁的木匠铺，有卖膏丸补药的药材铺，有技术精良专做首饰的银匠铺——这些只是附靠着地主们的艺匠，像欧洲中古封主堡垒里那些艺匠的性质相同。

这些市镇并不是生产基地，他们并没有多少出产可以去和乡村里的生产者交换贸易。他们需要粮食，需要劳役，可是他们并不必以出产去交换，他们有地租、利息等可以征收。乡村对于这些市镇实在说不上什么经济上的互助，只是一项担负而已。

乡村靠不上都会

自从和西洋发生了密切的经济关系以来，在我们国土上又发生了一种和市镇不同的工商业社区，我们可称它作都会，以通商口岸作主体，包括其他以推销和生产现代商品为主的通都大邑。这种都会确是个生产中心。但是它们和乡村的关系却并不是像我们在上节所提到的理论那样简单。我已说过中国传统经济中曾有很发达的手工业，技术上当然很差，出品也不漂亮，但是却是乡下老百姓的收入来源。现代都会一方面把大批洋货运了进来，一方面又用机器制造日用品。结果是乡村里的手工业遭殃了。现在到乡村里去看，已经没有多少人家自己纺纱织布了。都会兴起把乡村里一项重要的收入夺走了。如果乡村里农业因之繁荣了，手工业的崩溃并没有什么关系。可惜的是农业并没有因都会兴起而繁荣起来。都会里确是需要粮食。需要增加，粮食价格不是也可以提高了么？不然。中国的现代交通只沟通了几个都会，并不深入乡村。这种特殊的，有人说这是专门是为推销洋货而设计的交通系统，的确会发生向海外运粮食比了向国内产粮食的乡村中去购买和运输为便宜的事情。而且，在都会和乡村之间还隔着一个市镇。

西洋货实际上运到乡村里的并不多。牙刷、牙膏之类当然用不着，就是布疋还是以洋纱土织的居多。乡下老百姓决不是和外汇发生直接关系的人。中间有市镇挡着。市镇上这些不事生产的地主们，在享乐一道上是素有训练的。他们知道洋货的长处。他们把从乡村里搜来的农产品送入都会，换得了洋货自己消费了。乡下的生产者并没有看到洋货的影子，看到了也买不起。乡村里的老百姓本来靠手工业贴补的，现在这项收入没有了，生活自然更贫穷了。他们不能不早日出售农产物，不能不借债，不能不当东西，结果不能不卖地。从与日俱增的地租、利息——且不提因政治而引起的摊派、捐税、敲诈——使他们每年留在乡村里自己消费的产物一天减少一天，大批无偿地向市镇里输送。在市镇里过一道手，送入都会。市镇里的地主的享受增加了，但是乡村的血液却渐形枯竭。

这个分析，说明了在中国的过去和现在，乡村和都市（包括传统的市镇和现代的都会）是相克的。如果我们不能改变这个局面，将来也还是这样。所谓相克，也只是依一方面而说，就是都市克乡村。乡村则在供奉都市。在这情形下，乡村没有了都市是件幸事，都市却绝不能没有乡村。我们若了解这一点，我们才能明白为什么在抗战时期，后方乡村有过一度喘息的机会，为什么工合运动可以很快地发展。我们也才能明白为什么很多地方的老百姓并不因目前军事把乡村和都市隔断而发慌。这是乡村里的老百姓所求之不得的。乡村和都市一隔断，受打击的是都市。以往近百年来，都市并没有成为一个自立的生产基地，主要的是洋货的经纪站。洋货固然没有大量地流入乡村，但是用来换取洋货的土产却几乎全部靠乡村供奉的。供奉的来源一断，除了不受偿的救济品和借来的东西外，洋货是进不来了。现在我们似乎已碰着了这个僵局。

都市破产乡村原始化的悲剧

自从现代交通纵贯南北的路线打通了由自然地形所划分的三大流域之后，南北朝的局面在今后历史上已不易有出现的机会。可是这都市和乡村间近百年来所累积的矛盾却终于暴露了一种新的裂痕，点线和面脱离了政治和经济的联系。在短期看，乡村离开都市可以避免农产品的大量外流，使乡下老百姓在粮食上不致匮乏以致饥荒。这本是一种消极性的反应，因为乡村一离开都市，它们必须更向自给自足的标准走。自给自足得到的固然是安全，但是代价是生活程度更没有提高的可能。回复到原始的简陋生活，自然不是解决中国经济问题的上策。可是我们也必须承认，乡村的宁愿抛离都市，老百姓宁愿生活简陋，原因是都市在过去一个世纪里太对不起了乡村。先夺去了他们收入来源的手工业，他们穷困了，更乘人之急，用高利贷去骗出他们的土地，最后他们还剩些什么可以生活的呢？乡村若决心脱离都市，对它们短期间并不会有比以往更苦的遭遇；但是都市却不能没有乡村。所以问题是发生在都市里。

都会工商业的基础并不直接建筑在乡村生产者的购买力上，现代货物的市场是都市里的居民。这些人的购买力很大部分倚赖于乡村的供奉。乡村的脱离都市最先是威胁了直接靠供奉的市镇里的地主们，接下去影响了整个都市的畸形经济。为了都市经济的持续，不能不利用一切可能的力量去打开乡村的封锁了。愈打，累积下来的乡市矛盾暴露得更清楚，合拢机会也更少。

中国的经济决不能久长停在都市破产乡村原始化的状态中；尤其是在这正在复兴中的世界上，我们的向后转，可能在很短时间里造成经济的陷落，沉没在痛苦的海底。怎样能使乡市合拢呢？方向是很清楚的，那就是做到我在本文开始时所说的一段理论，乡村和都市在统一生产的机构中分工合作。要达到这目标，在都市方面的问题是怎样能成为一个生产基地，不必继续不断地向乡村吸血。在乡村方面的问题，是怎样能逐渐放弃手工业的需要，而由农业的路线上谋取繁荣的经济。这些问题固然是相关的，但是如果要分缓急先后，在我看来，应该是从都市下手。在都市方面，最急的也许是怎样把传统的市镇变质，从消费集团成为生产社区，使市镇的居民能在地租和利息之外找到更合理，更稳定的收入。这样才容易使他们放弃那些传统的收入。这些市民应当觉悟，世界已经改变，依赖特权的收入终究是不可靠的，等人家来逼你放弃，还不如先找到其他合理的收入，自动放弃来得便宜。中国是否可以像英国一般不必革命而得到社会进步，主要的决定因素就在这种人有没有决心。

乡村和都市应当是相成的，但是我们的历史不幸走上了使两者相克的道路，最后竟至表现了分裂。这是历史的悲剧。我们决不能让这悲剧再演下去。这是一切经济建设首先要解决的前提。

1947 年 4 月 20 日于清华新林院

论城·市·镇

我觉得，我们对于城乡关系问题的讨论，已经到了对这有关的双方——城和乡——的性质在概念上应当作更进一步加以详细检讨的时候了。记得我最初写《乡村·市镇·都会》的那篇短文中，就已感觉到应当把我们通常归入“城”的一类的社区，加以分别成“市镇”和“都会”两种形式，我那时的看法多少带了一点历史的观点，就是把没有受到现代工业影响的“城”和由于现代工业的发生而出现的“城”分开来说，前者称之作“市镇”，后者称之作“都会”。半年多以来，参考了许多朋友们的讨论，我已觉得这种分类还不够；不够的意思是说，依这分类，每个形式中还有值得再加以分类的“次形”。换一句话说，在原来所分出的形式中，还包括若干在某些方面性质相异的社区。当我们讨论时，如果不在概念上有清楚的规定，很容易因为用同一名词指着不同对象而发生混淆。我在本文中，想对于“城”这一类社区加以分析，希望能有助于今后的讨论。

人口与城乡

怎样的社区才能算是一个“城”？这问题是很不容易确切回答的。美国人口局规定 2500 人以上集居的社区称之为“城”city，以别于乡。凡是居民超过 10 万人，其中至少要有 5 万人住在“市区”，近郊的区域的密度每方里 150 人以上的社区，称作“都会”metropolitan district。若干社会学家对于这类规定并不同意，但又没有一致的看法。譬如，Mark Jefferson 认为人口密度须每方里在 1 万人以上才能构成城市，而 Walter. F. Willcox 却认为 1000 人已足。无论他们所规定的数目多大出入，有一点是相同的，就是根据人口密度区别“城”和“乡”。

究竟人口密度要高到什么程度才算是够得上构成城市社区的资格？依我看来，这里并没有一个绝对的标准，譬如中国有很多省区的平均人口密度已超过每方里 500 以上的（山东 615；浙江 657；江苏 896），这些省区里有些地方据说每方里人口可以达到 6000 的，成都平原平均密度就在 2000 以上。如果依 Willcox 的说法，这些都可称作城市社区了。这种说法显然和常识不合。如果各地的标准不必一律，问题也就发生了“怎样去决定每个地方的标准呢?”这问题也说明，单以人口密度一项来看是不能用来区别城乡了。

从人口角度去区别城乡，其实并不只是一个数量和密度的问题，而是分布的问题。这是说，人类经济生活发展到某一程度，一个区域里会发生若干人口密集的中心地点，像一个细胞中发生了核心。一个区域的核心就是“城”，核心的外围人口密度较低的地带是“乡”。如果我们对照着核心和外围来看，数量和密度上确有显著的差别，但是差别的程度却依人口集中的程度而决定，并没有一定的标准。因之我们要讨论城乡的区别就得先分析人口为什么会发生集中的形态。

在自给经济中，不论是采集、渔猎、游牧或是农业，每个生活单位可以孤立地存在时，一个区域里散布着类似的集团，并不需要有细胞核心形的中心地点。各个生活单位是一个简单的细胞，并不和他单位合组成一个共同的细胞。它们尽可以鸡犬相闻而不相往来。

单以农业的区域来说，如果没有其他的原因，纯从耕种技术上的需要，每个农家最好是住在他所经营的土地上。这样他们可以免于运输和往来的跋涉，而且易于看守他的田地——这是散居式的社区。美国的农家大多还是散居式的，和我们聚居的村落不同（但在四川，因为地形和历史的原因，还可以看到散居的形式），经济上充分自给的农家聚居在一个地点构成村落，并不是出于耕种技术上经济的需要，而是出于社会的需要，主要的是亲属的联系和安全的保卫。在一个兄弟平均继承土地的社会中，一个农家经了几代就可以长成一个小小的同姓村落。如果这地方的四围还有可以开垦的土地，这种村落也可以继续长大。亲属的联系使他们在一块儿居住。土地和居住地点距离增长，在经济上说是不利的。但是集居却在自卫上有其利益。农业的人民是很容易受到侵略的，除非在安全上有着保障，不必自卫，妇孺老幼加上存贮的农产最好是集中在一个容易保卫的地点，周围加上一些防御工程，成为一个“村落”。

在我们各地乡村的建筑上很可以看得出自卫的性质。在山区不易有较大村落的地方，分散的农家常常建筑近于堡垒式的住宅，至少向外是没有窗的。在较大的村落里也有在中心区筑了围墙，在必要时居民可以撤退到这围墙之内去，每家的农产品在必要时也可以集中到这类堡垒里去。在安全较为可靠的江南乡村中，人数多，河道可以封锁的情形下，房屋的建筑式也改变了，每家并没有个别的围墙，窗门可以开向通路。

这一类多少是自给的生活单位的聚居，不论人数有多少，在性质上并不能构成我们普通所谓“城”。“城”的形成必须是功能上的区位分化，那就是说，有一个赋予某种特殊社区功能的中心区。换句话说，为了功能分化而发生的集中形式。

衙门围墙式的城

说到这里，我想把以上统称的“城”字予以较狭的定义了。我想把这字用来指一个区域的政治中心。“城”字本意是指包围在一个社区的防御工事，也即是城墙。如我上面所说的，实际上这类防御工事可以有大有小，小到一家、一村，但是我们称作“城”的却又常限于一种较大规模的防御工事，它所保卫的是一区域的政治中心。城墙的工程浩大，费用繁重，不是被包围在内的人民所能担负的，它须是一个较大区域中人民共同的事业。除了凭借政治力量，为了政治的目的，这种城墙是建筑不起来的。

“城”墙是统治者的保卫工具，在一个倚靠武力来统治的政治体系中，“城”是权力的象征，是权力的必需品。因之，“城”的地点也是依政治和军事的需要而决定的。在皇权代表的驻扎地点必然要有一个保卫的“城”。有时几个县的政府合住在一个城里，所以城墙其实是衙门的围墙。在云南，我们可以看得很清楚，县城的形势是：一半在居高临下的山丘上，一半在平地里，这是易于防守的形势。在没有山丘可以筑城的地方，沿城要掘一道环城的水道，也就是所谓“池”。城池是连成一个名词的。这条水沟也称隍，“城隍老爷”也是政治权力的象征。在城内，都有一些可以种植的田地；就是像北平、南京、苏州等一类大城，也有它的农业区。这些田地被围在城里，可以供给居民必要的菜蔬和其他不易贮藏的农产品。不但在历史上我们常读到长期守城待援的事例，就是在我们自有的经验中，城门也有时会阻碍经常的出入，那时城里的田园的重要性就显著了。最理想的“城”是一个能自足的堡垒。

这种城区在人口上并不一定比村落为多为密。在云南有许多县城，譬如呈贡，在人数上较附近的村子为小。但是这种有着较坚固防御工事设备的城区有它吸引人口的力量。许多脱离劳作不必经常在乡村里居住的拥有较易注目的财富，而且继续和农民维持剥削关系的地主们，在乡村里住着并不安全。他们就被吸收到这类“城”里去了。从积极方面说，他们要维持剥削关系必须凭借政治势力，必要时得动用政府的武力，靠近政治中心居住可以使他们和政府的关系拉得紧些。地主们集居到这类城里来了之后，增添了这类社区的经济特色。他们在四乡带来了财富，而且经常的依靠地租，吸收着四乡的农产品。这笔财富一部分是被地主们所消费了，一部分被利用来成为继续引吸四乡财富的金融力量。

为了地主消费的需要在城里或城的附近发生了手工业的区域。他们从事于各种日用品的生产，供给地主们的消耗。地主集中的数目多，财富集中的力量雄厚，这类手工业也愈发达，手艺也愈精细，种类也愈多。成都、苏州、杭州、扬州等可以作这类“城”的最发达的形式。为了各个城里货物的流通，以及各地比较珍贵的土产的收集，在这种城里商业也发达了起来。这种城的经济基础是建筑在大量不从事生产的消费者身上，消费的力量是从土地的剥削关系里收吸来的。

地主们除了从地租获得他的收入之外还利用他的资本作高利贷、典当、米行等一类金融性质的活动来增加对乡村的吸血。我在云南一个县城里调查高利贷活动的情形时，有一位熟习这情形的朋友告诉我：“城里这些人全是放债的。”这句话并非完全系事实，只是指放债的人很多的意思。典当是高利贷的一种方式。米行在性质上也富于金融性质，在谷贱时向乡间收米，米贵再卖给乡间；但是也有一部分是卖给城里的工人，以及运往其他地方去的，是一种商业。而且乡间出卖的是谷子，到了城里才碾成米。碾米的工作，有时用水力，现在已大多用柴油机和电机，是最基本的农产品加工的作坊工业。因之，在这类城里也有这类作坊工业。

不论附属于“城”的工商业怎样发达，在以地主为主要居民的社区里，它的特性还是在消费上。这些人口之所以聚集的基本原因是在依靠政治以获得安全的事实上。

贸易里发达出来的市和镇

乡村里农家经济自给性固然高，但并不是完全的，他们自身需要交换，而且有若干消费品依赖于外来的供给，这里发生了乡村里的商业活动，在这活动上另外发生了一种使人口聚集的力量。这种力量所形成较密集的社区我们可以称之为“市”，用以和“城” 相分别。

在中国内地还通行着临时性的市集，各地方的名称不同：街、墟、集、市——但都是指以生产者之间相互交换为基础的场合。生产者并不需要天天做买卖，所以这类市集常是隔几天才有一次，在云南普通是6天一街。赶街的那一天，各村的乡民提着他们要出卖的东西上街，再用卖得的钱去买他们所要的东西。街子有大小（依交通方便和附近人口的数目而定），大的可以有几万人，昆明附近的龙街、狗街、羊街等都是这种大街子。在高地望下去，像个人海，挤得真是摩肩接踵。但是这种热闹场面并不是长久的，一到太阳偏西，一个个又赶着回家；黄昏时节，只剩下一片荒场。

街子式的市集并不构成一个经常的社区，它不过是临时性的集合，本身只是一个地点，依着交通的方便而定。为了要容得下大量的人数，所以这地点必须有一个广场。但是商业活动逐渐发达，市集的集合逐渐频繁，在附近发生了囤积货物的栈房。居民需要外来货物的程度提高了，贩运商人不必挑了货担按着不同市集循环找卖客，商店也产生了。从商业的基础长成的永久性的社区，我们不妨称之作“镇”。

在太湖流域，水道交通比较陆路交通方便，镇也特别宜于发达。在我所调查过的江村，有着一种代理村子里农家卖买的航船。一个航船大概要服务100家人家。每天一早从村子里驶向镇里，下午回村。我所观察过的镇经常有几百个航船为几万农家办货。镇里的商店和个别的航船维持着经常的供应关系。这样大的一个消费区域才能养得起一个以商业为基础的镇。这种镇在内地是极少见的。

市镇和城不但在概念上可以分开，事实上也是常常分开的。在云南这种情形可以看得很清楚。昆明这个大城的附近就围绕着六七个很大的街子。当然昆明城里的商业也很发达，但是这不是乡民所倚赖的市场。正义路上的百货公司和金店，晓东街的美货铺面，甚至金碧路上的广货和越货店——它们的顾客是昆明的居民以及各县城里来采办的商贩，不是四乡的农民。农民的商业不在昆明，而在昆明附近的街子上。

更清楚的是在居民不多的县城里。以昆明南的呈贡说，县城里虽有一条街，但是市集却不在城里，而在离城约 15 分钟的龙街。县城和市集遥遥相望，并不并合在一起。那是因为这两种社区的性质是不同的，前者是以政治及安全为目的，所以地点的选择是以易守难攻为主要考虑之点。而后者是以商业为目的，地点必须是在交通要道，四围农村最容易达到的中心。以太湖流域的情形说，我的故乡吴江县的县城在商业上远不及县境里的镇，好像震泽、同里都比吴江县城为发达。在清代，震泽和吴江分县的时候，两个县政府却一起挤在这荒凉的县城里，不利用经济繁荣的镇作政治中心，也表现出“城”和“镇”在性质上的分化。

城和镇在表面上有着许多相似之处，那因为镇也是地主们蚁集之所。在经济中心里住着，地主们可以有机会利用他的资本作商业的活动。但在传统社会地位来说，镇里的商人地主没有城里的官僚地主为优越。这种传统逐渐消失之后，镇的地位事实已有超过了县城的。镇上经济的繁荣，商店的发达，同样要一批手工业的匠人来服役，因之在这方面很类似于城。

本文中想特别提出城和镇的两个概念来，目的是想指出这两种性质上不完全相同的社区，它们和乡村的关系也有差别。这里所指的城，那种以官僚地主为基础的社区，对于乡村偏重于统治和剥削的关系；而那种我称作镇的社区，因为是偏重于乡村间的商业中心，在经济上是有助于乡村的。

最后让我补一笔，在很多事例中，城镇可能是合一的，我在本文中，因为注重于社区的分类，所以着眼于比较单纯的事例，两种形式的混合是不免的，但是为了分析的方便，我们在概念上最好能分开来。

如果我们要分析现实的社区，还得增加一个概念就是“都会”。我在本文里不能对这一个概念多加说明，只能简单地说，它是以现代工商业为基础的人口密集的社区。但是中国的都会性质上也不能完全和西洋的都会相比，因为它主要的经济基础是殖民地性质的。它可以说是西洋都会的附庸。关于这一方面，我想留到以后再分析了。

不是崩溃而是瘫痪

崩溃之谜

“中国似乎是一切原则的例外”——的确，中国在现代西洋人，或是熟习西洋观念的人，看来多少是个谜。譬如说目前的经济，已经有过不少人预测说，总崩溃就在眼前了；可是一关一关，似乎还是在拖，而且也好像还是拖得过去。这样很使不少人觉得拖是一个万应灵丹了。拖拖也许会拖得出头，正如抗战一般，拖到胜利；经济的困难是不是也可能拖到繁荣呢？

要中国的经济豁然崩溃我想是不太可能，但是拖却拖不出繁荣倒是一定。小农经济不会崩溃只会瘫痪。瘫痪是慢性的，逐渐加深的。慢性和逐渐加深的病并不是轻症。医生和病人都最怕这种深入每个细胞的瘫痪。在病人说，急性的病，就是不治，痛苦也受得少；瘫痪才是活受罪。在医生说，急病一定求治得早，开刀上药还来得及，慢性的瘫痪要使病人了解非求医不成时，大概已深入膏肓，不能治了。

在工业化的现代经济里，如果出起毛病来，常常是成为头条新闻的，干脆、明白，每个人都看得到，因为没有人能不受影响。崩溃、危机等字都是用来形容现代化的经济现象的。譬如英国去冬的煤荒，星期二动力部长在阁议里还在盼望可以安度难关，星期五宣布紧急方案，星期一半个英国停电停工，星期三全国停电停工——真像是闪电式的。这叫做“危机”。

美国 1929 年的不景气也是有一点迅雷不及掩耳，3 月里胡佛上台时，“有史以来没有比现在更繁荣了”。10 月 21 日，证券市场有一点小风波，三天之内，风暴掀天，一百二百万的股票转了手，到29日，一星期又一天，证券市场崩溃了，持券人损失了15亿美元。

有人以为中国年来物价一跳一跳，总会跳到“豁然崩溃”的程度，可是这似乎早应降临的不幸，总是被拖了下去。我不敢预言在若干都市里不会有些类似闪电式的大事件发生，但是以整个中国的经济说，却显然在沿着另一种公式进行，是日渐瘫痪，一直到溃烂不治。

现代工业国家会有惊人的危机发生是因为它们的经济是一个密切相关的分工体系，牵一脉动全身的。像一部机器，即使是一个小零件损坏了一些，全部机器就会停下来。正因为这样，它们的经济危机并不是每一部门的败坏，而常是某一部门受到阻碍，或是活动周转不灵。它们只要把零件修好了，或是阻碍活动的因素矫正了，全部机构又可以上轨道照常运行。危机之后可以接着复兴，甚至可以繁荣。现代经济的危机不过是生产的停顿，并不是指生产能力的败坏。依我上面譬喻说是急性病，身体的元气是没有伤的，如果治得快，复原也快。

我们没有这种危机，有的是每个细胞的逐渐在瘫痪。病害得重得多，是沉疴不是险症。

小农经济的坚韧

中国经济的基本结构是一个个并存排列在无数村子里的独立小农。在小农之间很少分工。大家种同样的作物，大家从他自己的土地上得到各人生活上基本需要的粮食。邻舍如果病了，不能耕种，并不会使自己的生产活动受到阻碍。说得刻薄一点，这正是一个帮工得些外快的机会，至少也可以卖个人情。

我们的农业还没有进步到大量种植商品作物的程度。美国大部分农民并不是种植供给自家消费的作物的。他们种了东西，预备出卖。麦子、烟草等等自己不用，所吃的面包和香烟还得向店里买。这种农业才是整个分工的经济中的一部门，所以会发生农产卖不出去，用来当燃料等事。这种农民才会遭遇经济危机。

商品作物在中国农业中只占很小的部分。大多数的农民是为了自家的消费而生产的。从佃户说，他得缴纳一部分农产品给地主，这是供奉，不是商品。农家的经济是尽力求自给。当然，农家并不是样样东西都靠自己的，他们可以买些香烟、耳环之类，而且以现在情形说，布疋也大多是购买的了。因之，他们总得出卖一部分农产才能购买这些东西。但是这和现代经济的互相倚赖性是不同的。第一，这些农民现在所倚靠都市供给的并不是他们生活上不能长期缺乏的物品。在抗战年头，我们自己都经验到两三年不买衣料还是可以过得过的。第二，这些物品的缺乏更不会影响到农业生产。农业上的工具，不但简单，而且都是可以长久使用的。所以我虽不说中国农家全是自给，但是我却认为他们在相当长的时期内是可以自给的。

在这种小小的生产细胞中，不但消费可以自给，生产要素也是高度的自给。劳力是靠自己下田，必要时和别人换换工。劳力的自给更加强了农业经济的韧性。如果一块土地是雇工来耕种的，这块土地上的出产必须高过所付的工资；而工资的决定又要看在这地方其他受雇机会中能得的数目；低过这数目，工人会到别的部内去卖工，不到农田上来了。因之，工资可以规定一块地是否值得耕植，所谓土地利用的边际。但是在劳力自给的农家，他们并没有工资这问题。“反正也没有其他用处”的劳力，无论怎样，只有在田里讨生活。土地不好，收成坏，并不能发生“不值得耕”的边际。他们是以生活程度来迁就现实的。生活程度是个别的，是大有伸缩性的。农业生产直接和这一直可以降到死亡的生活程度一沟通，除了死亡的威胁似乎很少可能使农民自动放弃耕作，于是农业生产停顿也成了不太容易发生的事了。

天灾和逃荒

这种小农经济里会不会生产停顿的呢？——会的。什么时候会停顿呢？——遭到了灾。我们说话时“灾”字之下常连着个“荒”字。荒是指农业生产的停顿，灾是指土地无法耕种的情形。成灾的原因最普通的是自然的变化，所谓天灾。农作物的生理决定了它能生长的环境。大旱大水，可以成灾。除了人想收获农作物的果实外，还有其他动物也在觊觎，蝗虫螟虫等等无不是与人争收的，在人看来也是灾。

灾是农业的威胁，对此除了祈祷烧香，立庙供奉之外，农民们并没有积极控制的方法。所幸这些出于自然原因的灾并不常常不留余粒的。灾有轻重。虽则中国农民从来就没有和灾分过手，七八成的收成已经说丰年，标准很低；但是事实上太重的灾也只限于较小的区域，并不常在广大的平面上赤地千里的。一个区域里的农民成灾到不能以降低生活程度的手段来应付时，实在没有粮食时，传统的办法是“逃荒”。像我这种在太湖流域里长大的孩子，绝不会忘记一年一度甚至几度的“难民到了”的恐怖。这就是所谓“就食江南”。运粮食到灾区去救济显然不是老办法，因为这是需要比较廉洁和有效的行政机构，大概这是我们向来所不常有的。逃荒很可能是我们人口移动的经常原因。汉丁顿氏论中国民族性时特别重视这个现象。慷慨的，有同情心的人不容易不顾一切的就道，结果是被淘汰了。身体弱的，不容易适应别地水土的人在路上死了。留下的是代表着我们民族性的一辈肯低头、自私、不康健却也不容易死的难民们。

从经济的角度去看逃荒，这是些微有一些像现代经济危机般会蔓延的。这蔓延并不是有机性的，而是机械性的。灾区里的难民拥到了附近比较好的地方，如果这地方所有的粮食只够自己吃的，经这批难民来一挤，也变成不够吃的灾区了，于是只有加入难民团体一起出外就食了。这些难民一方面是边走、边死，另一方面是边走、边增；一直要到有余粮可以挡住他们前进的地方才停得下来。淮河流域的难民，逃荒可以一直逃到太湖流域，而且依我童时的记忆说，这是每年必有的现象。

在自己粮食不够敷余的地方逢着逃荒的到来，冲突是可能发生的。如果灾区大，难民众，这个行列不能不借武力来获得救济时，也就成了我们历史上常见的各种各式的所谓“寇”和“贼”了，但是也有不少是从这些贱称中蜕变成为“王”为“帝”的——这是我们小农经济中相当于现代工业经济中危机的现象。

排斥了救济的瘫痪

在救济事业的发达下，上述那种逃荒的现象可不致大规模的发生了。去年湘桂的灾荒情形相当严重，如果不是发生在去年，很可能会引起历史性的混乱，但是去年正有着经常的救济机关，而且这机关又拥有雄伟的资力，足以在短期间把外洋面粉投入灾区，至少把灾区封住没有蔓延开来。

天灾还是容易看得到的病症，所以救济工作还能及时办到。现在我们所患的病，却比灾荒更深入。这是人造的灾荒，普遍的和继续的在把劳力和土地隔开，把劳力和农时隔开，结果是土地的荒废。土地荒废就等于农业停顿。

农民可以黏紧在土地上，以降低生活程度为手段去开垦不太有利的土地，还是以能免于一死为条件的。我充分承认在中国人命确已如草芥，但是求生的努力还是一切活动的动力。如果这一点都不能给他们，他们并没有理由真的爱土如命，还是不肯放弃土地，不让土地荒废的。

现在差不多已到了这地步。多年战争的结果，本来可以增加国民收入的种种作业一项一项地关闭了。工业停了，渔业不成了惟一还能继续生产的只有我们这片土地了。于是大家的生活都得倚靠这土地了。不但如此，一切的费用包括大规模在消耗中的弹药，大批向外洋输送中的钱财，最后都得要这片土地来担负。公务员和军人感觉物价高了，还可以向政府要求加薪，要求配给粮食；可是政府哪里来粮食，还不是向这片土地要？通货膨胀了，物价高，公务员和军人生活苦，而这苦很快的摊派一大部分到农民身上去了。本来可以维持耕种者生活的土地，加上了这摊派，根本没有维持耕种者生活的能力了，在这里发生了一个很奇怪的现象，就是不耕种的人反而可以有粮食吃，耕种的人却没有饭吃了。到了这时候，人要求生的话，只有放弃土地了，在前年年底，我们在云南乡下已看见农民把田契贴在门上全家离乡的事件。事隔一年半，这已是到处都在发生的现象了。报章杂志上关于乡村的通信，很少不记载着这类情形。把巨大的战争担负压到土地上去，必然会把人和土地挤开来的。

中国的耕地本来已经有很大的部分是不能给人温饱以上的报酬的，换一句话说，土地利用的边际实在已经太低；所以一遇着较重的征税，立刻承当不起。比较好的土地是否还能维持耕种呢？并不。在抗战初年后方乡村中壮丁不是被征，也已经逃亡，这是征兵的结果。抗战结束后，征兵的区域更广了，政令所到的地方，人口逃亡的情形是不免的。这还只是减少劳力而已。更重要自然是直接受到战事的地方。粮食和劳力愈不易得，为了充实自己，削弱敌人，凡是两军争夺的区域，粮食和劳力的争为己用也成了军略上必须的要着。粮食的真空地带，人是住不下的，人走了土地也就不会再出粮食了。

更使情形严重的是农业富于季节性。在任何时候，给战争破坏过的地方，虽则破坏的本身可能只有短期，但必须等到一季之后才能再行种植。这样，使战争所到之处不但当时遭殃，而且要长期停顿在不生产的状态中。

这是我所谓经济瘫痪的意义。静悄悄的，荒芜的土地跟着战区的扩大而推广。一家一家的小农离开了生产事业。他们吃还是要吃的，性质上和逃荒并无不同，可是这些应该急速予以救济的人造灾民，却并不加以救济，反而因为他们不纳粮，不应征，加以迫害。这些人成了战争的对象，也成了战争的主力，战争因之更扩大，在这公式下，一直可以蔓延开去。中国经济中生产细胞逐一破坏，形成瘫痪。

瘫痪是慢性的崩溃，可是并不使经济结构突然受阻，在还有可以生产的细胞时，还是可以维持着半身不遂的局面，这就是拖。拖并不会拖出希望来的，每增加一个失去生产效能的细胞，也必加重一分生产细胞的担负和缩短一分生产细胞的寿命。瘫痪是排除救济的灾荒，因为这是人为的灾荒，自然不能盼望制造灾荒的人自己去予以救济。在本质上原是和经济崩溃和灾荒相类的，但是在打算挽救这一点上却远没有这二者的简单。

这沉疴是愈拖愈深了。眼看一个一个细胞在破坏，眼看生产部门，一门一门在封闭，而大家还是在拖，一直要拖到没有了健全的、生产的细胞为止，那时候：即使有机会改弦易辙，想走上建设的路上，每一个零件都已经腐败了的机器是用不成了的。瘫痪是在腐蚀生产的能力，比了生产停顿的经济崩溃严重得多。

1947 年 5 月 22 日于清华新林院

基层行政的僵化

题前的话

自从政治效率问题被视作了中国是否还能得到国际尊重的关键后，朝野在不愉快的心情下对此似乎已有相当警惕。不论任何性质的政府，也不论政府有任何政策，如果让贪污和无能腐蚀了行政效率，一切都是落空的，国事只有日趋恶化，这一点已没有人否认。因之，不论各人政见怎样不同，提高行政效率必是大家的共同愿望；因之，我相信，在这共同愿望下大家应该有推诚讨论的雅量和热忱。这是我这篇短论的基本假定。

目前对于社会上普遍的贪污无能的现象有两种看法。一部分人认为这是“人心不古，道德堕落”的结果。他们把这罪恶归咎于若干豪门，希望有几个当代的“包龙图”那种铁面无私，明察秋毫的传奇人物出现，只要把这些“老虎”开了刀，或是退求其次也得杀几只鸡给猴子看看，吏治就会澄清，行政效率立刻会提高。这自是大快人心之事，在心理上可以一新耳目振作起来。且不论传奇人物是否真有出现可能，即是出现了，偶然的斩了几个头，是否会像野火般烧过了，春风来时，更成了荒草的一片沃土？

另外一种看法，多少是想开脱个人和政府的责任，认为贪污无能是中国由来已久的暗疾，这是个文化和社会问题。他们可以举出事实来证明这看法：哪家老妈子买菜不虚报账目？哪场草台戏开场不是以抬元宝接在跳加官的后面？把责任推给了祖宗，就好像可以自己洗手，咎不在我，要改良也得慢慢来了。我们刚因不愉快的公开指摘，不能再讳隐暗疾，却又以老病无医来自宥，这是可怕的。

我同意说这是社会文化问题，但并不包含和个人无关的意思，只是说这不是一两人觉悟或悔改就可以了事的；正因为这是有关很多人，和控制这许多人行为的社会习尚的事，所以保管和执行社会权力的政府责任更大。同时正因为这是积疾，不能头痛医头，脚痛医脚，必须及早求七年之艾，立刻应当着手治疗，耽搁不得。

如果政府里的负责人真挚地觉悟这有关国家生存的严重暗疾是一个社会和文化问题，他们就应当明白，一两道命令决难见效，必须准备痛下决心在社会和文化各方面力求适当的改革。从何改革起呢？于是必须有确切的诊断。因之，初步必须的工作是充分的和虚心的检讨，开放舆论，让社会各方面对这问题能有无所顾忌的发表意见的机会。我着重无所顾忌四字，因为这些意见必然会令人听来不太愉快的。良药难得是不太苦口的。这类严重的问题如果在英国发生，他们国会一定要组织皇家委员会进行多方面的考查和研讨，征集民间的意见，提出报告。在英国这类报告是有名的，而且是有力的。我不敢希望我们能做到这程度，但是总希望能在民间有一个富于建设性的检讨运动。这是我写这篇短论的基本希望。

行政效率的低落，贪污无能，原因很复杂，但并不是无从了解的原因所造成的。因为原因众多所以决不是三字口诀所能表达。我在这短论里只能从一个角落里去分析这问题的一方面。我想提出来讨论的是地方基层行政，这是普通不太注意但是和老百姓生活最密切的一层。我所根据的事实是我和几位同事直接在云南乡村观察所得的。我虽则相信中国各地情形不完全相同，但是在这里想分析的若干原则问题，据我询问所及的，却也相当普遍。如果我在以下所说的不合于某些地方的实情，我极愿意知道，而且愿意修改我这里的结论。

传统皇权的无为主义

中央集权的行政制度在中国已有极长的历史。自从秦始皇废封建、置郡县以后，地方官吏在原则上都是由中央遣放的。而且在传统规律中曾有当地人避免做当地官吏的惯例。从表面上看来中国以往的政治只有自上而下的一个方向，人民似乎完全是被动的，地方的意见是不考虑的。事实上果真如是的话，中国的政治也成了最专制的方式，除非中国人是天生的奴才，这样幅员辽阔的王国，非有比罗马强上多少倍的军队和交通体系，这种统治不太可能维持。不论任何统治如果要加以维持，即使得不到人民积极的拥护，也必须得到人民消极的容忍。换句话说，政治绝不能只在自上而下的单轨上运行。人民的意见是不论任何性质的政治所不能不加以考虑的，这是自下而上的轨道。在一个健全的，能持久的政治必须是上通下达，来往自如的双轨形式。这在现代民主政治中看得很清楚，其实即是在所谓专制政治的实际运行中也是如此的。如果这双轨中有一道淤塞了，就会发生桀纣之类的暴君。专制政治容易发生桀纣，那是因为自下而上的轨道是容易淤塞的缘故。可是专制政治下也并不完全是桀纣，这也说明了这条轨道并不是永远淤塞的。

中国以往的专制政治中有着两道防线，使可能成为暴君的皇帝不致成为暴君。第一道防线是政治哲学里的无为主义。这是从经验里累积出来的道理。中国历史上并不是没有主张过甚至试验过用政治权力来为国家社会多做些事的。商鞅变法，增加了政府所做的事情，也可以说实现了政治的能力，结果国富民强，打下了秦国统一天下的基础，但是商鞅在传统的批评下是被咒诅的，他个人的不得善终被视作天道不爽的报应。王莽、王安石又是我们熟习的史例。他们违背政治上的无为主义，结果都失败了。为什么呢？同情他们的人惋惜当时“反动势力”的阻梗，其实忘了这几位想把政治的权变成能的人物，都忽略了在法律范围不住皇帝的专制政治下，政府的有为只是在自上而下的单轨上开快车。政府所做的事是否能为人民所接受无从知道，而且即使有一些政策是人民所拥护的，但是人民并没有保证每一个政策都是合于他们意思的。单轨上的火车开快了，一旦开出了民意之外，遭殃的还是人民。天下没有人能信任无法控制的野马，是有理由的。西洋的政治史是加强对权力的控制，使它逐渐向民意负责，那就是宪法；中国的政治史是软禁权力，使它不出乱子，以政治的无为主义来代替宪法。这是我所谓防止专制政治发生暴君的第一道防线。

现在我们可以认为这种无为主义的不彻底，要不得，这是因为现代生活中我们必须动用政治权力才能完成许多有关人民福利之事的缘故。在乡土性的地方自足的经济时代，这超于地方性的权力没有积极加以动用的需要。这不但在中国如此，在西洋也如此。宪法是现代的产物，在现代之前，西洋的政权是受着神权的牢笼。就是在现代工业发达之前所成立的美国宪法，主要的哲学还是“最少管事的政府是最好的政府”的无为主义。也许因为我们儒家的思想在统治阶级中支配力量太大，所以我们在过去不必在制度上去作有形的牢笼来软禁政权，以致到现在还没有宪法的传统。

由下而上的政治轨道

在这篇短论里我想着重的倒不是第一道防线，而是第二道防线。我们以往的政治一方面在精神上牢笼了政权，另一方面又在行政机构的范围上加以极严重的限制，那是把集权的中央悬空起来，不使它进入人民日常有关的地方公益范围之中。中央所派遣的官员到知县为止，不再下去了。自上向下的单轨只筑到县衙门就停了，并不到每家人家大门前或大门之内的。普通讲中国行政机构的人很少注意到从县衙门到每家大门之间的一段情形，其实这一段是最有趣的，同时也最重要的，因为这是中国传统中央集权的专制体制和地方自治的民主体制打交涉的关键，如果不弄明白这个关键，中国传统政治是无法理解的。

这关键得从两面说起，一面是衙门，一面是民间。先从衙门说：我说中央所派的官员到县为止，因为在过去县以下并不承认任何行政单位。知县是父母官，是亲民之官，是直接和人民发生关系的皇权的代表。事实上，知县老爷是青天，高得望不见的；衙门是禁地，没有普通老百姓可以自由出入的。所以在父母之官和子民之间有着往来接头的人物。在衙门里是皂隶、公人、班头、差人之类的胥吏。这种人是直接代表统治者和人民接触的，但是这种人的社会地位却特别低，不但在社会上受人奚落，甚至被统治者所轻视，可以和贱民一般剥夺若干公权。这一点是很值得注意的，因为这是最容易滥用权力的地位，如果在社会地位上不用特殊的压力打击他们的自尊心，这些人可以比犬狼还凶猛。当这种职司的人在社会地位上爬不起来时，他即使滥用权力，并不能借此擢升，因之他们的贪婪有了个事实上的限制。

在无为主义政治中当地方官是近于闲差，我们可以在历史上看到很多在这职务下游山玩水，发展文艺才能的例子。他们的任务不过于收税和收粮，处理民间诉讼。对于后者，清高的自求无讼，贪污的虽则可以行贿，但是一旦行贿，讼诉也自会减少，反正要花钱，何必去打官司呢？差人的任务也因之只限于传达命令，大多是要地方出钱出人的命令。

如果县政府的命令直接发到各家人家去的，那才真是以县为基层的行政体系了。事实上并不然，县政府的命令是发到地方的自治单位的，在乡村里被称为“公家”那一类的组织。我称这类组织作为自治单位是因为这是一地方社区里人民因为公共的需要而自动组织成的团体。公共的需要是指水利、自卫、调解、互助、娱乐、宗教等。这些是地方的公务，在中国的传统（依旧活着的传统）里是并非政府的事务，而是由人民自理的。在这些公务外还有一个重要任务就是应付衙门。

我把应付衙门这任务和其他地方公务分开来说是有原因的。在自治组织里负责的，那些被称为管事和董事等地方领袖并不出面和衙门有政务上的往来。这件事却另外由一种人担任，被称为乡约等一类地方代表。在传统政治里表面上并不承认有自下而上的政治轨道。君要臣死，不得不死。违抗命令就是罪名。但是自上而下的命令谁也不敢保证一定是人民乐于或有力接受的。所以事实上一定要敷下双轨。衙门里差人到地方上来把命令传给乡约。乡约是个苦差，大多是由人民轮流担任的，他并没有权势，只是充当自上而下的那道轨道的终点。他接到了衙门里的公事，就得去请示自治组织里的管事，管事如果认为不能接受的话就退回去。命令是违抗了，这乡约就被差人送入衙门，打屁股，甚至押了起来。这样，专制皇权的面子是顾全了。另一方面，自下而上的政治活动也开始了。地方的管事用他绅士的地位去和地方官以私人的关系开始接头了。如果接头的结果达不到协议，地方的管事由自己或委托亲戚朋友，再往上行动，到地方官上司那里去打交涉，协议达到了，命令自动修改，乡约也就回乡。

在这种机构中，管事决不能在公务上和差人接头，因为如果自治团体成了行政机构里的一级，自下而上的轨道就被淤塞了。管事必须有社会地位，可以出入衙门，直接和有权修改命令的官员协商。这是中国社会中的绅士（参考拙作《论绅士》）。

在这简单的叙述中我希望能说明几点：一、中国传统政治结构是有着中央集权和地方自治的两层。二、中央所做的事是极有限的，地方上的公益不受中央的干涉，由自治团体管理。三、表面上，我们只看见自上而下的政治轨道执行政府命令，但是事实上，一到政令和人民接触时，在差人和乡约的特殊机构中，转入了自下而上的政治轨道，这轨道并不在政府之内，但是其效力却很大的，就是中国政治中极重要的人物——绅士。绅士可以从一切社会关系：亲戚、同乡、同年等等，把压力透到上层，一直可以到皇帝本人。四、自治团体是由当地人民具体需要中发生的，而且享受着地方人民所授予的权力，不受中央干涉。于是人民对于“天高皇帝远”的中央权力极少接触，履行了有限的义务后，可以鼓腹而歌，帝力于我何有哉！

自治单位完整性的破坏

在上述那种行政机构中，无能不是个恶名，贪污也有个限度，行政效率根本不发生问题。和人民直接有关的公务，有着地方自治团体负责，而地方自治团体是人民自己经营的具体有关生活和生存的事的，所以效率是不能低的。在云南呈贡化城的人民如果娶了亲不生孩子每年都要受公家的罚，甚至于打屁股。宗教的、习俗的制裁力支持着这些自治团体的公务。皇帝无为而能天下治的原因是有着无数这类团体遍地地勤修民政，集权的中央可以有权无能，坐享其成。

可是乡土性的地方自足时代是过去了。超过于地方性的公务日渐复杂，要维持这有权无能的中央是不合时宜了，这一点任何人都应该承认的。事实的需要使中央的任务日益扩大。这扩大并不引起制度上的困难，因为中国的传统本是中央集权的，甚至可以说，在法律上中央的权力可以大到无限。于是防止权力被滥用的第一道防线溃决了。无为主义的防线的溃决我们不必加以惋惜，这本是消极的办法，不适用于现代社会。我在本文中想提出来检讨的是第二道防线，在专制和集权名义所容忍着的高度地方自治。保甲制度的推行把这防线也冲破了。

保甲制度是把自上而下的政治轨道筑到每家的门前，最近要实行的警管制更把这轨道延长到了门内。保甲制度有它推行的原因，自上而下的轨道半途停下来，像传统的形态，对于政令的执行是不易彻底的。为了要在这单轨上开快车，轨道是延长了。保甲制度本来是有意成为基层的自治单位，从这起点筑起一条公开的自下而上的轨道，实现现代的民主政体。如果能贯彻这目的自然是好的。设计这制度的人却忽略了一点，政治是生活的一部分，政治单位必须根据生活单位。生活上互相依赖的单位的性质和范围却受着很多自然的、历史的和社会的条件所决定。我们绝不能硬派一个人进入一个家庭来凑足一定的数目。同样的地方团体有它的完整性。保甲却是以数目来规定的，而且力求一律化的。把这保甲原则压上原有的地方自治单位，未免会发生格格不相入的情形了。原来是一个单位的被分割了，原来是分别的单位被合并了，甚至东凑西拼，支离碎割，表面上的一律，造成实际上的混乱。

生活是不能在混乱中继续下去的，于是在乡村中常看到重叠的两套。一套是官方，一套是民方。如果官方那一套只是官样文章，那倒也罢了；事实上这一套却是有着中央权力的支持，民方那一套却是不合法的。于是官民两套在基层社会开始纠缠。

政治双轨的拆除

问题的严重以致僵化是发生在保甲的人选上。保甲是执行上级机关命令的行政机构，同时却是合法的地方公务的执行者。这两种任务在传统结构中由三种人物分担：衙门里的差人，地方上的乡约和自治团体的领袖管事。现在把这三种人合而为一是假定了中央的命令必然是合于人民意愿和地方能力的。这假定当然是堂皇的，但是比了传统任何皇权的自信还大。从这假定中发生的中央和地方合一的保甲制度发生了许多事实上的困难了。

即是到现在，很多地方凡是有地位的人是不愿做保长的，传统的绅士为了他在政治结构中的特殊作用不能进入行政机构。他一旦走了进去，惟一的自下而上的轨道就淤塞了。保长对于县长是下属对上司，他的责任是执行命令，不能讨价还价。为了维持这传统方式，当保长的常是社会没有声望的人，等于以前的乡约。可是事实上保长和乡约是不同的，乡约是没有权力的，而保长却有权力。以并不代表地方利益的人来握住地方的权力，而且他是合法的地方公务执行者，他有权来管理地方的公款，这变化在地方上引起的迷惑是深刻的。结果是地方上有地位的人和保长处在对立的地位而没有桥梁可通。

乡村里有声望的人为了自己的利益，放弃地方立场加入行政系统，较为合算。他当了保长之后还是可以支配地方自治事务。但是事实上，他的地位是改变了，因为他不能拒绝上级命令，不能动用自下而上的政治轨道，这类地方也就完全成了下情不能上达的政治死角。受不了时只有革命了。

保甲制度不但在区位上破坏了原有的社区单位，使许多民生所关的事无法进行，而且在政治结构上破坏了传统的专制安全瓣，把基层的社会逼入了政治死角。而事实上新的机构并不能有效地去接收原有的自治机构来推行地方公务，旧的机构却失去了合法地位，无从正式活动。基层政务就这样僵持了，表现出来的是基层行政的没有效率。

中央延长自上而下的政治轨道，目的是在有效促进政令。

中央的政令是容易下达了，可是地方的公务却僵持了。中央下达的政令中，除了要钱要人之外，凡是要在地方上建设的事，好像增产等等，却因为地方社会结构的紊乱和机构的僵持，公文停留在保公所里，走不出来。在这种情形下，不论才能有多高，绝没有施展的机会。别人批评行政人员无能，我很觉得不平。

从乡村的基层看去，使我觉得行政效率的丧失，人的因素可能不及制度，也许应当说政体为大。制度上发生的病症必然是有历史性的，所谓历史性并不是说这是宿疾，由来已久。在过去，如果几千年来，我们一直生着像现在这样严重病，带病延年也决不能延得这样长。现在的病症是从我们转变中发生的。我们必须在历史背景中，才能了解这病源，但是得病的责任并不是我们祖宗，而是我们自己。

依我在上边的分析，也许可以看到，基层行政的僵化是因为我们一方面加强了中央的职能，另一方面又堵住了自下而上的政治轨道，把传统集权和分权，中央和地方的调协关键破坏了，而并没有创制新的办法出来代替旧的。我们似乎有意无意地想试验政治单轨制。一个历史上从没有成功过的方式，目前所遭遇的政治上的严重局面，也许值得我们彻底自省，及早改变这企图了罢。

再论双轨政治

上月我写了一篇《基层行政的僵化》，在《大公报》发表之后，半个月里我接到了若干相识的和不相识的朋友们的来信。秋来气候变得太激烈，旧疾时发，执笔为艰，未能一一答复，因之我想在这里再借《大公报》的一栏篇幅把上文未尽之意，或是可能引起误会的地方，加以申引说明。

批评者的论点

有一位朋友很率直的问我是否想做司马光。他说："自历史言，保甲制固曾中衰，然彼一时也，此一时也。彼时交通不便，行政人员又未受训练，加以主其事者刚愎自用，所托非人，以致未见实效。今则不然，上述之阻碍已不存在，更有进者，吾国现处数千年之大变局，兴革万端，而人民之程度犹未达自觉之境，故所兴所革必自上为之，保甲制乃深入民间之执行机构，正宜加强其效力，而先生反提回原之论，其将以现代之司马光自期乎？先生岂知腐儒之已成历史之陈物乎？"

我是否想做司马光，无关宏旨，不必置论。在这段话里，在我读来，却包含两个很重要的论点，我愿意代为发挥一下：

一、传统皇权的无为主义是出于客观情势的限制，包括技术和行政的条件。这些限制使企图加强中央对地方权力的改革家无法贯彻他们的主张。司马光之流的"腐儒"不过是在客观条件所发生的事实结果上做做文章罢了，并没有实在的力量。现在客观情势已经改变，中央集权事实上已经可能，而且跟着铁路、公路、飞机的应用，大一统的局面业已在形成中，这时需要的应当是怎样因势适情地去加强这集权制的机构，现代司马光不会发生作用的。

二、为什么要集权呢？这位朋友也提出了一个值得我们考虑的意见。中国社会的需要现代化并不是由于自身矛盾的爆发，而是所谓“外铄”的，由于和西洋文化接触之后所引起的。于是感觉到需要变和明白怎样变的人并不是大众，而是少数的先知先觉。少数人为了全体的适应于现代社会，必须设法去“改良”大多数人的生活。这里所谓“改良”就表示了我在上文中所说的自上而下的过程。中央权力的加强正合于推行这种改良工作的需要。

民主和宪法

这两点，如我所发挥的意思说，我大体上有一部分是可以同意的。其实，先就第一点说，我在上次的论文中并没有否定中央权力加强的需要和趋势，更没有意思要重提皇权无为论。我所着重的并不是中央和地方分权的问题而是中央权力的责任问题。关于这点，我想引用另一封批评我的信来加以说明。

“我对于你近来所发表的文章时常感觉到不够爽直的毛病。你为什么一定要避免，也许并不是你有意的，许多简单明白的名词，而绕着很多圈子说话，结果使读者捉不住要点。譬如你那篇论基层行政的文章，你造下了不少好像政治的双轨和单轨等名词，而实际要说的不就是民主和宪法么？”

我想这位朋友说得很对的，我在那篇文章中想着重的是防止权力的滥用。防止的方法有积极的和消极的两途。传统中国所采用的是消极的办法：皇权无为，衙门无讼。这些办法在有着“客观情势的限制”时是足够了，但是现在这种限制已经放松了（还没有完全不存在），所以消极的办法是不够了。积极的办法是在加强“自下而上”的政治轨道，就是民主和宪法。我不用这两个现存的名词是有意的，原因是这两个字已经用滥了，羊头和狗肉混得太久，会使人不感肉味，所以我在分析一个具体现象时，感觉到这些名词不够达意。如果要用这些名词，我还得先加说明：宪法是限制政府权力的契约，订立这契约的是人民和政府两造。民主是表达人民意见的方法和代表民意的机构。在这样的定义下，我可以说加强自下而上的政治轨道来防止权力的滥用就是民主和宪法了。

防止权力滥用，并不一定是指反对中央集权及加强中央政府的任务。英国的内阁现在可以管到每家每餐有没有肉吃，克利浦斯甚至可以使女人的裙子“愈短愈妙”——这是集权，但是他们并没有，也不能，滥用权力，因为无论内阁的权力大到怎样程度，却大不出国会所授予他们的范围。英国政府所有的权力是有限的，限于人民所允许他们的程度。这样说来，防止权力的滥用并不一定是回原到皇权无为主义了。

限制权力的消极方法逐渐失去其客观条件，是件不应当忽视的事实。正因为如此，所以我们得在积极方法上去打算。这套积极方法在中国传统的政治机构中并不发达，于是我们不得不向西洋，尤其是英美学习。

两橛还是双轨

传统中国给我们的遗产中所不足而必须向英美学习的并不是限制权力的需要，而是政治权力大可有为的现代情势中积极性防止它被滥用的有效机构。我们遗产中找得到“民为贵”的精神，找得到“不与民争”的态度，也找得到基本社会团体的自治习惯；但是找不到像英美一般的宪法和民主。

中国传统政治机构究竟是怎么样的呢？在这里我可以提到张东荪先生对于我那篇论文的意见了。他在《我亦追论宪政兼及文化的诊断》里说：“他认为中国政治轨道有两个，一是自上而下的，另一是自下而上的。虽然自上而下与自下而上等用语容易导人于误解，但事实上却有这样两橛的分别。所以我特别避用这些容易误会的名词，而只把上一橛名为甲橛，把下一橛名为乙橛。甲橛是皇帝的政权和官僚的政治，乙橛是乡民为了地方公益而自己实行的互助。”

张先生为了要避了上下这两个似乎带着价值观念的字，用橛来代替轨道。这些本来都是取譬之意，总不会十分切当的；但是这一换，却把我想说明的传统结构的形态的一方面更形容得毕肖了一些。两橛是指两部分，首尾衔接的两段，一根竹竿的两节。这就是我在上文中所说：“把集权的中央悬空起来，不使它进入人民日常有关的地方公益范围之中。中央所派遣的官员到知县为止，不再下去了。自上向下的单轨只筑到县衙门就停了。”在地方上，有另外一套自治机构，所以可以说是两橛。两橛的形态是从有形组织 formal organization 上看出来的。如果我们只从法定组织 de jure organization 看去，连乙橛都看不到，因为地方的自治组织是实有 de facto 组织，不是法定组织。

可是我在上文中又提出了一个理论上的原则：“政治绝不能只在自上而下的单轨上运行的。一个健全的，能持久的政治必须是上通下达，来还自如的双轨形式。”如果这原则可以确立的话，则中国传统政治中不能只是相联或相配的“两橛”结构（我在上文中曾用“中央集权和地方自治的两层”的说法），因之使我在传统结构中发现了一种“无形组织” informal organization，“就是中国政治中极重要的人物——绅士。”这个无形组织是一条自下而上的“无形轨道”。所以我又说：“绅士可以从一切社会关系：亲戚、同乡、同年等等，把压力透到上层，一直可以到皇帝本人。”如果我对于绅士的政治功能的说法是正确的，则政治双轨原则不但“在现代民主政治中看得清楚，其实即是在所谓专制政治的实际运行中也是如此的。”

为了要形容政治结构的全部形态，包括有形、无形、法定、实有的各种组织，用“两橛”不如用“双轨”形容来得切当。两橛是分层的，双轨是平行的。在英国，威斯敏士特的巴力门和唐宁街的首相官邸是并峙的，在美国，Capitol 和 White House 也是遥遥相望的，这些象征着这双轨平行形式。

地方人才

关于绅士在传统政治里的功能曾引起另一位来信的朋友的责问：

“我曾读过你在《观察》上发表的《论绅士》，所得的印象乃是此种人物系以卑颜屈膝之态度取得皇帝之怜惜，得免于徭役赋税者。但是在你《基层行政的僵化》一文中，却又力言绅士在传统政治中之贡献，岂非矛盾？更从该文的结构看去，又似乎对于这所谓自下而上的传统轨道，恋恋不舍。你是否对这种所谓绅士的人物还寄托着改革中国政治的希望么？这是我所不敢苟同的落伍见解。”

我不敢说我潜意识里没有这位朋友所说的“恋恋不舍”之情，但是就文论文，即有此情亦当在文外。在那篇论文中我并没有把怎样恢复政治双轨的意见说明，因为我只想提出原则上的问题，以及现状的诊断罢了。

如果能把附着在绅士这个名词上的恶感和成见除去，我想地方上的领袖人才在恢复政治双轨中实是有相当重要的地位的。我在《重访英伦》的《访堪村话农业》一文中曾提到过英国乡村里缺乏社会重心的话。以往那种贵族、乡绅、牧师等人物现在已经失去了被人民尊重的地位，但是在英国乡村里却有一种人在担负过渡性的领袖责任。我称他们的责任是过渡性，因为依我看来，将来乡村社区里自会生长出新的社会重心和新的领袖人物来的。现在那些过渡性的领袖是从都市里退休回去的医生、公务员、学者和富于服务心的太太们。这些人并不是从乡间出身的，他们的职业也不在乡间，但是退休到了地方上却成了地方自治的机构中的重要人物了。

到火车站开了汽车来接我的是一位太太，她是地方法庭上的审判官，是地方政府的理事，是战时招待疏散儿童的委员，衔头多得很，还有人告诉我她是“义务车夫”，凡是有人病了，有像我这种客人下乡，她百忙里也会抽空出来开车接送的。她是个大学毕业生，懂得文学和艺术，又有兴趣和我一起在牛津的农业研究所费了半天和各个专家谈话，发出我所想不到的具体问题。她是一位伦敦商人的太太。

再举那个到中国来过的医官作例。他曾为我们海关设计防疫事宜，又在印度做过多年医官，年龄太老了退休回来，住在堪村，他在堪村主持着地方卫生事务，推动水管的设置，在地方政府中是这类委员会的主席。他曾经给我看一本地方政府手册，职员表中名字有好几十个，各种委员会我一时也看不完。我问他这些是谁呢？他指着一个个名字说：“这是泥水匠，这是种田的……这些是和我们一般性质的……”我指着前面几个名字问他：“你们和他们合得来么？”“当然，不但合得来，而且我们是个很好的队伍（team）；我们不很知道地方上的需要，他们不很知道怎样才能满足这些需要，我们一合拢来，地方上的事就好办了。”

这段话可能影响了我在上次论文中所含蓄的见解，不论这是不是“落伍”，我很羡慕英国乡村里有这些退休回村的专家们，和不在麻将桌上消耗时间而愿意在乡间做“义务车夫”的太太们。这些人物如果允许我把他们包括在“绅士”一类中，我愿意把地方自治的前途寄托在他们的身上。

或者有人认为这是英国的情形和我们国情不同的，中国的绅士都是“劣”的，是剥削人民的。我并不愿为他们辩护，虽则我确知道有些绅士们是热心于公务的。我不愿辩护的原因是在中国传统绅士是地主占绝对多数。地主的经济基础可以说是剥削农民的。如果中国也有一大批不必寄生在地方上的，而有专长的人才退回到乡间去，我想他们并不一定不能做到英国那种情形。问题是在像那种医官们的中国人一旦老了却并不回乡罢了。

提高行政效率重在地方

说到这里，我可以重提第一位朋友给我信中的第二点了。处于激速变迁中的社会是否需要个强有力的集权的中央政府？从表面上看去这个论调是很有理由的。我并不是个迷信“人民”的人，我承认经过几千年专制政治压迫下来的中国老百姓，政治程度是极低的。他们怕事，他们盲从，这些都可以是事实。中国现代化的需要不是基层老百姓所自觉，即使觉到了生活不能这样下去，也不一定知道怎样解决他们的问题，这些我也充分承认，但是我从这些事实中得出来的结论却不是加强远离老百姓的中央权力，而是，相反的，应该在基层自治事务中去加强启发和领导作用。

我在上次论文中所表示最使我痛心的就是保甲成了中央法令的执行机关，而不是，也不能成为一个自治单位，在保甲的人选上又因为我在上文中所说的那些原因，无法得到能启发和领导地方自治工作的人去参加，相反的，差不多已成了流氓地痞的渊薮。在这现行的机构中，中央尽管有良法美意，一到最后执行者手上，就会变成扰民的举动。即使假定创立现行保甲制的用意是为了要增加行政效率，结果却是欲速不达，反而使基层行政沦于僵化。

中央集权并不是说地方上的事由中央代办，真正做地方上事务的还是地方上的人，中央不信托原有在地方上办事的人，而要自己去挑选执行法令的人，结果这些人只会传传命令，事情办不成；或是借着中央所授的权力在没有乡谊的人群中为非作恶。这又何尝是中央集权的本意呢？

如果真的想推动老百姓向现代化生活迈进的，在我看来只有把人才渗透到和老百姓日常生活有关的地方自治事务中去。我们传统对于衙门的畏惧和厌恶不是旦夕之间可以改变的，何况这几十年来，衙门里总是伸手出来要，从来没有给过，这些经验使一切从官方发动的改革都成了十足的官样文章。所以我说如果真心要改革社会，只有从民间的自治机构入手。

英国人民政治程度可算是很高的了，但是凡属地方上不了解或没有准备的中央命令还是常常行不通的。最近若干煤矿罢工，就是抗议中央不顾地方实情滥下命令的表示。中央的政治机构是集成的作用，它配合、调解地方的活动，如果把它看成一个自己能发动能完成的机构，我们概念上是有毛病的。

问题还存在

最后我想补充说明就是在传统结构中自下而上的轨道是脆弱的；利用无形的组织，绅士之间的社会关系，去防止权力的滥用，不但并不能限制皇权本身，而且并不是常常有效的。这也是绅士自身腐化的原因。他们可以利用这种政治上的地位去谋私利，甚至倚势凌人，鱼肉小民。这种无形轨道没有理由加以维持，更谈不到加强。从这方面说，我实在没有对这种机构“恋恋不舍”。

为了适应中央集权逐渐加强，政府逐渐大可有为的趋势，要维持政治机构的健全，我们必须加强双轨中的自下而上的那一道。加强的方法在我看来大概只有学习英美的代议制。关于这一点，近来很有表示怀疑的。梁漱溟先生那篇《预告选灾，追论宪政》把这怀疑用文化的观念明白表达了出来。但是因为梁先生说：“读者设于本文有批评见教之处，不妨待之全部理论主张看过之后也。”所以我在这里不便对这篇文章说什么话。可是如果对英美代议制怀疑的，不论怀疑它值得不值得学，或是有没有能力去学，怎样去防止权力的滥用，还是个急切得加以回答的问题。这问题并不是对任何人或任何党而发的，今后无论哪一党所组成的政府必然得做比以往的政府更多的事，传统的无为主义已经失其意义，而在我们的文化遗产中所有防止权力滥用的机构又是十分脆弱。我们是否将坐视双轨体系的被破坏？坐视中央权力无限扩大？坐视地方自治的式微？如果我们果真没有能力学习英美代议制，我们有什么代替品呢？以往我们没有学像英美代议制是“不为”呢？还是“不能”？我很愿意梁先生能在这些问题上给我们一些指教。

损蚀冲洗下的乡土

李林塞尔（Lilienthal）在他所著 *TVA* 一书中，曾用“采矿”一词来描写美国田纳西河流域以往的植棉方法。采矿是把地下所储藏的资源挖掘出来，资源挖掘出来之后，这地也就没有用了。美国以往植棉区域，也有相类的情形，一块地上种了几年棉花，把地里的养料拔完了，这地也就不能再种作物，除非另加肥田粉。到后来，土地只给农作物一个生长的空间，所能从土里长出来的，都得依靠不断加到土里去的原料，像工厂里的机器，李氏认为这是和农业的原则不合的。土地是有生命的机体，地力得培养，如果培养得法，可以取之不竭，用之不穷，不是个矿山。

田纳西河流域土地变质，农作技术的不良固然是一个重要原因，河水的冲洗影响更大。土质变坏，作物不长，加以原有的森林日渐砍伐之后，土地大多暴露。童山濯濯，大雨过后，泥土里没有草根，留不住本来可以滋养土地的水分，反而被水溶解了各色各样植物的营养品，挟之而去。水往低处聚，汇成巨流，澎湃急涌，拖带力也愈来愈大，一路把膏腴之地冲洗侵蚀，浩浩荡荡，奔流到海不复回——经过这样冲洗过的土地，由肥田而成瘠土，由农地而成荒区。

李氏主持下的 TVA 计划主要的贡献就在土地复原。一方面用巨坝控制水流；另一方面是利用水力发电，更用电制造化学肥料，医治瘠土；再一方面选择农作物，培养泥土肥力种植森林，恢复自然的有机循环。这个有类于黄河的祸水，竟成了这地域人民的命脉。

我提到这一套已经为国人所熟知的常识，并不是想鼓吹把这套计划拿到中国来实施而已，而是想借这个例子来说明性质上极可类比的一个社会现象，就是我们乡土社会被损蚀冲洗的过程。如果我们在物质建设上想采取 TVA 一般的计划，我们还得把这土地复原的概念扩大成乡土复员。除非乡土社区里的地方人才能培养、保留、应用，地方性的任何建设是没有基础的，而一切建设计划又必然是要地方支持的。因之我写这篇短论，提出这个问题来讨论。

落叶归根的社会有机循环

乡土复员的意思其实还是从近来在上海《大公报》专栏里发表过的几篇有关基层行政问题的讨论中引申来的。燕鸣轩先生在他《论基层行政的僵化》一文中，详细说明了地方自治机构逐步腐烂的经过。黄明正先生也在他《从经济角度看基层行政的僵化》一文中，强调这一方面的情形。黄先生似乎认为被我“评价太高，期许太切”的绅士，自古至今，一直是和老百姓利益相冲突的。燕先生则和我近一些，承认“这条轨的黄金时期，士大夫阶级多能担负下‘道在师儒’的光荣使命，为民师表，移风易俗，促成郅治的太平景象。当这一条轨到了腐烂时期，绅士们勾结了贪官，变成了土豪劣绅。”——这是说现在基层行政的僵化是因为这条轨道腐烂的结果。他至少承认有此一轨，此轨如果不腐烂，还是可以发生正作用的。我对于历史知道得很少，所以我不妨留此问题给更适合讨论这问题的人去讨论罢。我想我们同意的是目前地方上各种公务腐败不堪，政治的双轨实际都已淤塞。站在自上而下的路线上看，地方官无法执行职务，竟有成为绅士们的傀儡。中央在名义上是集权，机构上也已筑下了直达民间户内的轨道，而实际上却半身不遂，所筑轨道反而给别人利用来营私舞弊，大权旁落在无数土皇帝手上，空担了个恶名，站在由下而上的路线上看，有如我自己，上通的轨道影子都不见了，以致连以往“道在师儒”时代的无形轨道都觉得值得回念了。回头看看一般谈政治和经济改革的人，眼睛却大多只对着中枢政策，这一大片广大苦海里在法外特殊政治机构中苟延喘息的老百姓的惨景，连提都没有人提一提，怎能不令人痛心？

腐烂的乡土上什么新鲜时髦的外国好制度都建立不起来的。腐烂是病状，形成这结果的有一个过程，也就是我在本文中所要提出的，乡土社会被损蚀冲洗的经过。引起这损蚀冲洗作用的是许多经济、政治、社会、文化的因素，这些因素发生在我们近百年的历史里。

我在本文开始时引了一节关于美国南部土地损蚀和冲洗的情形，因为这情形给我一种启示，使我觉得中国的乡土社会中本来包含着赖以维持其健全性的习惯、制度、道德、人才，曾在过去百年中，也不断地受到一种被损蚀和冲洗的作用，结果剩下了贫穷、疾病、压迫和痛苦。我这种看法，也暗示除非能大规模的复员乡土，像 TVA 一般的复原土地，我们在表面上所做一切花样，用意且不加怀疑，也无法挽回这个沉沦的大局。

像我在以往几篇讨论中的假定一般，我想在以往传统的环境中。我们中国是有一套足以使大多数人民能过得去的办法的。生活程度固然很低，局面的混乱也没有停过，但是标准放低了看，多少是常常做到“黎民不饥不寒”的小康水准的。在现在看来，这小康水准也可称作过去了的黄金时代，而且要恢复到这水准，已非易事了。

中国传统小康经济是建筑在小心侍候土地，尽力保持土力，使人们老是可以取资于地面上培植的作物的基础上。这是李林塞尔所要在田纳西河流域恢复的有机循环。任何一个到中国乡村里去观察的人，都很容易见到农民们怎样把土里长出来的，经过了人类一度应用之后，很小心地重又回到土里去。人的生命并不从掠夺地力中得来，而只是这有机循环的一环。甚至当生命离开了躯壳，这臭皮囊还得入土为安，在什么地方出生的，回到什么地方去。

人和地在乡土社会中有着感情的联系，一种桑梓情谊，落叶归根的有机循环中所培养出来的精神。这种精神在那些倚赖矿产来维持生活的人看来是迂阔的。海外的华侨可以劳苦终日，一文一文地储蓄了寄回家乡，死了还把棺材遥远地运回去安葬；那种万本归原的办法是西洋人所不能了解的。在我们传统文化里却看得比什么都重要。我自己就有一个老祖，中了举，派到云南去做官，受不住瘴气，死在任所。他的弟弟牺牲了自己的前途，跋涉长途去运柩回吴江，经了有好几年，遇着各种困难，完成这在现代文化中认为毫无必要的使命。但在我们家谱上却大书特书，认为历代事业中最伟大的一项。如果我们从这类事情所代表的意义来看，可能是值得我们细加思索的。这象征着乡土联系的最高表现，而乡土联系却维持着这自然的有机循环。也就是这有机循环，从农民一朝的拾粪起，到万里关山运柩回乡止，那一套所系维着的人地关联，支持着这历久未衰的中国文化。

我希望读者不要误解我竟“落伍”落到提倡拾粪运柩，这些是在某种环境中所流露出来代表一种精神的方式，方式尽可以变，我绝不留恋于任何方式，但是我确觉悟到这种精神的重要。我因为怕有些把中国传统看得全无是处的人，因为我提到了拾粪运柩而连其所表示的精神一并忽视，所以不得不借重李林塞尔的话，以及标准美国事业的TVA，来作重提此种精神的助证。

乡下人为孩子提名，最普通的是“阿根”，人也有根的，个人不过是根上长出的枝条，他的茂盛来自这个根，他的使命也在加强这个根。这个根就是供给他生长资料，供给他教育文化的社会：小之一家一村，大之一乡一国。这个根正是李林塞尔所谓 grass roots。惟有根固的枝叶才能茂盛，也只有枝叶茂盛的根才能固。从社会说，取之于一乡的必须回之于一乡；这样，这个社会才能维持它的水准。不论是人才还是物资，如果像矿苗一样只取不回，经过一个时候这地方必定会荒芜。取与回的循环可以很广，很复杂，但是却不能转不过来。TVA 是一个大循环，我们内地拾粪的小农场是个小循环。循环愈大，水准愈高；但是能维持任何水准，必须有个循环。采矿式的消耗，性质上是自杀的，自杀可以慢性，但终必有枯竭的时限。一个健全的和能平衡的文化必须站在有机循环的基础上。

回不了家的乡村子弟

在我们传统的乡土文化中，人才是分散在地方上的。最近潘光旦先生和我一同分析了 915 个清朝贡生、举人和进士的出身。从他们地域分布上说，52.5% 出自城市，41.16% 出身自乡村，另有 6.34% 出自介于城乡之间的市镇。如果再依省分别来看，以有较多材料的直、苏、浙、鲁、皖、晋、豫 7 省说，乡项百分比超过城项的有鲁、皖、晋、豫 4 省。这些数字告诉我们，即以必须很长文字训练才能有机会中式的人才，竟有一半是从乡间出来的。更有意义的是我们所分析的人物中父亲已有功名的和父亲没有功名的比例，城乡双方几乎相等；城方是 68∶32，乡方是 64∶36。这是说中国人才缺乏集中性的事实，也就是原来在乡间的，并不因为被科举选择出来之后就脱离本乡。这和现代西洋社会不同。Sorokin 教授曾说：“（在西洋）一切升迁的途径几于全部集中在都市以内。如果不先变做城里人，一个乡间的寒门子弟已几乎完全不再有攀登的机会。”——中国落叶归根的传统为我们乡土社会保持着地方人才。这些人物即使跃登龙门，也并不忘本；不但不损蚀本乡的元力，送往外洋，而且对于根源的保卫和培养时常看成一种责任。因之，常有一地有了一个成名的人物，所谓开了风气，接着会有相当长的时期，人才辈出的。循环作育，蔚为大观。人才不脱离草根，使中国文化能深入地方，也使人才的来源充沛浩阔。

我在《再论双轨政治》一文中提到地方人才的问题时，曾说起了英国退休的公务员分散到乡间和地方上去服务的情形。燕鸣轩先生给我私人的信上曾说：“先生所希望的中国绅士像英国的绅士，事实上恐怕不相类的。”从目前的情形说固然不相类，但是我还觉得在传统社会中，似乎曾有过类似的情形。杨开道先生曾写过一本《中国乡约制度》，从这本书里看去，中国士大夫对于地方事业的负责可以说比任何其他国家的中间阶级为甚。即使我们说这些人服务地方为的是保障他们自身的地主利益，是养鸡取蛋的作用；我们也得承认这和杀鸡取蛋是大大不同了。何况在中国传统土地制度还有着“家无三代富”的升降流动机构，形成另一循环，使刻苦耐劳的小农有着上升的机会，并不像那富者愈富，贫者愈贫的两极化的情形呢。

燕先生很清楚地告诉我们地方权力变质的经过：最初是贡爷老爷，继之是洋秀才，最后是团阀。为什么会这样变质的呢？那就引到了我在本文中所提到的损蚀和冲洗过程了。以前保留在地方上的人才被吸走了；原来应当回到地方上去发生领导作用的人，离乡背井，不回来了。一期又一期的损蚀冲洗，发生了那些渣滓，腐化了中国社会的基层乡土。

乡土培植出来的人已不复为乡土所用，这是目前很清楚的现象。今年暑假很多毕业生找不到职业，在一次“欢送会”

里很不欢地谈到了这青年失业问题。有一位老师劝这些青年回乡去，在原则上是能说服他们的，但是他们几乎一致地说："我们已经回不了家了。"结果我还没有知道有哪个回了去的，他们依旧挤在人浮于事的都市里，甚至有靠朋友接济过日子的。

他们"已经回不了家"是不愿，也是不能。在没有离乡之前，好像有一种力量在推他们出来，他们的父兄也为他们想尽方法实现离乡的梦，有的甚至为此卖了产业，借了债。大学毕业了，他们却发现这几年的离乡生活已把他们和乡土的联系割断了。且不提那些正在被战事所蹂躏的区域，就是在战区之外的地方，乡间也是容不下大学毕业生的。在学校里，即使什么学问和技术都没有学得，可是生活方式，价值观念却必然会起重要的变化，足够使他自己觉得已异于乡下人，而无法再和充满着土气的人为伍了。言语无味，面目可憎。即使肯屈就乡里，在别人看来也已非昔比，刮目相视，结果不免到家里都成了个客人，无法住下去了——这是从个人的感觉上所发生的隔膜。城乡之别在中国已经大异其趣，做人对事种种方面已经可以互相不能了解，文化的差异造下了城乡的解纽。

如果有大学生真的回乡了，他向哪里去找可以应用他在大学里所学得的那一套知识的职业呢？说是英雄无用武之地可以，大才无法小用也可以，事实上，大学并不是为乡土社区造人才的。现在的教育是传授新知识的，所谓新知识，其实就是从西洋来的知识。这本来是可以的，知识不应分国籍，我们目前正应当赶快现代化，要现代化就得输入西洋文化。乡间的传统正待改良。新知识正是改良的方案。但是一个乡间出来的学生学得了一些新知识，却找不到一条桥可以把这套知识应用到乡间去；如果这条桥不能造就，现代的教育，从乡土社会论，是悬空了的，不切实的。乡间把子弟送了出来受教育，结果连人都收不回。

不但大学是如此，就是中等教育也是如此。我们曾在云南一个乡城附近的村子里作研究。靠近村子不远有个农业学校，这村因为靠近县城，所以园艺很发达，乡下朋友常指着学校的农场和他们说笑话；我们到农校里找他们教员谈话，也有很有专门训练的，说村子里的蔬菜大可改良。乡下朋友说老师们种菜像是种花，赔本的，不错；老师们说乡下的菜长得不高，也不错。所错的是各人做各的，合不起来。学生们出来，没有这么多“校农场”给他们“实习”和“试验”；回家去，家里没有这么多本钱来赔。结果，有些当了小学教员，有些转入军校，有些就在家里赋闲，整天无所事事的鬼混，在县城里造了一批新的“流氓”，他们也就逐渐变成燕先生所称的“团阀”的干部。

我们的大学多少也难免有此情形，所不同的是大都市中吸收新人物的能力比县城里大一些，除了当教员之外还有衙门、工厂里可以找职员做，但是有两点是相同的，一是他们并没利用新知识去改良传统社会，一是产生了一批寄生性的“团阀”阶层，既不能从生产去获取生活，只有用权势去获取财富了。

从这方面说，现在这种教育不但没有做到把中国现代化的任务，反而发生了一种副作用，成了吸收乡间人才外出的机构，有一点像“采矿”，损蚀了乡土社会。

流落于东西文化之外的寄生阶层

有人可以说现代化本来就是都市化。现代文化是都市产物，都市人口总是从乡间吸收来的。在乡间即使有人才也没有发展的可能，一到都市里，机会多，个性可以自由发展，所以城市是造就人才的地方。在乡间至多有“潜才”，不能说有“人才”，所以都市化对于乡村是有利无害的。在西洋，这种情形是很显然的。在中国，不能是例外。

这种说法是有理由的，但是也不全是事实，而且最后一句话，说中国不能是例外，更值得考虑。所谓“例外”是指在中国有很多条件和西洋不同，因之西洋社会的通则有时并不能不加修改地应用在中国。

我在本文开始时提出TVA是有用意的。念过李林塞尔那本书的，可以说上面的理论在美国也并不完全正确。美国都市的发达，确曾损蚀过内地的乡土社会。田纳西河流域，所谓Deep South在实施TVA计划之前是一个极悲惨的世界。每年每个农家的收入只有150元，和美国人当时工人的平均收入低下五倍；没有电灯，没有电话，没有公共医院。名剧《烟草路》里描写出来的生活比我们的农村还不如。美国可以有纽约的“自由发展”，但是在Deep South却没有免于饥饿的自由。为什么？和中国目前的情形一样，社会的有机循环脱了链。南部的物质（土地里“采”出来的棉“矿”）和人才不断地输出而没有回来。这土地，这人民，受到了损蚀，一直到罗斯福才重建了这循环，繁荣才恢复。

都市和乡村是必须来回流通的。美国都市的工业依靠广大农村作市场。农村的损蚀固然乡下人先遭困乏，但是困乏的乡间也会引起都市的恐慌。罗斯福发动TVA的计划目的还是在挽救都市的经济恐慌。李林塞尔最得意的杰作就是在恢复由城到乡的这条桥梁。从这桥梁上，城市里所孕育出来的现代知识输入了乡间，乡间出来的人才，受了现代科学的教育后，可以回去服务农村了。

提倡都市化是不错的，但是同时却不应忽视了城乡的有机联系。如果其间桥梁一断，都市会成整个社会机体的癌，病发的时候城乡一起遭殃。中国却正患着这病症，而且，依我看来，目前正在病发的时候了——表现出来的是乡间的经济瘫痪和行政僵化，都市的经济恐慌和行政腐败。

中国城乡关系本来就和西洋不同。这一层意见我已在《乡村·市镇·都会》一文里申说过，这里不必重复。那篇论文中我还只就经济的素质上加以说明这三者的关系。在本文上节里我又从文化的背景上加染了一笔。如果我们说都会代表西洋文化，乡村代表传统文化，那是不正确的；我的意思是：都会是两套文化接触的场合，被西洋文化改变了生活和思想方式的人回不了乡村，有一部分被都会里新兴的生产事业所吸收了，但是还有一部分却流落在生产事业之外，发生了一层倚赖权势过活的新人物，他们转而阻碍了城乡双方生产事业的发展。

这一层新人物从他们来路上说，直接间接是从乡土社会里吸收出来的。在东西文化接触之前，这些人物可能就被科学的机构所吸住，依旧在乡村和市镇间居住，“学而优则仕，仕而优则学”，也是燕先生所谓“贡爷老爷”，受着传统儒家哲学的教育，执行“道在师儒”的社会任务。他们可能在土地制度之内剥削农民，但是乡间财富并不大规模的外流。以整个社会说，有如叉麻将，叉来叉去，最后不会有太大的输赢。

如果中国都会里的生产事业发达得快，乡间吸收出来的人都能找到发展才能的适当地位，乡土社会虽则被损蚀了，但是都市却繁荣了，我们可能走上美国的道路，等都市财富积聚得无法消化时，再像 TVA 一般流回农村去。果真这样，我们的局面也必大非今观了。不幸的是我们的经济和政治却处于次殖民地的地位，大规模的工业化并不可能。西洋文化并没有全盘输入，只输入了它的上层或表面的一层，包括思想、意识、生活方式和享受欲望，并没有把维持这上层的底子——经济基础——搬了过来。这个脱节可真脱得严重，也是发生那流落在西洋和传统文化之外，流落在生产事业之外的倚赖权势为生的阶层，中国悲剧中的主角和导演。

洪流冲洗下的中国

土地的损蚀只是冲洗的开端。地方给采矿性的棉花拔尽之后，大片的土地上没有了覆盖的草皮，吸收不住水分，汇成巨流，造成灾区。社会性的损蚀作用同样会引起类似冲洗的人口流亡。损蚀作用中所带走的还有选择：最早离乡的多少是自动的，在经济地位上说是较富的，在教育程度上说是较优秀的。财富和人才离了乡，再加上了都市工业势力的压迫，农村开始穷困，小康之家降而为穷户，穷户就站不住脚，开始离乡；但是在乡间至少还有个中坚阶层足以维持——两极的移动多少是都市化过程中对农村所发生的一般影响。这两极也就是都市中劳资阶层的来源。

但是当中国所特有的流落在城乡生产机构之外的新阶层一旦出现，一旦庞大，他们利用着权势构成种种法外的“团阀”（法外并不指他们表面的地位而言，指他们获取财富的手段而言），乡间知识程度较低，团结力较弱，组织较松弛的农民，也最容易成为这种人物寄生的对象。使黄明正先生“暗自饮泣之黯然的图画是每个在乡下住的人所熟知的”。当我疏散在乡间时，这些人物的蛮强无理的敲诈掠劫曾使我多次因激于“侠义”出头干涉而陷入纠纷和痛苦。这些也是我一生中永远不敢忘怀的经验。这些人物的盛气凌人反衬出中国广大人民的善良和忍耐。但是善良和忍耐并不是敲诈掠劫的理由。容忍有其限度。当限度到来时，中国农民的坚韧也成了他们自救的力量。从局部的情态去看，任何还有正义感的人不会放错他的同情心的，但是从整个局面合起来看，却是一个大悲剧，演出的是反抗、流血、摧残、流亡、沉沦。本来是乡土里流出去的，父母伯叔卖了田地，节衣缩食，指望着回来繁荣乡土的子弟，当他们回来时，却带来了这一种礼物！

我记得有一次向一个冒充军官来乡间敲诈的人说：“你不也是从乡间长大的么？如果有像你一样的人到你乡间去这样胡闹的话，你觉得怎样？”他曾为我这话低下头去“可是——”他犹豫了一下，没有回答——这些是同一出悲剧中的角色。如果我们把一切责任都放在这些人肩头，同样是偏面的，不根本的，而且是无济于事的。

可是由这种人物所激起农民的仇恨，却逐渐形成一片火海。虽则明知这火海里并没有人得到便宜，但是到这程度，好像泥土里没有了草根，水愈聚愈多，最后必然会造成决堤的洪流。

地方上现在已没有任何挡得住那种借权势和暴力来敲诈劫掠的力量了。贡爷老爷已经不存在，洋秀才都挤在城里，农民除了束手待毙，只有自己出来抵抗，而整个生产机构也就难免于瘫痪了。

整个中国，不论上层下层，大小规模，多少正在演着性质相似的悲剧，但在生活已经极贫困的乡间，这悲剧也就演出得更不加掩饰，更认真，更没有退步。日积月累，灾难终于降临，大有横决难收之势了——这就是我想说明的损蚀和冲洗我们乡土社会的过程。这过程的发生是由于社会有机循环的破坏。很显然的，如果我的分析有若干正确性的话，我们必须从速恢复城乡之间的循环关系。关于怎样才能恢复的问题，我想留到以后论“乡土复员”里再提出来讨论了。

1947年11月26日于清华胜因院

黎民不饥不寒的小康水准

我在《损蚀冲洗下的乡土》一文的结尾说起我想提出一些怎样才能重建中国城乡有机循环的意见，并且预定了《乡土复员》这个题目。忽忽已有一个月，好像欠了一笔债似的，使我很着慌，屡次下笔都不克交卷，其间固然有许多冗杂的事务阻挠着思考，而这问题本身的复杂，也是个很重大的原因，何况当前的一切似乎还谈不到建设。破坏之动员未已，乡土复员的说法，竟带着讽刺的意味。可是话还得说回来，在一般人民对国是失望感慨之余，也没有比这个时候更需要彻底自觉，在恩怨之外，找出这空前变局的结症所在。宿疾求艾，即使并不是怎样急救灵丹，也是我们应当致力之处。虽说是书生之见，但也只有书生才能暂时在切身的烦恼之外，瞩望将来，注视这个可能的免亡之道。所以最后，我还是鼓着勇气，贡献一点较远的看法。我这几篇乡土复员论将从一个问题出发：假如我们还希望走上一条安康的道路，我们应当向哪个方向出发。至于我们怎样能走上这条路，那不是我在这几篇短论里所想讨论的了。

土地分配和民生

现在论乡土经济衰落的人，大都注目于中国的土地制度，尤其是租佃制度。租佃制度引起人的注意是有理由的，而且是现实的。一个自己没有土地，租别人土地来经营耕种的人，普通都得把正产，主要农作物的出产的一半以上，在地租的名义下，交给地主。“一半以上”正产量作为地租算不算很高呢？

单凭百分比是看不出意义来的。我曾根据我自己调查的结果，用产米量和食米量的比例来说明地租的真实分量。这里不妨举出一个村子的情形来表示。在“江村”（太湖附近的一个村子）每农家经营的农场平均面积是8亩半，合1.29英亩。每英亩产米平均约数是40蒲式耳（每蒲式耳约重67磅。这种产量，在中国一般情形说，可算是收获很丰富的了），每农家平均产米总量51.6蒲式耳。每农家人口平均是4.1，合壮丁数2.9（所谓合壮丁数是指食米量而言，依Atwater标准经我们修正后折合）。每壮丁每年平均食米量为7蒲式耳，即470磅，每家共需食米20.3蒲式耳。总产量减去食米量剩余31.3蒲式耳。如果这家的农田是租来的，租额如果是正产量的一半，合25.8蒲式耳。把地租交出后，只剩余5.5蒲式耳的米，农场上其他作物的产量依我们估计其价值约合米量10蒲式耳。这家人可以用在食米之外的消费量及农业投资只有15.5蒲式耳米等值的数目。于是问题是：这点钱够不够呢？依我的估计中国农民普通的支出各项的比例是：吃米42.5%，其他消费42.5%，农业投资15%，依这比例，这家人需28.4蒲式耳米等值的钱作吃米之外的其他费用。这个人家如果在农场之外别无其他收入，每年要缺12.9蒲式耳的米。

如果农场较大，交了地租之后，剩余可以略增。但是农场的面积一方面是限于可供耕种的土地面积和人口的比例，另一方面又限于现有技术下，家有劳力所能经营的面积。我在云南农村中曾经分析过农业劳力的问题。在最忙的农期中，一夫一妻所能耕面积只有3亩强。换一句话说，他们如果要经营较大农场，在最忙的时候必须换取或雇佣劳力帮同工作。能耕面积因之也有赖于劳力的组织。在一般情形中，如果技术和劳力组织不加改进，一个农家所能经营的农田面积并不能超过现有平均农场过远。现在农场面积平均数目各地因作物及土质不同固然略有伸缩，以太湖流域说，江村的情形决非例外。

扩大农场的机会很小，这不是一个分配的问题，而是农业人口和可耕地面积比例的问题。分配是从所有权上说的，中国土地分配不平均是事实。但握有较多土地的地主通常并不是自己经营农田的。大地主还是分成了小农场出租给佃户。所以从经营着眼，如果要扩大农场，分配问题远没有技术及组织为重要，最基本的是农业人口怎样能减少的问题。

但如果说重分配既不能扩大农场，对于生产并无重大贡献，因之我们不注意这问题，那却又不对的。分配问题在民生上有极严重的影响。如我上述的情形，假如江村的农民都是自耕农，他们单靠现有的土地也足以达到“不饥不寒”的水准了。61.6 蒲式耳米等值的收获可以经常支出 20.3 蒲式耳的吃米，20.3 蒲式耳米等值的消费品，和 8.4 蒲式耳米等值的农业投资。另外还有 12.6 蒲式耳米作其他特殊费用的准备——这正是我所说的“小康水准”。

农工混合的乡土经济

如果我以上的分析是正确的，在租佃制下经营小农场上的佃户并不能靠土地维持“不饥不寒”的水准，则在传统的乡土经济早应该发生土地问题了，为什么土地问题到近二三十年来才见严重呢？

乡土经济中土地问题早已存在，我想是事实；但是在传统经济中却有一道防线挡住了这潜在的问题暴露成佃户和地主中间的严重冲突。这道防线是乡土工业。关于乡土工业在传统经济中的地位，我曾一再写文论述过。简单地说，在海禁未开之前，中国人民日用消费品是自给的。中国从来不是个纯粹的农业国家，而一直有着相当发达的工业。可是传统的工业却并不集中在都市里，而分散在无数的乡村里，所以是乡土工业。各地依它的土产加工制造成消费品，日积月累，各种工业都有著名的地域。中国早年出口的生丝最有名的叫辑里丝，查海关报告还有这英文译音；辑里丝是太湖附近很小一个区域里出的丝，居然成了个中国出口生丝的别名。其他如龙井的茶，景德的瓷器，高阳的布，都属此类。这些还只是些最著名的土产，其实每个小区域，甚至许多村子都有一两样附近所熟知的土产，土产中又有很多是制造品。而制造这些土产的却是一家家的农户。轻工业中最重要的纺织，在传统中国是家庭工业。我幼年还帮助祖母纺过纱，我母亲的嫁妆里还有个织布机，“不闻机杼声”这诗句在我是极亲切的。制造工业分散在家庭里固然使中国传统工业在技术上不易进步，但却是一个传统经济中的重要事实，使普通土地不足的农家可以靠这些家庭工业里的收入，维持小康生活。

中国的农场为什么会这样小，是一个基本问题，直接的原因可以说是人口太多，但是为什么人口会这样多呢？这问题有人认为是不必问的，人口繁殖是生物现象；也有人认为是儒家思想提倡的结果。我却愿意从劳力上来看：农作活动有季候性，在一个短的时期中需要相当多的劳力，也就是所谓“农忙”。农村里必须养着能足够应付农忙时所需的人口，虽则农忙一过，这些人在农田上可以并没有工作可做，也就是所谓农闲。在充分利用人力来工作的农业技术下，农忙和农闲所需劳力的差别可以很大。如果单看农忙期间的农村，人口并不能说太多，因为没有这样多的手脚，现有农田在现有技术下并不能充分经营。依我这种看法，所谓中国农村人口太多是从生活程度上说的，并不是从农业生产上说的。除非农业技术能改变，农村人口不易减少。抗战后期因乡村壮丁的流亡已在后方农村中发生了缺乏劳工的情形。

农业虽则在短期需要大量劳力，但是有2/3的日子是没有农作可做的，于是发生周期性失业的情形。换一句话说，我们是“养工一年，用在农忙”。这些劳工并不能离开农村，离开了，农忙期会缺工，可是农闲期怎么办呢？这里引入了乡土工业，乡土工业在劳力利用上和农业互相配合了来维持农工混合的经济。也只有这种农工混合的乡土经济才能维持原有的土地分配形态。一个自己没有土地的小农场上的佃户，在男耕女织的农工合作下，勉强能达到他们生活的小康水准，同时也使传统的地主们可以收取正产量一半的地租，并不引起农民们的反抗。反对地主利益的人可以说这种乡土工业正是给他们剥削佃户的机会；从整个经济分析上说，农业技术，劳力需要，人口数量，农场面积，乡土工业，地租数量，地主权利等因素是一个有机的配合。中国传统社会能很久的维持着这配合，那是因为它至少可以给在这种经济里生活的人不饥不寒的小康的生活。任何经济结构如果不能维持最低限度的民生，是决不能持久的。

传统有机配合的脱栓

在过去近一个世纪来，上述传统有机配合开始破坏了。破坏在哪里开始的呢？在我看来，第一个脱栓的齿轮是乡土工业。农业技术、人口数量、农场面积、地租数量、地主权利等齿轮，并没有变；跟着乡土工业那一齿轮脱了栓的却是那传统有机配合所维持的小康生活。

乡土工业的衰落由于它和西洋都市机器工业竞争的结果，这一点不需我在这里费词引证。机器工业在大规模生产的方式下成本减轻了，品质提高了，土货成了个贬损的名词，洋气才是风头，骨子里不过是两种生产方法的优劣。费了较高成本制造出既不雅观，又不适用的土货，怎能在既便宜又漂亮的洋货旁争得购买者呢？土货的市场让给了洋货，在享乐上是提高了买得起洋货者的水准，可是同时却引起了乡村里无数靠着制造土货的工人们的失业。

贫穷跟着乡土工业的衰落侵入乡村，这个魔手是间接的，impersonal 的，捉不住、看不清对象的，是一种无可抵御的势力。只感觉到而摸不着的，要反抗也无从反抗起，要抵御也无从抵御起。一个织土布的媳妇，没有人要买她的出品时，代替机杼声的也只有叹息罢了。她去怨恨谁呢？

这时她只有指望丈夫在农田上的收获了。一家的生活压在土地上。也在这时，传统经济里早就潜伏着的土地问题暴露了。地主并没有丧失他收租的权利，租额并没有减低。而且传统的地主并不是生产的阶层，他们是“食于人”的。在新的处境里他们也没有大量的改变这种身分。相反的，因为西洋舶来品的刺激，更提高了他们的享受，消费增加，依赖于地租的收入也更不能放松。可是当他们下乡收租时，却发现他们的佃户并不像以往一般驯服了。怎能驯服呢？交了租就要挨饿了。为了生存，佃户和地主之间发生了严重冲突。地主不会明白为什么佃户变了，他还是收取和以往同样的租额，并不是过分的要求。佃户们眼里的收租者却变了，成了来要他最后一粒谷的催命鬼——看不见的是没有声音的西洋工业势力，它打碎了传统有机配合中的一个齿轮，哪一个地主本来不关心而其实是保证他们特权的齿轮，乡土工业。

破坏乡土工业的力量是深入、遥远、庞大、有力的，它背后还有着巨舰大炮，“帝国主义”，有组织的，而且是现代化的。缺乏团结力，缺乏组织，缺乏科学知识，分散在乡村里兼营着农业的传统工人，对于这个力量怎能抗得住，可是地主的势力，和了外来工业势力相比，却脆弱得多，于是为了求生存不能不奋斗的农民挑选了地主做对象——这样，在近代史上，中国的土地问题日深一日。

地主阶层合理的出路

不饥不寒是民生的最低水准，如果人有生存的权利，也就应当承认争取这水准是公道而且合理的——这是民生主义中基本的内容。可是中国不停地在被解除它原有的工业生产力，小康的降而为小贫，小贫的降而为大贫，大贫的铤而走险，乡土在冲洗中。农民们在要求回复失去了的生活水准。

在这个局面中，如果不能挽回我们在衰亡中的工业，本来间接依靠原有乡土工业，通过地租形式，而维持的地主阶层，迟早是会被打击而消灭的。这些地主并不能自己去耕种土地，而得假手于农民，这片土地又不能同时养活地主和佃户双重人物，地主却不能采取消灭佃户的手段来维持自己的收入。另一方面，没有了地主的农民还是可以耕种土地——所以在地主和农民的争斗中，农民必然占据优势的。从理论上说，地租原是在土地能在供养耕者之外还有剩余的情形下发生的。可是中国的租佃制度却并不直接建筑在土地生产的剩余上，而间接地建筑在农民兼营的乡村工业上，所以乡土工业崩溃实在打击了中国“地租”的基础，注定了地主阶层的运命。

地主并不能在同意之外获得地租。虽则在短期间地主固然可以靠压力来赢得“被迫的同意”，但压力包括费用，而反抗可以无限的增长，因为反抗的动力是生存的要求，和压力正比累积；二者竞赛，以有限压无限，总有穷时，所以我们可以预言其结果。

为地主着想，合理的出路决不应是加速自己的灭亡，而是适应新的局势，另建他们生活的基础。和农民的“不饥不寒”的水准去对抗是徒劳无功的，只有承认这人类生存的基本事实，而在土地之外另谋出路。说来似乎矛盾，地主得在土地之外去找出路，而事实上却一点都不矛盾，因为中国的地主原本不是靠土地的。当西洋工业势力侵入打击中国乡土工业时，地主们如果要保持他们的生存，就应当勇敢地迎战。这战线上如果不能获胜，他们的生存总难维持，不论直接清算他们的是谁。

我承认对外的迎战是艰难的，但不论怎样艰难，这是地主阶层生死关键所在，无法推诿的考验，而在这恢复工业的艰难事业中，尤须广大农民的支持，因为在已经成熟的西洋侵略性的工业经济的滩头，要确立我们民族工业的阵地，在策略上大概不能避免走上复兴乡土性工业的路子。换一句话，还得依赖能耐苦的农民以生活程度来和西洋劳工相竞争——这是从经济上说的。从政治上说，西洋工业背后随时可以转变为军事侵略的政治压力，也必须以国内的政治安定和统一才能应付，那更需要国民中80%以上的农民的支持。从任何一方面看，地主阶层在面临生存威胁之际，不但应当，而且只有以放弃地租为条件来和农民共同克服这危机。这是孙中山先生眼光远大之处，耕者有其田的政策是一个地主阶层自保的钥匙。

我这种说法，完全是站在地主阶层的生存兴趣上立论的。我很明白，完全站在农民阶层的立场上，还有一条路：那就是抓住土地，占有土地上所能出产的，不放松，必要时不惜出之以武力的保卫。完全占得住土地上所生产的一切，确可恢复小康水准，而且从他们看，一个没有力量在向外战线上团结保卫的阶层，也不会有能力维持向内的战线，两线作战是兵家之忌。这套想法并不是没有理由，但是，依我看来，如果加上国家观念，这种做法总可以说是不幸的。而且中国复兴的基础最后不能不是工业的复兴，生产力的增大和生活水准的提高，这不是单纯农业所可以达到的；何况内战的直接结果是破坏，破坏的结果是外来势力的增高，中国工业更难建设。中国农民固然是吃得起痛苦的，但是耐苦也不应是理想的价值。

历史并不常是合理的，但是任何历史的情境中总包含着一条合理的出路，历史能不能合理发展，是在人能不能有合理的行为。一个被视为“书生”的人，有责任把合理的方向指出来，至于能不能化为历史，那应当是政治家的事了。

地主阶层面临考验

特权的动摇

上一篇乡土复员论里，我提出了一种看法：中国土地问题严重性的表面化是由于乡土工业衰落而引起的，土地的生产并不能单独同时养活地主和佃户两重人物，中国现有的人地比例，注定了“耕者有其田”的秩序。如果我们承认当前严重局面基本上是土地问题在作祟，则土地问题的合理解决自应是重建和平秩序的前提。合理解决，在我看来，却不只是在土地权的重分配。我说“不只是”，因为要能做到土地权重分配，实行耕者有其田，必须有一个条件就是本来靠地租维持生活的地主得另外找到一个经济的基础。有人会说，地主这阶层是寄生在农民身上的剥削者，他们已经侥幸地被供养了几千年，现在该被清算了；把田拿走了，如果他们自己没法找到生存的机会，那是活该。我不愿在道德立场上讨论这问题，只想从事实上说，如果地主阶层找不到新的生产性的经济基础，他们不会轻易放弃土地的，于是，如果要实现耕者有其田，就不免要在同意的方式之外用暴力的手段了。再换一句话说，如果不给地主阶层一个经济的出路，土地问题的解决过程中避免不了暴力的因素。我的立场是想在和平方式中去解决这无法拖延的基本问题，所以特别愿意强调和平解决所必需的条件。我承认地主阶层即使找到了新的经济基础，不一定就能和平解决土地问题，这只是一个必要的条件，而并非足够的条件。

我也承认“另外找到一个经济基础”的责任是在地主阶

层自己，因为他们在传统社会中是握有特权的阶层。拉斯基教授在工党上台前夕给英国特权阶层的忠告，很适用于中国当前的形势。如果特权阶层不自动的放弃特权，在和平的情势中获取另外经济基础和社会地位，就将被迫放弃特权，在暴力的运用里，损失最大的也就将是这个阶层。

事实上，当前的地主阶层已感觉到他们的特权不可靠了。这里我可以抄录一节一位在家乡（苏州附近）的朋友给我的信：

> 以前农民“拔田”（有永佃权的佃户向地主买俗称田底的地权）每亩需粳20担，农民花得起这笔钱的很少。现在市价只要两担。很多地主在困难重重，前途又无希望之中，甚至肯收更低的代价把田卖掉。

这其实是乡土衰落所必然会发生的结果。地主们放弃土地，离乡入城，已有相当久的历史。现在城市里多少中下层的居民不是从原有的地主阶层里出来的呢？他们如果在城市里得到了谋生的职业，或是投资的机会，即使没有“重重困难”去迫他们出卖土地，他们也不会留恋于已不一定收得到租的土地。但是关键是在他们身虽离乡，而并不易在土地之外找到一个稳定的经济基础。中国民族工业的萧条，使他们的收入还是直接间接的取之于农民。一查他们的职业，公务员和军队占着很大的比例。这说明了，如果我们在农业之外不能开辟出广大的生产基础，本来寄生于土地上的，不论他们离村多么远，不论他们名义上怎样不带土气，最后，转转弯弯的还是寄生在农民身上。地租名目可以变成赋税，变成摊派，实际还是一样，土地得供养这一批不事生产的人物。这是说地主阶层即使放弃了土地，如果没有新的生产去吸收他们，问题还是没有变。因之，我觉得现在的关键已不是在地主们愿意不愿意放弃土地，而是怎样转变为生产者的问题。

寄生阶层的保守性

地主阶层既已感觉到特权基础的动摇，但未能及时在土地之外去另谋出路，依旧在四面楚歌中求片刻的苟延，在明知愈拖愈不利的命运前恐惧战栗——那是值得我们更进一层去分析的事实。

中国地主阶层踟蹰不进，因循苟且，不能毅然在工业里自谋合理的出路，有外在和内在的两层原因。外在的原因是西洋雄厚的工业势力和复杂的国际政治，这方面已经受到注意，我不必在这里多讲。我在本文里想提出来的将偏重于内在的原因，那是地主阶层的生活方式、理想、抱负和知识所给予他们的束缚。

特权所给人的享受会向灵魂深处索取它的代价。它腐蚀握有特权者的个人的志气，它也腐蚀维持这特权的社会的活力。这可能说是上帝的公平，也可以是历史的公律。特权阶级的生活只要现状不变就能维持，因之在心理上憎恶变革，保守是他们根据阶层利益而养成的精神，在土地制度里获得特权的阶层保守的精神更是牢固。农业本身技术的成分远不比工业，作物的生长是自然过程，人不过在旁扶植，农夫是靠天吃饭的，明白主观的限制。另一方面说，小农生产是自给自足的，在经济上不受市场竞争的打击或鼓励。这种性质的作业里不容易表现出技术的重要性来。技术不需日求新异，整个人事也易于安排配合，成为一种稳定的社会结构。现代工业社会是稳定不住的，基本上是因为技术的分量太重，技术这一道里，效率、经济、精巧等一类标准太明显，加上了竞争性的市场，技术必然领先变革，于是文化的其他部分也不能不随着变了。因之以现代工业社会里特权阶级来比较传统农业社会里特权阶级，后者的保守性和固执性可以更为显著。

尤其在中国，这种特权阶级在以往是不必具备着高度警觉性的。地主阶层可能的威胁来自两方，一方是农民的反抗，一方是暴力集团的侵害。中国地主阶层经了长久历史的陶养，对这两种威胁已经发生了相当的免疫性，这种免疫性结晶在儒家的思想和相配的制度里。从这个角度里去看儒家思想和制度，很可以见到它的实用性，甚至相当微妙的作用。儒家是反对地主们在享受上无餍求得的，克勤克俭，把主观的欲望约制住了，使他们不致尽量地向农民榨取。这有限的土地生产力和农民已经很低的生产水准是经不起地主阶层们的挥霍的。把中国一般中小地主描写成养尊处优、穷奢极侈的人物，我觉得是不太切当的。“一粥一饭”式的家训即使不能算是实况的描写，地主阶层平均所占的土地面积也可以告诉我们，他们所能维持的也不能太过于小康的水准。拥有100亩农田以上的地主，据陈振汉先生的推算，全国约有80万人，合全体农业人口的3‰。除了这少数有资格谈得到优裕生活的大地主外，克勤克俭是必须的生活条件。我在去年暑假里回家乡时曾问过当地的朋友，“完全靠地租，想生活得相当舒服需多少田？”我得到的回答是“400亩上下”。我知道有几家亲戚有田在二三百亩左右的，他们的生活实在赶不上一个有几十亩田的自耕农。省俭之成为中国一般的性格实有它的经济基础。主观欲望上的约制使租佃关系中紧张程度得以减轻。

中国传统租佃关系里还常充满着人的因素。这因素又被儒家的“中庸”、不走极端、所浸染得富有弹性。我幼年常听祖母讲：有些下乡收租的地主非但没有收到租反而放了一批赈。我提到这事实，并非说中国地主阶层怎样慈善；很显然的，如果都像这种放赈式的收租，这阶层早就不存在了，而且我也知道有地主把佃户的女儿都拉回家做丫头的。但是我要借此指出的，在传统的礼教中确有鼓励不走极端的力量，在消弭租佃之间的冲突。有人不妨说这是猫哭老鼠的假慈悲，这是地主剥削农民的力外裹着的糖衣。我并不反对这说法，我只要说明，此假哭，此糖衣，确曾减少过农民反抗的可能。

另一方面足以侵害地主利益的是各种各式的暴力集团。在人口增殖，生产无法扩大的局面里，以暴力来取得财富的方法永远是引诱人的。如果地主得自谋保卫，他们不能不讲组织，讲武备，警觉性也够维持他们一点生气。但是在中国却发生了传统保镖性的皇权。皇权的最后成分是暴力，它的形成是由于被需要安定的经济力量所招安，以按期的报效代替周期的被劫掠。这过程是我们熟悉的，从上海乞丐头儿起到大小帮会，以及边地的保商组织，都是这一类。梁山泊那样狠的好汉，也难免“招安”的梦想。这其实是暴力集团升沉的自然史。中国历史上贵为天子的，无论胡汉，还不都是以劫掠始而以收税终吗？

从地主阶层说，他们自己是不武装的，但是利用着暴力集团间的矛盾，以暴制暴的选择他们付保镖费的对象。保镖的目的在获得这笔钱，如果有其他暴力团体兴起了，最初是剿，剿不了则抚，抚不了就得拼，拼不了就让位，这是改朝换代。不要说得太远，就在我幼时，军阀们争雄的时候，我知道得很清楚，军阀打是打他们的，老百姓只要先躲一阵流弹，再希望不碰着败兵，最后自有商会出来劳军，一切如旧；劳军过后还在城门口看到几个扰民的小兵的头颅，旁边是一张“安民告示”——换了一个保镖。

这个降伏了其他暴力集团的皇权，如果认真要统治起来，侵害地主利益怎么办呢？这里又碰到了我已说过的传统对皇权的两道防线了，这里不再重复。

中国地主阶层并不是一个突出的特权集团，而是经了长久的位育，在内有着免疫性，在外有着一道道的防线，使他们可以在一个稳定的农业经济里，过着寄生性的生活。研究寄生虫的生物学家常会告诉我们有关这类动物的无数难于置信的寄生本领，生理和环境真是神工鬼斧般的配搭得巧妙异常，没有这一套，这类动物是无法生存的。但是因为它们的专门化，一旦环境改变了，也常是最先淘汰的，它们没有积极谋适应的能力。当我着手分析社会上寄生性的特权阶层时，也不免常引起这种感觉；他们的生存和繁荣不是靠他们个体的能力，而是靠着微妙的制度上的搭配。因之，他们对制度上的变革必然是厌恶的，保守性也特别强。

传统性格阻碍着新生

当我在客观的立场去分析中国地主阶层的合理出路时，我觉得只有从民族工业里打算，但是再去看一看这阶层的特性，未免使我为他们担忧了，因为由于他们历史上的特殊社会地位所产生的性格和现代工业所需的才能很不相合。这件事实可能足以部分的解释为什么我们和西洋接触已有了一个世纪，而民族工业还是这样幼稚（把一切责任放在帝国主义身上是不够的）。

首先我可以提出来说的是对于技术的贱视。上面已讲过贱视技术是维持稳定的社会所必需的条件。贱视技术的结果使地主阶层里的人物和工艺隔离了。工艺是人和自然的接触，改造自然以为己用的活动。生产活动也就是取用于自然的活动，所以基本上是工艺性的。脱离了生产的地主阶层无需讲求工艺，转而因害怕工艺的发达会威胁他们利益所寄托的社会结构。嫉视工艺，称之为淫巧，称之为末技，称之为玩物丧志，不但把社会上可能的技术进步遏制了，而且自己和自然之间立下了一道鸿沟。于是文艺代替了工艺。文艺是象征标记的玩弄。工艺本来也不能完全不求助于象征标记，算术和科学是从工艺里发生出来的，但是这里的象征标记最后要在自然现象里实证的，只是手段性的；文艺里的象征标记却不须实证，它们可以直接给人感情和思维上的满足。对自然本身缺乏实用性的兴趣，使实证的科学，甚至写实的艺术，都无从发达。中国传统以地主阶层为基础的思想和学术，很深刻地表现着这种特性。

厌恶及贱视和具体事物的直接接触和运用，使这种人对自然现象缺乏感情上的爱好。中国的文人特别不惯用手去抚弄物件，高贵的姿态是把双手放在袖子里。从小好奇心就被限于在冥想里得到满足，孩子们可以和玩具绝缘，更谈不到自由地制造和破坏，连沙泥都不准染指的。这一套教育和整个成人的生活方式相衔接，相配合。技巧不入上流。

这种人所关心的是社会身分，在人家眼睛里的贬褒，俗称面子。在衣着上要和非运用双手不能谋生的平民划出区别。尽管穷，长衫是不进当铺的。身后要跟着侍从，使唤人，一方表示是役人的身分，一方可以避免和自然多接触，用象征标记来驱使环境，获得满足。传统对于享受的定义显然和西洋的概念差别很大，西洋的所谓享受是以能使用的物资的多少来衡量，而中国传统却以使唤的人数作标准。

这一套和工业组织所需要的精神真是格格不相入。工业基础是技术，是双手接触自然，是在支配自然里求表现和得到满足。我曾有机会在战时后方的一个规模相当大的工厂里去住过，员工人事的磨擦最大的起因，并不是绝对的待遇上的不平均，而是相关于身分的荣辱。实际上收入比职员为高的工人不安于自己的地位，宁愿做职员，坐办公厅，使唤人，胸前别一个徽章。这并非是工人们不谙计算，而是员工之间身分的划分太明显，态度上充满着歧视。这里利用现代机器的还是那传统的社会结构。一个工人对职员“没有礼貌”可以构成被开除的理由。一个毫没有工厂经验的留学生或是大学毕业生可以得到工程师或随习工程师的位子，他们决不会去做工头，不会住在工人宿舍里，不会在工人食堂里吃饭；而一个没有进过高等学校但富有经验和才干的工人，也极难得到负设计、管理责任的地位。这种分化，尤其在国营工厂里是如此，被称为“资格”的鸿沟，反映出中国的传统社会结构的素质，我想，这也是阻碍着中国工业现代化的一个不太使人自觉，实际上却极致命的势力。

我在这里所提到的不过是这病症的一个症候，其他类似症候还多，但已足以使我们看到背负着这一套生活方式的地主阶层的子弟们即使有机会去向工业里谋出路，他们的习惯，包括手和脑，是否能适合于这路上的工作，实在很成问题，何况大部分的人还没有在这路上去谋发展呢？最能吸收这种人的职业是所谓“公教”，“公教人员”现在已成了个十分熟悉的名词，甚至很多从事工业的人，因为国营工厂的发达，也可以包括在这名词之中。这个新名词在旧词汇里就是“衙门”里的人物。衙门本是传统地主阶层，也称士大夫的出入之所。与其说中国的新事业改变了传统，不如说它们被传统所同化，成了装旧酒的新瓶子罢了。

我在上一篇乡土复员论里曾说起为地主阶层打算得及早放弃土地另谋经济基础，在本文里我想指出的是该放弃的不只是有形的特权，而且必须把从这特权里所养成的那一套生活方式，包括志趣和态度，一起连根抛弃。这是一个时代所给的考验。

当我发表了上一篇乡土复员论之后，曾接到若干来信，其中有一位质问我是否想以资本特权来代替土地特权，想转移阵地，放弃农业夺取工业。更问我是否想为地主阶层做谋臣策士。我觉得这些质问的确很中要点，我承认自己虽已属“没落的地主”或已抛弃了地主身分的人，但确自觉有为这个进退两难，前后夹攻下的阶层，考虑他们的前途的责任。这阶层在现在还是存在着，是一个事实。它是个历史的产物，在时代的巨变中进退维谷。我并不想在维持地主阶层特权的前提下作打算，而是想怎样为这阶层里的人求一条合理的出路：怎样才能使他们可以放弃这事实上既不易又不值得维持的特权。

我也曾想过所谓“转移阵地”的说法；详细一些说，就是由政府发行土地公债，使地主在获得报酬之下把土地脱手给农民，把地租改为利息，再把他们的资本投入工业。这办法对于地主是有利的，真是所谓“以资本特权代替土地特权”。但是这种办法还是解决不了基本问题。且把农民能否担负债务的利息的问题搁开，从地主本身说，如果他们维持特权的身分和附着于特权的那一套生活方式，他们并不能在工业中开拓出一个新的基础来。地主阶层如果不自己去经营工业，找什么对象去继续他们的寄生生活呢？对于这些问题的考虑，使我写下这第二篇乡土复员论。我在这里可以回答那位朋友的是：我确是认为只有“放弃农业，开拓（不是夺取）工业”才是现有地主阶层应当采取的道路，但是同时他们必须放弃特权，把他们这阶层的性质由寄生而变成服务。

现代工业技术的下乡

提高农民生活程度的道路

普通一个农家的收入有下列几个来源：（一）农田上的主要作物，（二）辅助作物，（三）家禽家畜，（四）贩运，（五）出卖劳力，（六）乡土工业。他的支出大体可以分为下列几个项目：（一）衣、食、住、行、娱乐、宗教、医药等日常生活的维持费，（二）婚丧等生命关节上的费用，（三）保卫、社戏等社区公益费用，（四）捐税，（五）地租，（六）灾祸、劫掠、敲诈、瘟疫等意外的打击。

想提高农民的生活程度，主要的是增加支出中的第一项。增加的方法不外提高收入和减少其他项目上的支出。最理想的是收入中项项都能提高，其他支出项项都能节省。但事实上并不能如此，于是不能不有所偏重。在收入上，我们得看哪一项最容易见效，而且最有希望，限制比较最小；在支出上，我们得看哪一项最应当减少。所谓“应当”是指以农民健全生活为标准。

我在讨论土地问题时曾提到地主阶层应放弃特权，是从农民支出方面着想的，地租在经常的支出中所占成分很高，要提高农民生活程度（即使要达到不饥不寒的小康水准），决不能继续像过去和现在一般把这样重的一块磐石系在农民颈上。这就是“耕者有其田”。我这样说并没有忽视支出的其他项目。和地租同样在压迫农民生活的，有时甚至更压得紧的，是最后一项。这一项应当包括各种非法的摊派，供给过境的军队的消耗，以及各种强拉的工役。如果把这些划到第四项，则捐税也就成了亟该减轻的项目了。这些是比改革土地制度更紧急的，但是因为这是不易发生异议的，所以我也没有特别提出来讨论。

农民担负的减轻是乡土复员的前提，但是单从这方面下手，我们可能提高农民的生活程度还是很有限的。所以我曾偏重到收入方面去讨论这问题。这种偏重并非认为减轻支出的那一方面可以缓办（若干批评我的朋友在这点上有误会我原意的），而是认为我们应当做得比这些更多一点。更应该多的那一点是我所提到的乡土工业。

我对于乡土工业的意见，又曾引起许多批评，因之我想在这里再谈一谈。我们如果看一下我所列下的农民收入来源，从收入数量上说，（一）、（六）两项比较最重要。在比较繁荣的乡村中第六项的收入甚至可以和其他项目的总数相等。也正是这一项在过去几十年中跌落得最凶，这个事实我想很少人能否认。于是我提出了一个问题：在这许多可能得到收入的项目中，如果我们想设法增加的话，最可能入手的是哪一项？

在设法回答这问题时，我曾请教过农业专家，如果我们利用一切科学所给我们的知识，像选种、除虫、加肥等等，土地生产能增加多少？有的认为不过 20%，最高的估计可能到 100%。即使做到加倍的程度，可以增加的限度还是很低。当然这是在作物不改变的前提下所作的估计。董时进先生曾指出过：如果要在农业本身去谋农民经济的改善，直接从改良作物入手不如从改种经济作物入手为有希望。经济作物是指值钱的作物，也是指作工业原料的作物，好像油桐、桑麻等。

我所想的，其实不过是再推进一步：如果农民把经济作物的收获直接当原料卖出去，不如在可能范围里自己加工，甚至制造成了把成品出卖，在收入上讲应当更上算。这就是把农业联上了工业了。这其实也就是我们传统乡土经济的方式，在和西洋现代工业势力接触之前，我们乡村中本来是有相当发达的工业的。我也认为乡土工业是形成中国小农经济的一个重要因素。我这种分析使若干读者认为我主张退回闭关时代的经济形态，于是各种"梦呓"、"幻想"等名字加到了我的身上，而忽略了我一再着重的"乡土工业变质"的主张。在这些读者看来，乡土工业必然是落后的，是手工的，是封建的，是小商品生产的。其实在动力、技术、社会关系（生产者和原料及生产工具的关系）、经济组织各方面都是可以变的，而我要提出来讨论的正是乡土工业的内容应当怎样安排，谁知道这些问题竟会这样容易的在几个时髦的名字之下被罩住了？

为了农业的收入着想

在进入乡土工业内容的讨论前，还有几个先决问题得说一下。首先是我们何必维持这种农工混合的乡村社区？在这种社区里，工业的现代化会受到限制，为了工业着想，这种方式是要不得的。关于分散在乡村里的工业在现代技术的应用上有它的限制，这一点我充分同意，下面还要提到。我的出发点却并不是"为了工业着想"，而是"为了这三万万几千万的农民着想"。为农民着想，工业如果离开了乡村，试问他们从哪条路上去提高他们的收入呢？主张工业集中在都市里的朋友们曾答复这问题："他们可以离开乡村进城来当工人。"这句话是不错的，假如都市工业能很快地把乡村人口吸收到都市里去，使留在乡村里的农民能得到完全靠土地生产来维持生活的农场，这问题自然简单了。我们且不必希望每个农家能像美国那样有四五百英亩的农场，只求增加一倍土地，每家有 10 英亩的土地，都市就得收容近 2 万万的人口。如果能这样，中国将是世界上空前的都市化的国家了。我们的资本、资源、人才各方面全够不上这条件（吴景超先生在他的《工业化过程中的资本与人口》一文中曾分析过这些条件）。于是主张都市工业的人不能不附加一个降低人口的条件了，俾佛利支先生的乌托邦里中国只该有3000万人，不到现有人口的1/10。说我提倡乡土工业是梦呓和幻想的朋友，不知道曾否考虑到大规模工业化有多少可能？

我个人也是主张减少人口的，但是我认为在事实上中国能维持现在这数目不再增加已经不是件易事。所以在我们为中国经济前途打算时，最好承认这庞大人口的事实，那也就是说，中国农场扩大的可能很小；至少还有很长的时间，我们不易脱离小农经济的基础。于是我们的问题并不是都市工业效率高呢还是乡土工业效率高？而是我们求工业的充分现代化而让80%的农民收入减少，生活程度降低呢还是求农民多一点收入，而让工业在技术上受一点限制？我的选择是后面这半句。有朋友为我“惋惜”，但是叫我怎样使人家不“惋惜”呢？中国的经济条件拉着我，插不起翅膀飞向“前进”，如果这是落后，落后的不是我的选择（谁不想一转眼中国就有美国那样多的工厂），而是我们这个古老的国家，这片这样多人耕种得这样久的古老的土地。承认限制是自由的开始，我们还得靠这片土地一步步求解放我们经济的束缚的方法，第一步就是在小农经济的基础上谋农民收入的增加。

如果都市和乡村隔得开，都市能孤立地发展它的现代工业，主张都市工业的朋友们尽可不必考虑我这种被称为“迷恋于过去”的论调。困难的是如果乡村不能繁荣，农民收入不能增加，都市工业尽管现代化得和西洋媲美，工厂里出产的货品试问向哪里去销售？工厂不是展览会，不是博物馆，没有市场就得关门。让我再问：除了给农民工业，有什么方法能有效地增加他们的收入？一个即使能做到不饥不寒的乡村，还是很少有余力来胃纳强大生产力的都市货物的。

乡土工业这个名字，我知道是不够漂亮，不够生动的，但是在这乡土中国，漂亮和生动常等于奢侈：让我冒着“落伍”的指责，再回到乡土工业上来说说罢。

电和内燃机使现代工业分散成为可能

我所谓乡土工业包括下列几个要素：（一）一个农家可以不必放弃他们的农业而参加工业，（二）所以地点是分散在乡村里或乡村附近，（三）这种工业的所有权是属于参加这工业的农民的，所以应当是合作性质的，（四）这种工业的原料主要是由农民自己可以供给的，（五）最主要的是这工业所得到的收益是能最广地分配给农民。

根据我这样的说明，就可以知道我并不主张：（一）一切工业都分散到乡村中去，（二）一定利用手工生产，（三）全在农家家庭里经营，（四）商品由各家分别出售。把这几个误会挖走后，我可进而讨论动力、技术、规模、组织等问题了。

传统的乡土工业是手工生产的，因为在传统经济中没有其他可以分散的重要动力。当工业革命开始的时候，主要的发明是蒸汽动力。用蒸汽来做生产动力，机器的位置给规定了集中在一地的形式。蒸汽所推动的引擎（发动机）和制造机之间必须有一根皮条连着，所以这两种机器愈靠得近愈经济。因之早年的工厂形式是许多制造机中间拥着一个锅炉，锅炉上是一个烟囱，正像一个火车头拖着一大串车箱，节节连住，不能脱链的。烟囱也象征了工业。货物的运输靠火车，火车有一定的站，不能零零星星地把货物运送到分散的栈房里，货物的散集必须有个中心。这样立下了现代集中式工业都市的形态，那是蒸汽动力的产物。

电力的应用把工业的区位改变了，这时代象征工业的不再是烟囱，而是蛛网形的电线。19世纪的伦敦是个黑雾的都市，现在雾并没有改它的浓度，但是煤灰减少了，雾也白净得多了。电，这个使工业能分散的动力，把工业推进了一个新阶段。美国靠了TVA这类水电工程，使工业深入了南部落后的区域。那是因为电超越了区位的限制，发电机和制造机之间无需有一定的距离。

中国乡土工业的复兴必须以这种新动力作基础。有了这种动力，我们才能依每种制造过程的性质去安排工厂的规模和位置。

我是对扬子江水利工程计划抱有巨大希望的一个人。当抗战还在进行，萨凡奇先生冒险调查了这中国经济复兴的命脉回来，宣布这难于上青天的蜀道所能供给半个中国的电力时，我觉得我的乡土复员论有了物质的基础了。这工程计划听说现在已被搁置，"扬域安"这个名词也好像已经入睡，但是只要蜀道尚存，我相信总有一天，它会向广大的乡村输入复兴的血液。只要我们有一个为中国人民生活打算的政府，这金饭碗决不会长久埋在土里的。我诚恳地希望喜欢用幻想来塞人口的朋友们，不要用同样的方法来对付这类计划，和从这计划所允许给中国人民的幸福。

内燃机的发明和在运输上的应用，卡车和公路的发达，更使货物的散集不必集中在少数据点。电话和航邮又使经营上的往来减少了密集的需要。这种种技术上的进步，使分散工业不成为幻想了。为了避免空军的袭击，英国的战时工业就尽量利用这分散原则，在工党执政之下，更注重工业落后区的复兴政策。军事的立体化促进了工业的分散化。这是当前工业区位组织变化的趋势，我想"落伍"两字在这里似乎不太能应用，除非把历史倒看。

一段历史的教训

技术的改变，不但会影响工业的区位，而且会改变工业组织的结构和财富的分配方式。新技术常会成为少数人的特有机会，造下社会新的分化形态。最近曾和吴晗先生讨论这个问题，他告诉我一段中国历史上关于水碓的故事。碾是除去谷类外皮和把谷粒碾成粉屑的过程，在农业中是一种极基本的工作。传统的技术大多用人力和畜力，但在公元3世纪中叶，司马昭当权时，已有人发明了利用水力来碾谷类的技术。这在中国经济史中是极重要的，因为传统的生产技术中，惟一被利用的无生能力就是水力。用水力代替人力，据当时估计，可以有百倍的利益。唐代高力士所有的水碓，“并转五轮，日破麦三百斛”，规模已经相当大。如果从那时起，这种技术能普遍推广，加以改进，到1600多年后的今天，中国乡村里应当可以有相当发达的利用水力的工业了。但是事实上却不然。

水碓规模大，建造时需要资本；水道不是私家的，利用水力需要权力；利益大，引诱人，争得凶，需要不怕势力的地位——这是说普通农家是没有份了。这个重要的发明，一起首就被豪门巨室所专有了。他们有钱可以投资，有势力可以占用沟渠，甚至妨碍灌溉，大发其财。《晋书·王戎传》曾说这位豪门的“水碓周遍天下”。这新的技术一方面引起了和农家水利的需要的冲突，另一方面引起了权贵间的争夺。这种专以谋利为目的的新工业，并不能和农业的需要相配合。许多本来作灌溉之用的沟渠被豪门的水碓所截袭和改道，以致影响农产。单以公元764年在长安城北白渠上拆除了的硙碓70余所说，就增加了粳稻岁收300万石(《唐会要》)。权贵中间的争夺火并，更有很多记载，从唐开始，我们看到政府一再下令拆除水碓，宋金皆著为禁令。这个新技术也就逐渐衰落，至少也不能好好利用来为人民服务了。到现在内地农村中大多数农家还是用着最简单的杵臼在舂米。我住在云南呈贡时一进南门街上就有一个石臼，时常看见有人在舂，象征着几千年中国技术的没有进步。我听了水碓这一段历史，更使我警惕，一个技术如果不能配合在人民的需要里，作为提高人民生活水准之用，被冻结还算是幸事。

我追述这段历史并不是想对现在正在采用的新动力作预言，说它也会有被冻结的一天，但是想指出如果新动力所开放出来的经济机会不分散到大多数人手上去，一样会引成豪门的独占，一样会在人民生活上引起恶果。利用新动力和新技术的人数愈多也愈能保证它不会危害社会，而得到正当的利用。这是我主张我们不应当走上西洋资本主义的路上去发展我们新工业的理由。

若干在原则上，同情我的朋友觉得怀疑的是我所主张的乡土工业因为规模小，不能大量生产，成本高，不能和西洋大工业的出品竞争，所以尽管用意很好，恐怕不太切实。关于这些问题我将在下篇里提出来从长讨论。

分散在乡村里的小型工厂

我在上篇说明了因为电力和内燃机的应用使现代工业已有分散的可能，但是这只是指一部分工业而言的，主要的是轻工业，日用品的制造工业，以及作为工业原料的农产物的加工。我所希望在乡村里发展的就是这一类工业。有朋友曾向我指出技术上的可能并不就等于经济上的值得。因为电力只解决了动力问题，内燃机只解决了运输问题，而大规模生产的利益却在分工的细密，屑物的利用，专家的雇用，管理的合理，以及利用复杂的机器，有能力作试验性的改良。这些在小规模的乡土工业中是做不到的，因之乡土工业是不经济的，不经济的事业是站不稳的。本文想就这个问题申论一下。

乡土工业的规模

批评我的朋友们心目中以为乡土工业必然是在家庭里经营的，而且和乡土工业对照的却是福特汽车工厂一类的现代工业，于是觉得把现代工业分散下乡是一件不可思议的事了。乡土工业固然也可以包括家庭工业，但是并不限于家庭工业。如果我们能利用了新的动力，乡土工业的规模也就富于伸缩性了。传统乡土工业规模之所以不能扩大，还是因为受了动力的限制。在利用有生动力（人力和畜力）来生产的手工业中，机械的应用也受到限制。在一段制造过程中要有多人合作是极困难的，因之最普通的是一个人一个单位。几个布机挤在一间房里不过是为了热闹或是为了房子不够用，从技术或经济上说是无此需要的。这也是家庭工业的技术基础。在若干手工业里也有把全部制造过程分成若干段落来完成的，纺织工业里纺和织时常分开，在织的一段里也可以把经线工作划出来。这些段落并没有必须在一个地点，甚至不必在太接近的地点经营。譬如现在云南织布中心的玉溪，纱是向昆明纺纱厂购买，经线的工作是在玉溪县城里，然后发到农家去织。有些手工业却不能这样，譬如云南易门的土纸业，舀纸和炕纸是分工的（舀纸是用帘子从纸浆里舀成纸模，然后在炕上烘干，就是炕纸），但纸模不能存放太久，所以这两部工作，虽各有专工，却得靠近在一起，形成小规模的作坊工业。

在现代工业里，用了无生动力（蒸汽力，电力等）使制造过程可以分得很细，各节制造工作间的关系也因之更密切，所以必须在一起工作的人数增加了。但是这并不是说人愈多工作效率也愈高，每种工业依它的技术的需要而决定它制造单位的规模。制造单位并不一定等于经营单位。经营单位是工厂；在一个工厂里可以有若干制造单位。这些单位可以在一墙之内，但也可以分在各地。抗战时后方的大工厂常有把各个制造单位分得很远的。

制造单位的规模是以技术来决定的。譬如在制丝工业里，缫丝的蚕茧必须在一定温度里煮过，煮茧的设备和缫丝机必须靠近在一起，而一个煮茧机里所煮的茧量却可以供若干缫丝机之用，所以一个最小的制丝单位，在现有技术下，必须包括若干缫丝机。这说明了一定的技术有一定的规模，小了会不经济。但也不是可以无限扩大的。

在重工业里大规模的制造单位是技术上所必须的，但是在很多的轻工业中制造单位一向并不很大。1928 年上海 1498 个工厂里有 1071 个（占全数 71%）是在 90 个工人之下的；有 312 个（占全数 20%）是在 30 个工人之下的。这可以说明在上海一样的都市中也并不像一般人所想像的全是福特汽车厂这样的大工业。那些90个工人之下的小型工厂假如有电力可以利用，全可建立在乡村里。如果这1000多个小型工厂分散到了乡村里，我相信比了集中在上海，对于乡村人民经济上的帮助一定可以更可观。

手工和机器的配合

有些朋友把手工业和机器工业视作相对立的，因之认为乡土工业必然是手工业，因之也必然没有前途。事实上即是在高度机械化的制造工业里，手艺还是有重要的地位，在普通的轻工业中手工的成分也常占很大的部分。在都市里的工厂很多用手工来做的部分也包括在厂内，所雇用的工人因之也显得多了。在乡土工业里这些手工的部分尽可保留在家庭里，而把需要机器的部分集中在小型工厂里。手工和机器正不妨配合起来，韩德章先生在《战时农村工业的新动向》中曾说：

> 以制糖而论，旧法榨糖，蔗汁混入杂质颇多。煮糖之际，一部分蔗糖经高温而转化，以致减少结晶糖的出量，且旧法制造白糖，只凭重力滤去糖蜜，耗费时日，仍难获纯净的产品。倘使改用机器榨蔗，用压滤机除去杂质，用真空釜浓缩蔗汁，用离心力分蜜机去除糖蜜，则上述诸困难迎刃而解。这样新式作业一样可以用小规模的设备在农村生产。战前浙江金华蔗糖合作社的联合社，曾建议筹设小规模机器制糖工厂，其全副机器设备，均可采用国产，且代价不过数千元，轻而易举。同时这种小规模的机器制糖设备还有一种长处，就是每种工具均能单独使用，可以随时同手工作业配合。如自土榨榨得蔗汁，亦可以用真空釜浓缩，人工煮制的带蜜糖，亦可用离心力分蜜机去除糖蜜。人工不足的作业，可用机器代替，节余的人工，仍可

从事其他不必需机器的工作，因此在这样的糖厂里，可以用小规模的设备，完成大规模的作业，可称一举两得。战时农村手工业的局部利用机器，已有显著的效果，如四川铜梁实验制纸工厂，采用机器打浆，手工抄纸，成绩斐然可观。因为在制纸工程中，用手工打浆，人工最费，而机器抄纸设备最昂。今以机器打浆，手工抄纸，则截长补短，恰到好处。由此类推，烧瓷程序中之舂泥部分，织帆布或麻袋程序中之打麻部分，亦可以设法利用机器，而以手工完成其余不费人力的部分。

韩先生更列举“如制造油漆、油墨、洋烛、假漆、滑润油、漆布、肥皂所需之植物油料，制炼精糖所需之土糖，制酒精所需之糖蜜（制土糖之副产），制调味粉所需之面筋，制蚊香所需之除虫菊粉等等，都可以用农村手工业的方式先行农产加工，再供新式工业原料之用。”而且“反过来看，在农村里织布、织袜、织毛线衣，以及制造熟皮器、漆器、金属器、抽纱、挑花、丝绣、毛毯、地毡、人造果汁、混成酒等等，都是以新式工业所生产的半制造品为原料，施以加工，而制成可供直接消费的制造品。可知若干农村工业借着新式工业的树立而存在。如能利用二者之特性，取得密切的联系，平衡发展，则吾国工业化的推动，必能加速。”

这是说在都市中本来挤在一厂内的手工和机器的两部分在机器工业却可以分散，机器部分集中在小型工厂里，手工部分则仍留在农家，这可以说是工厂的社区化，整个乡村可说是一个工厂，小型工厂是个核心，核心的规模可以技术的需要而规定。如果我们立一个笼统的标准，说在 90 个工人之下的规模可以普遍适合乡土环境，我们相信有很多的轻工业可以这样地吸收在乡土工业里去了。

在制造过程上，机器加工的一部分在必要时甚至可以移出乡村，成立为农家生产的原料及已经加过工的半制造品精制的服务工厂，关于这一点在讨论乡土工业的组织里还可提到，暂时搁开。

乡土工业中的成本问题

这些小型工厂在技术上说是可以建立在都市里也可以建立在乡村里，从经济上说各有各的弱点和优点。在都市里的优点是大家看得到的，主要是在经营上的便利，而且靠近运输中心，在原料及配料的获取上也比较方便。这些乡土工业可能比不上都市工业，但是这些弱点是可以克服的，那也入于我在下面将提到的组织问题的范围。乡土工业在经济上的优点却有都市工业所不易得到的。最主要的在我看来，是乡村工业中工资较低。维持同样的生活程度，乡村中所需的费用较都市里便宜。粮食和房租，也就是生活最基本的吃和住，在乡间价格较低。因之同样的劳力，在都市里的成本高。

从生活程度说，乡间也比都市低，因之乡间居民维持生活的费用也低。我这样说是就提高生活程度的过程中而说的。我们最终的目的固然在拉平城乡生活程度，但在这过程中，乡间居民还得利用他们较低的生活要求去培植他们的生产机会（在讨论乡土工业的资本问题时还要提到这一层意思）。还有一层我们得考虑到的，就是最尖锐的竞争将在输入的工业品和乡土工业产品之间。在这竞争中，在技术、组织、经营各方面乡土工业，至少在初期，必处于劣势，所以可能设法减低成本的主要因素将在工资一项。日本工业的所以能和西洋工业相竞争也就靠这一点。

我知道这里又会引起一种误会，说我在主张日本式剥削劳工的制度了，所以我立刻要说明，我这里讲以便宜劳力来减少生产成本并不指资本主义工业组织中的剥削方式，而是在劳动者自有或公有生产工具的组织中出现的方式。让我再申说一下：因为乡村劳动力便宜，所以在传统的较发达的乡土工业中曾发生剥削性的方式。譬如云南玉溪的织布业：乡民向布庄领取原料织成布匹后交回布庄，所得的工资，经我们的计算，竟低于劳动者个人所需的食粮。布庄把成本较都市出品为低的布匹出卖，得到很多的赢余。这是剥削方式。我在下面所要说明的乡土工业组织，将指出这种中间层的剥削是阻碍乡土工业的主要因素。如果把现有布庄的赢余分配给织布者，劳动者所得的收入可以增加很多。在这里我还要进一步说的，如果我们做到了这一步，乡土工业里的劳工还是不能希望能赶上在西洋劳工的收入水准，那是因为我们的技术、组织、经营方式一时决难赶得上他们。这就是说，剥削的中间商人取消了，我们还得要在较低的生活程度去和西洋工业相竞争才有希望。这就是我在《黎民不饥不寒的小康水准》一文中所说："在已经成熟的西洋侵略性的工业经济的滩头，要确立我们民族工业的阵地，在策略上大概不能避免走上复兴乡土性工业的路子"的原意。

有人可以说以便宜劳力来和西洋成熟的工业相竞争并不一定要把工业建立在乡村里。这是对的，我只想说在乡土工业中最易发挥这条件的效力罢了。我刚刚提到玉溪织布业的情形就不易发生在都市里（虽则双方都实行着剥削制度），因为在都市里工业至少要能供养工人们最低限度的生活，饭都吃不饱，工作也无法进行；在乡间，一个兼营农工的家庭，各项的收入是统筹的。我们曾问过那些织布的媳妇们，工资既然这样低，为什么还要做呢？她们的回答："反正空闲着，织织布也可以贴补贴补。"一方面这是说生产机会的狭小，使她们没有其他选择，另一方面是说在这情形下，农业正在津贴工业。我们要分析乡土经济必须从农家的单位出发，各种生产事业配合了维持这家的生存，因之使农工双方都富于伸缩性。同时也因为这种配合，农家转业的速率也低，除非破坏了这家庭结构。

如果我们民族工业的建立必然要经过一段艰难的过程，这艰难的过程中不允许担负很高的工资的话，乡土工业是最能适应这过程中的条件的。当然，我决不是说我们只从工资一项去抵拒输入工业，那是太惨了（虽则现在的情形确是这样），其他方面同时得努力，譬如国家的保护政策，包括关税和津贴；而且我们还得在技术、组织和经营上努力设法，使这艰难的过程缩短。这是下篇所要讨论的问题。

乡土工业的新形式

技术的改进是提高生产力所必须的条件，一个社会的生活程度最后也决定在生产力，但是单就技术上求改进却并不一定能提高社会上大多数人民的生活程度，因为这里还包含着一个分配的问题，那就是，从新技术中所增加的生产结果不一定能分给社会上大多数人民的。我在上面曾举出一个我们自己历史上利用水力的故事来说明新技术一旦被少数人所独占了，对于普通人民所引起的危害。这种例子其实不必在很古的历史里去寻找，我们眼前所见到的经济情况，尽够我们体悉这句话的正确性了。

在一个充分利用体力劳动的经济里，引入一种新的动力，必然会有许多出卖劳力的人失去出卖劳力的机会。这些人如果分得到新动力，或是可以得到其他不必再靠劳力（指以体力作生产动力）去谋生的工作机会，我们可以说对他们是一种解放。没有人应当主张维持体力劳动的经济，对于新技术自没有反对的理由，但是我们决不能忽视，新技术如果没有新的社会组织（尤其是分配方式）相配合，也极可能引起对人民生活上有害结果。问题不是在新技术应否采用，而在怎样可以对人民有利的应用这些新的技术。在封建性或官僚性的社会中引入新技术就很难避免水碾故事的重演。新技术所带来的生产结果怎样能最有效地分到人民大众的手上是提倡新技术的人有责任推求的问题。所以我在上篇中说明乡土工业的性质时曾在第五点里强调说：“最主要的是这工业所得到的收益是能最广地分配给农民”，在这里可以加一句：因为中国最大多数的人民是农民。

我并不愿意说主张在都市里发展大工业的朋友们一定代表少数可以独占新工业的特殊阶层的利益，所以忽略了我上述的原则。他们在发展都市大工业计划中也可以设计出一个方案来，使新工业的生产结果有一部分回到大多数中国人民所住的乡村里去的。譬如英国现在所实行的农产品津贴制度，以及由国库担负乡村住宅及其他公益事业的改良计划，另一方面厉行累积所得税，把工业里得来的生产结果灌入经济落后的乡村。那是个大循环的迂回路线，在原则上是极值得我们注意的，但是要在中国实行这种政策则还缺乏若干必须的条件。即以英国说这些也只是最近几年来社会主义的工党政府所做的事，到现在还常被保守党所反对。工党能这样做，一方面是逼于时势，亟求粮食增产；另一方面是他们的工业发达，农村人口稀少，以多济少，有此能力。中国即使有个社会主义的政府，想采取这种迂回政策，脆弱和幼稚的工业是无力担负这巨额的乡村建设费用的，而且在都市工业发达过程中，至少在初期，所不能避免的乡村失业现象，已使乡村经济枯涸和社会骚扰到超过于可以救济的范围。所以我认为我们的情势并不合于采取这迂回的路线，而应当实行更广泛和更直接的方策，那就是我在这里提出的复兴和改良乡土工业。

怎样可以使乡土工业成为增进农家收入的生产事业呢？单在技术上求改良是不够的，所以我在本文将进而讨论组织问题。

传统乡土工业的两种形式

在中国传统经济中虽有乡土工业，但是这种工业不但技术落后，而且在组织上更为原始。技术的停顿有一部分的原因就在组织的不良。让我先在这方面分析一下。

中国传统工业大体上可以分成三种性质：（一）皇家的独占工业，（二）民间的作坊工业，（三）家庭工业。举凡盐铁、军备，以及宫廷用品大部分是由官方所独占的（在此不必深论），民间可以经营的偏于日用品的制造，分别在作坊和家庭中经营；家庭工业和作坊工业是传统乡土工业的两种形式。我们在云南乡村中曾研究过这两种形式的性质，张之毅先生写过一个报告：《易村手工业》，我在这里不妨简略一述。

家庭工业，从经济功能上看去，可以说是“在农闲基础上用来解决生计困难的工业”。一个农家在从事农业之余（农业所需劳力是季候性的，平均不过100多天）利用自有的或购入的原料，制造日用品，个别到市集上去兜售。这种农夫家并没有大量资本，所以常是随制随卖，在有市集的区域里，经常的兼做运输和商人的任务。譬如易村的篾器，好像竹篮、畚箕、篾箱等等，就是以本村所产的竹料，各家各自制造了各自出售的。这是最原始的乡土工业组织。进一步有商贩到村子里来收购，然后运到别的地方在市集或商店里出售。商贩可以预先和生产者约定，先付若干定费，使生产者可以购买原料。更进是商贩供给原料，像我在上面所提到的玉溪布业。玉溪的布业里还有两种方式：通常是农家用织好的布到布庄去换纱，换得的纱再织了布去换纱，每次可以多余一些，就是工资，没有资本的农家也可以赊欠原料。后来有个大布庄为了要提高品质，制造了新布机借给农家，并且把经线的工作集中在镇里，农家妇工只供给劳力，领取按件以货币计算的工资。家庭工业发达到这布庄散集制的程度，生产者已成了和生产工具、原料、资本脱离了的出卖劳力的工人了。

家庭工业的基础是农业里的剩余劳力，乡村的作坊工业却不然，它的基础是农业里累积下来的资本。因为土地权分配的不平均，一辈拥有较大农场的人家，还是能累积资金，这笔资金如果不窖藏，在乡村中有三个利用的方法：（一）高利贷，（二）投资工业，（三）收买土地。第一项利息最高，第二项次之，第三项最少。依易村的材料说高利贷是八分四，造纸工业是六分，地租是一分三。投资工业的吸引力相当高，于是发生了作坊工业。

作坊工业是指需要特殊设备，雇用技术工人的工业，好像造纸、榨油、碾米、烧窑等。特殊设备需要资本。以易村的土纸作坊为例，以民国二十八年市价计算，每个作坊固定资本要2000元，常年开支1200元，合目前20万倍生活指数计算要6亿4000万元。普通的农家自没有染指的希望了。这种作坊是由坊主经营的，但是在技术上则雇用工匠（也有由自家的子弟学习了技艺在自有的作坊中工作，最多是坊主的亲属）按件计算工资。出品在附近的市集中卖给商贩，也有商贩到村子里来收购。

这种作坊工业本来可以看做资本主义经济的起点，但是因为原料、运销的限制，企业不易扩大，在资本方面非但股份的方式不通行，而且沿用着农田的分割习惯，在继承过程中，甚至可以割裂经营单位。我们在易村就看见兄弟各自备原料，分期利用公有的纸坊。在经营上，更谈不到合理化的问题了。

作坊工业虽则在经营上并不考究经济原则，但是比了农田却利息高得多，于是有权势的人不会放松这好处。在没有法律保障的社会里，一切有利的事业不能和权势脱离关系的，豪夺强占，使平民望而却步。较大的作坊直接间接必须托庇在权势之下，成为官僚资本的领域。倚恃权势来维持的工业对竞争是免疫的，它不必在技术上求进步，经济上求合理，只要抓住独占的机会就好了。这种工业因之也不会发展的。工业里所得到的利益集中在少数人手里，对于一般平民是无分的。不但无分，这集中了的资本如果不能吸收在工业的再生产里，横流而入土地中，成为集中土地权的魔手。因之，在这类作坊工业附近的地区，佃户的百分比也比较高。坊主通过高利贷而成为地主。那是传统乡土经济中常见的现象。

家庭工业的合作组织

从上面的分析看去，如果在作坊工业的形式中去引入新技术，对于乡土经济不但无益，甚至可以有害，因为新技术将加速上述的土地集中过程，形成更悬殊的贫富鸿沟。如果想从家庭工业的形式中入手改良，组织散漫，制造单位太小，能做的工作极少。所以我们如果要复兴乡土工业，在组织上不能不运用新的形式。我在上篇所述乡土工业的要素中曾写下第三点："这种工业的所有权是属于参加这工业的农民的，所以应当是合作性质的。"

我在玉溪研究织布业的时候，曾看到家庭工业自身演化成富于剥削性的布庄散集制度，因而想到如果布庄的所有权隶属于生产者时，生产者被剥削的情形就可以取消，同时却解决了家庭工业在购备原料，整理原料和运销成品中分别经营的困难。这里我又记起了江苏太湖沿岸一带乡村中育蚕合作社的情形来。远在20年前，江苏省立女子蚕业学校为了推广现代的育蚕技术，曾在这地区成立那种合作社。由育蚕的农家自行组织合作社去接受蚕校推广部的指导。推广部把特制的蚕种批发给合作社，在村子里选定适当房屋，培育稚蚕，称"稚蚕公育"，指导员可以依科学方法处理室内的环境，保证稚蚕的康健发育。经过了一定时期，然后在指导下分发到各家去培育。结成了蚕茧，再集合烘干杀蛹，合作运销——在经营上和玉溪的布业有相同之点，不同的是生产者在生产过程中的地位和所得的利益。布庄散集制下，生产者成了工资劳动者，而在育蚕合作社中，生产者却是整个生产过程的主体，蚕校的推广部是一个服务机关。这一点不同在经济组织上却十分重要，因为合作社的方式保证了生产者获得全部利益的权利，取消了剥削成分。

我在以前几篇乡土复员论中屡次提到知识服务的意思其实就是从这个事例里发生的。我在过去的20年来一直有机会从旁观察女蚕校推广部的工作，更亲自看到这几百个在乡村里用她们知识服务人民，使中国丝业的基础能逐渐现代化的女青年努力的情形，印象极深，使我认为这是一个极正确的道路。她们一直没有得到应有的宣扬，不像其他乡村工作者那样话多于事；不但如此，这种为人民服务的事业，在过去和当前的环境中，摧残和阻碍是经常的遭遇。日本为了要破坏中国的丝业，对此更作系统的破坏。当我去暑回乡时重见到乡村里合作社的朋友们，听见他们诉说胜利之后所有的逆境，看到这一个乡土复员的试验，已临垂危，真使我痛心。但是我在乡民对这种已证明对他们有利的工作的信心里获得了我自己的信念，如果知识能用来服务人民，中国现代化是绝对有办法的。总有一天中国会有一个为民服务的政府，这政府还得走这道路。

数千年来没有受教育机会的农民和现代技术之间必须有一个桥梁，这桥梁不能被利用来谋少数人的利益，而必须是服务性的。技术专门学校可能是最适当的桥梁，在英美也有这种例子，我在访问威斯康星大学时曾看见他们怎样参加该省农业改良工作；牛津大学农业经济研究所所长曾告诉我，他们怎样设立乡村服务站供给当地农民的咨询和研究各地的改良方案。这种机构在中国更重要，因为中国乡村里的人民和现代知识太隔膜，在组织上还得有人帮他们确立能维护他们自己利益的社团。女蚕校20年来努力的成绩是值得每一个想为乡村服务的人用来自勉自励的。

服务工厂代替作坊

话说回来，在家庭工业基础上去建立合作机构，只限于育蚕、织布业一题能在家内小单位里经营的工业。我们在分析传统乡土工业中已看见规模稍大的作坊已经脱离家庭的基础。在这种工业里我们怎样去推行合作原则呢？

女蚕校的推广部在改良制丝时也曾发生过这问题。如果育蚕的人家把蚕茧出卖，他们只能得到生丝工业中一部分的利益，可是最有利的一部分却在制造生丝。在传统方式中，乡民是自家用土法制丝，分别出售给丝商。各家分别制丝在技术上受限制，出品不易改良到现代标准。女蚕校推广部曾推广过改良土丝的机器，但是结果所生产的生丝并不能出口，因之价值不高。后来在吴江震泽开弦弓村创立了一个小型的合作丝厂。设备的资本由学校作保向银行借贷，原料由社员供给，出品直接售给出口商，利益分发给社员，丝厂里的工人来自社员家属，按日付予工资，不分红利。在组织原则上是以供给原料的生产者为主体，做到了工业利益分配得最广的原则。

这种村单位的小型工厂，设立在电力供给不到之处，技术上限制还是太大，虽则出品的品质提高了，经营上不能合理化。所以推广部又试验代缫制度。代缫丝厂依技术的需要设计它的规模，承接各地育蚕合作社的原料予以代缫。生丝出售后，扣除生产费用，把余款交付合作社。在战前这种代缫制度已经试验成功，但是几个工厂都给日本军队烧毁，有一处曾经几次有计划的破坏，因为依日本自己刊物上所述，他们十分明白这种工厂在中国经济复兴中的重要性。去暑女蚕校在万般艰难中，得到妇女指导委员会的支持，恢复了一个厂。这一个嫩苗在目前风雨飘摇中还能存在，实是一件值得珍惜的希望。

我在上篇里曾说乡土工业的规模是有伸缩性的，在技术的需要之下，可以在合作基础上成立服务工厂，把那一部分不宜分散在农家的集中到村单位的小型工厂里，再把不宜分散在村子里的，集中到中心村里为一个区域中的原料生产者服务。譬如，我们继续推广利用生丝原料的制造事业，好像织绸、织袜、织绢以及制造其他用丝的日用品，有很多又可回到农家或乡村里去，出品再集中了在运销合作社的机构中推广到消费者手里。

在我访问英国时曾见过他们全国消费合作总社的朋友，交谈之下，他甚至向我建议，中国这类生产合作社如果发达到一个程度，他们消费合作总社极愿意发生关系，直接沟通国际间的生产者和消费者，这话虽则现在说来还是太早，但是这种可能性是值得注意的。这是反国际独占的一个方案，我愿意留这一句话给将来有志于国际合作运动的人去实施。

这种合作性的乡土工业我相信在原则上大多数朋友一定能接受的，技术上的困难也是可以克服的，问题是资本哪里来？关于这个问题，却需要另篇加以讨论了。

自力更生的重建资本

我在《乡土工业的新形式》的结尾曾提到中国经济复兴的资本问题。这问题是极基本的，不论我们想建设哪一种性质的工业，都会碰到它。因为如果我们不能有效地，而且相当迅速地蓄聚资本，我们一切建设计划都是落空的。同时，在我们设想中国工业化的过程时，也得注意到，哪一种形式的工业最能达到这有效和迅速蓄积资本的目的。

资本从哪里来

我们先得承认一个不太令人愉快的事实，那就是中国是一个资本贫乏的国家，这也是说，如果我们想提高人民生活程度，想提高生产力，想改良生产技术，还得先创造一个先决条件，增加资本。所谓资本是指生产者所能利用生产工具的价值，我们说中国资本贫乏是很具体的，意思是每一个生产者平均能利用的生产工具价值很低。最近汪馥荪先生在《经济评论》发表了一篇《中国资本初步估计》，对于我们资本贫乏的情形分析得很清楚。据他的估计中国平均每人分得到的资本约值 7 英镑，和英国相比，相差 50 倍。单以就业人口说，平均每人资本约值 47 美金（约 12 英镑），和美国相比，相差几达 100 倍。汪先生曾打了一个简单的譬喻："如果美国农人每人摊到一把镰刀，那么我们只好每 100 人共一把镰刀，如果中国农民每人也分到一把镰刀，美国一个农民当然不会要 100 把镰刀的。这就是为什么我们农人用镰刀而美国农人用百倍于镰刀的收割器。"

中国农民想用收割器，我们就得出钱来买，或是开工厂来制造。哪里来这笔资本呢？资本的来源不出下列若干方式：（一）抢劫，（二）人家赠送，（三）借贷，（四）自己省出来。抢劫固然不是正当办法，我提到这个办法因为国际间还没有共守的法律和道德时，一个国家为了急于要资本，历史上并不缺乏这类例子。早一些说，西班牙劫掠美洲，规模之大，相当惊人；英国有官许海盗专门路劫海上的商船。有历史家说，这是促进英国工业革命的一个要素。近一些说，德国的拆运征服区的机器，都属这一类的行为。我并不主张我们也去抢劫资本，所以不妨把这个可能性搁开。

在国际上大规模赠予资本是极少见的，为了军事需要供给物资，或是为了人道主义供给救济品固然有，但是纯粹为了经济发展而无偿供给资本的办法还是一种理想。近似的方式是借贷。在借贷的名义下可能事实上成为赠予的例子却是有的。此外还有一种方式是国际投资，别国人拿了钱办了工厂，后来被本国人收回来。譬如美国早年的资本是由英国输入的，第一次世界大战时，美国由债务国变成债权国，它把英国人手上的美国债券和股份收买了回来。这次战争中，印度对英国也发生类似的情形。国际投资固然可以使我们在短期中获得工业化发轫期所需的大量资本，而且可以希望从利用这资本的生产赢余去清偿此项债务。但是国际投资，不论是私人的或国家的，必然有政治性的条件，至少投资国家为了要维护它的利益，必然要求受资国家政治的安定，因之这个外来的经济力也必然会成为保守现状的力量。在政治上亟需变动，社会结构正在革命阶段中的国家，只能有政治借款而不易有建设性的经济借款。政治借款的结果可以使这国家丧失主权，实质上沦为殖民地。在中国工业化的过程中，我们固然盼望国际的协助，但是决不能把国际投资作为必须的条件。

所以归根到底，这笔资本还得由自己省出来，那就是说，得在我们现有生产品中划出一部分来，不加以消费，而去换取生产工具，节约消费去创造资本。

悲观和乐观的两种看法

靠自力更生去创造重建经济基础的资本这道路走得通么？这里发生了两种不同的看法。吴景超先生相当悲观地说："中国因为大多数的人都是贫穷的，所以储蓄的力量很低。根据中国农业实验所的报告，中国的农民，有一半以上是欠债的。这些人不但没有储蓄，而且每年的消费，还超过其收入。他们以借贷的方法来补偿收入的不足，因而使那些有储蓄的人，不能以其储蓄来投资，而是以其储蓄借与他人，满足消费上的需要。在这种情形之下，如要靠我们自己的储蓄，来满足工业化的需要，不知要等到何年何月了。"

吴先生的意思是说中国以现在的生产技术所开发的资源还不够维持全部人口的最低生活水准，所以不易有储蓄。生活水准既已这样低，大部分人民还在饥寒线下，怎么能再挤得出资本来？因之吴先生认为如果要从减少消费中去求资本的形成，不能从每个人节约上想法，饥寒线之下讲节约是残酷的，而只有从减少消费者的数目上去想法。这是我对吴先生那篇文章的了解。

汪馥荪先生代表比较乐观的看法。他在上引一文中说："一个资本贫乏的国家，在它的资本蓄积初期，人民生活之必须压低，是不能避免的，这对于生活程度已经非常低下的人民，是一种极其痛苦的事。然而这并不一定不可能，人类承受痛苦的能力，往往超出人类自己的想像，尤其是这种忍受是在有一种光明的希望作支持的时候。"他接着以抗战时期后方的情形作为人类忍受能力的"有力的见证"。他说："我们在抗战期中，国家资本的损失，拿战前的币值表示，在战争的前6年就已经达到150万万元，差不多相当我们的全部资本的30%，整个战争期中资本的损失当不止此，可是我们后方的工业生产，在同一时期，期末较期初增加乃至六倍，尤其值得我们注意的，是拆开这个逐年累进的生产指数，我们发现资本物生产的上升率，比起其他个别产品，并不落后。这证明我们在生活水准日趋降低的环境里，依旧发挥蓄积资本的能力；这证明人类蓄积资本的能力，超出了人类本身的想像。”

汪先生既认为人类储蓄能力极大，在任何生活水准上都可以有储蓄，他对于人口问题的看法自然和吴先生不同了。中国的资本和土地都是贫乏的，不贫乏的是劳力，也是人口，我们累积资本的路径其势不能不指望这丰富的劳力了。换一句简单的话说，如果每个人都能有储蓄的话，人口愈多，资本积聚得也应当愈快了。

这样说来，悲观和乐观的两种看法的分歧点是在他们对于个人储蓄能力的估计不同。在我看来，储蓄能力是有伸缩性的，但是这伸缩性却系于很多社会条件，在一定条件之下却有它的限度。说中国人民绝难有储蓄未免过分，说在任何情形下都可以有储蓄也是过分。我们还得对这问题加以分析。

怎么会穷得没有资本的?

首先我们可以问的是中国农民是否所生产的只够他们维持现有生活的消费？吴先生所提到中国农民有一半以上是欠债的固然是事实，但是我们却不应忘记在农民所支出的项目下并不全是消费的。其中包含着地租、捐税和摊派。我并不知道一个在土地上从事生产的中国农民，他所消费的部分占全部支出的百分比。但是我们知道，据吴文晖先生的估计，贫雇农（平均每户7亩）占全部农民的68%。这些农户或是全部或是部分的租田经营，依一般估计全部靠卖工或租佃经营的约占全部农民的30%，部分靠租佃经营的占20%。所以有一半的农民在支出中有付出地租的一个项目，或承受极低的工资，实际上将大部分生产结果贡献给了地主，另一方面有土地而不自耕种的地主们却拥有全部耕地的26%，再加上雇工经营土地的富农的27%，我们可以说近一半的耕地是由贫雇农去耕种的。这一大片土地的生产中至少有一半并不进入生产者的消费中。这样说我们可以有一个约略的估计，就是中国土地上至少有1/4的收获在地租项目及类似的剥削制度下脱离了生产者的掌握。结果使一半的农民不够靠所剩余的一部分来维持生活，不能不借贷过活。其实他们所借来的原本是他们劳动力所生产的，只是因为分配给了地主所以不能不说是借贷了。我并不知道究竟地租中有多少在借贷名义中重返农民手上作为消费之用。但是我们可以断定的是决不能是全部，所以我们也可以断定说，就目前而论中国农民并没有全部把他们所生产的消费掉，而是有一笔可观的剩余，这笔剩余在现在的土地制度中送入了地主手上。如果中国一半以上的农民已经在饥寒线下，这地位是人造的，并不完全是自然的结果。因之，我们可以相信，如果财富不外流，乡村中还有相当积聚资本的能力。

我在《黎民不饥不寒的小康水准》一文中曾给中国的乡土经济一个简单的素描。农民从土地里得来的收入决没有能力维持这样高的地租，这就是说，这一片土地并不能单独养活地主和佃户两重人物。以往地主能从佃户身上吸收这样高的地租是因为佃户们在耕种之外另有收入，收入的来源是传统的手工业。手工业崩溃，而地租不减，结果使佃户们无法生存，造成日见严重的土地问题。贫穷的深刻化是出于乡土生产力降低，而剥削加重（土地权外流，由地租项下输出增加，捐税摊派的日增不已）双方并行的结果。这种情形如果让它继续下去，自然谈不到资本累积的问题。所以资本的形成不能不从取消那种向乡土吸血的作用入手。我在本节里所要提出来的是如果乡土能保持它的财富，原来用来供养寄生性的地主阶层的一部分，减去从高利贷中重又借贷回乡的数目，有累积成资本的可能。中国之所以穷到资本都积聚不起来，其中一个重要的原因是有着一个寄生的阶层，每年要吸去乡土生产力的1/4。我很赞成吴景超先生减低消费者数目的说法，但是我们如果要从事减少消费者数目入手来解决中国经济问题，最先应当淘汰的自是消费最多，生产最少的分子，以以往及现有的情形说，就是这占人口1/10的地主阶层。

乡土还是我们复兴的基地

汪先生所说“人类承受痛苦的能力，往往超出人类自己的想像”，自有他大体上的正确性，但是“人类自己的想像”本是一句有伸缩性的话，所以很难从这里看到人类积聚资本的能力的限度。汪先生在他“有力的见证”里提到我们在抗战时代，后方曾在极艰苦的生活中，6年里增加了六倍左右的资本物。这自是值得骄傲的成绩。但是我们也不能把这成绩完全归功于人类承受痛苦的能力。我不知道汪先生曾否考虑到抗战时沿海资本的内移和国际的协助。如果后方没有机会承受初期从别处运入的资本，是否能有此成绩，还是值得怀疑的。这怀疑并不是想否定人类积聚资本的心理要素，也就是汪先生所说“尤其是这种忍受是在有一种光明的希望作支持的时候”。

汪先生用抗战时代我们中国人民所表现积聚资本的能力来说明心理因素的重要是极适合的。因为抗战是一个家喻户晓的生存争斗。每个人考虑到生和死，主人和奴隶的选择。在忍痛还是死亡的比较，个人受罪还是子子孙孙被奴属的比较中，一个普通人是不会有太多的犹豫。我们知道人类有“甚于生”

的价值足以使人为此视死如归。但是这种局面是非常的，而且这种非常局面能维持得多久也值得考虑。每一个人固然都可以成为英雄来，但是以英雄期望于每个人是不现实的。

在一个常态的、平时的、长期的现实里，我们要希望一个人能承受的痛苦必须有一限度，那就是生存和康健。生存和康健不但是事实的需要，也是一个社会应当做到的最低水准。我说这是事实的需要，因为生存和健康是维持生产劳动的必须条件。我说这是应当承认的水准，因为我认为除了自卫之外社会没有理由要求一个公民为了别人作没有报酬的牺牲他的康健和生存。

我这样说也就包含着我们今后经济复兴的根本纲领，那就是：保证每个人能得到不饥不寒的水准，同时也要保证在这水准上的剩余能储蓄起来有效地积聚和利用成为资本。这两个纲领其实是相成的。因为在饥寒的人民中累积的资本塔尖是不稳定的。除了在战时（不是内战），一个不足以维持不饥不寒的生活的生产者不但在体力上支持不住他的生产工作，而且在心理上找不到工作的意义。“光明的希望”不能是一句口号，更不能是一个骗局。“光明的希望”之所以有光明必须在希望者有兑现的信念。

一方面要维持不饥不寒的小康水准，一方面又要积聚资本，我们有此能力么？如果保持我们原有的分配方式，我想吴景超先生的悲观论是有根据的，真是“不知要等到哪年哪月了”。这里我要回到我的乡土复员论了。我在前面已提出乡土财富不应再任其外流的主张，地主放弃土地权，使经常在乡村里无偿输出至少值农产 1/4 的财富保留在乡村里。其中一部分补足他们本来要乞贷的数目，假定有一半的农民不能有剩余，我们还可以希望有 1/8 的农家收入可能在不饥不寒的水准之上储蓄成为资本。

汪先生曾规定一个较低的目标就是增加现有资本的一倍，约值87亿美元。以中国每人每年平均收入3英镑或12美元计算，4亿农民中有2亿可以有1/4的剩余，需要14年，但是如果这资本每年能加以有效的利用，还可以复利计算，缩短到10年左右。这是极约略的估计，不过表示汪先生所谓“应该不太难筹”的实质棱角罢了。

如果我们接受这个估计，我们可以说，即在平时，没有战争的刺激，中国乡村里现有的生产力也有累积资本的能力，假如我们能使乡土财富不致无偿地外流。换一句话说，中国土地问题解决之后，我们的乡土还是一个创造复兴能力的基地。

但是问题还是在怎样能使乡土里生产者能在小康水准上把剩余节约下来作为生产的资本？这里我们还得讨论到心理的因素和社会的结构。关于这些，我将在下篇申论。

节约储蓄的保证

我在上篇里提出一种看法：如果我们能解决现有的土地问题，使占农业人口一半以上的贫雇农不必在租佃及雇佣方式中把农业生产总数 1/4 供养这占人口 10% 的地主和富农，他们从他们生产劳力结果中获得了不饥不寒的小康生活后，还应当有一部分的剩余可以作为重建乡土的资本。

这里我应当提到一种和我不同的看法。这种看法认为现有的土地制度是有助于积聚资本，如果像我所说的把地主取消了，耕者有其田，土地的生产结果平均分配之后，在积聚资本上说，恐怕更难有希望了。换一句话说，如果我们承认中国经济重建的资本还得靠自己，我们的工业还得依赖农业的津贴和支持，如果我们也承认在乡土经济里还有储蓄的潜力，问题是：在积聚资本上说，维持现有土地制度为有效呢？还是改革现有土地制度为有效？在利用资本上说，由地主去投资为有效呢？由农业生产者自己去投资为有效？还是由政府去投资为有效？谁掌握这资本对于中国重建为最有效，对于中国人民生活改善的保障最大？我在本文将就这些问题申论一下。

沙土上的金字塔

上述两种看法差别的关键是在对生产和分配相关性的认识不同。后一种看法认为分配不过是把已有的生产结果加以配别到各种生产要素上去，如果生产结果本来很贫乏，分来分去多不出什么来，还是贫乏。非但如此，如果一旦平均分配了，贫乏的程度固然可以拉平一些，但是连一个比较富裕的人都没有了。在公平原则上讲固然是“要穷大家穷”，但是在资本积累上说，这样一拉平，连仅有的一点积聚资本的能力都丧失了。贫穷也一直将贫穷下去。再进一步说，中国原来已经够贫乏了，要在贫乏的水准上积聚资本不能不压低人民生活程度，压低的结果是非常痛苦的，所以不能不出于强制。中国过去和现在许多地方的土地制度，地主征收了正产过半的地租，固然使农民生活很苦，但却是中国略具规模的一些工商业资本的来源。如果土地平均分配，耕者有其地，各个生产者把他所生产的都消费了，不是会影响到整个中国经济的资本积聚力了么？

我在上篇也承认中国自力更生的重建资本大概离不了依旧向这片已经育养了这民族几千年的土地的想法。我和上述的意见不同的是在我认为传统向土地积聚资本的方式效率太低，而且甚至可以说没有效果的。在传统的不平均分配方式中生活的农民固然被强迫减低了消费量，使他们生产的剩余增加了，但是集中到少数地主手里的财富却并不一定用在再生产的过程里，不一定成为资本。其中必然有一大部分被消耗于维持这一部分不事生产者的消费，而且是奢侈的消费。另一方面，农民生活水准降低到一个程度将无法维持生活，生活是必须维持的，于是不得不乞求于高利贷之门。这些放高利贷的却常常就是从地租里吸收财富的地主，他们经过了一道手续，又把积聚的一部分财富，送回去给农民去消费了。这一道手续却很严重。一个跌入高利贷手上的农民，很难翻身，中农变成贫农，贫农变成雇农，在农业梯阶上，一直跌下去，丧失他们生产的机会。在这机构中一般农民的生活程度往下跌，消费量逐渐减少，农家的经济不得不走上高度自给的路上。地主们即使有把他们奢侈消费后所剩余的财富用在生产事业中成为资本，生产品也流不回乡村，因为生活程度日落的农民没有购买力，所以这些资本只能促进地主阶层的挥霍。这一个现象在我们传统经济中看得很清楚。以往城镇里手艺品在品质上的成就很高，但是在数量上却被市场所限制；日用品的制造并没有机会发展成大工业。少数艺术珍品的手工业并不能吸收大量资本。在土地制度中流入地主手上的财富，经过他们消费之后所留下的，既不能吸收到工商业里去，不是窖藏起来，又得下乡去收买土地。土地权更集中，乡村无偿输出的数量也更多，乡土萧条得更快，形成一个恶性循环。

如果土地是吸不完的财源，如果农业生产者是不知饥寒的机械，上述的恶性循环可能一直维持下去。但是事实上土地是会损蚀贫乏的，生产者忍受饥寒的能力也是有限的，他们在受着报酬递减率控制下的土地上，辛苦工作的结果，所得到的除了痛苦之外别无其他时，他们会为了生活，揭竿而起。农业生产停顿还不够，这一股求生的力量溃决进入地主们用了城墙所保卫住的为他们制造奢侈品的城镇时，连他们所积聚的资本也会破坏无余。这里才暴露出用不平均分配的土地制度所形成的积聚资本机构内在的矛盾，不但效率低，而且会毫无结果的，成了一座沙土上的金字塔，最后终于没入沙土。

对以政治力量强迫储蓄的过虑

我在上节里的说法基本的根据有二：一是把乡土经济里的剩余交给地主是靠不住的，靠不住的意思是其中有大部分会被消耗掉，即使有小部分用来作生产资本，贫乏的乡土不易沾这种工业的光。二是农民忍受痛苦的能力在看不到“光明的希望”的情形下是有限度的。限度一到，他们会反抗，不但破坏了那积聚财富的土地制度，连利用这财富所变成的资本也可能一把火烧光。这些话事实上已不是理论而是我们当前的经验，问题是我们能不能在这经验里获得教训。

我同意于汪馥荪先生，在一个资本贫乏的国家，在资本积蓄初期，人民必须准备承受痛苦。我不能和汪先生同意的是人民承受痛苦的能力是无限的。我在上篇说到过这生物性的限度，就是不饥不寒的小康水准。这个限度是无论什么经济计划所不应忽视的。当我在这乡土复员论中提出这标准后，曾有不少讥笑我这种见解的，认为我是保守，落伍，甚至反动。我实在不明白讥笑我的人的根据是什么，除了这几个字看上去不够“进步”，其实我提出这标准来有两层意思，一是这应当是每个人民的权利，任何政权必须保障这最低的限度，在这限度之下生活的人有一切理由要求生活的改善。二是这也应当是每个人民在这一两代中认为满意和正当的水准，超过这水准的生活是对国民经济的危害，因为在这一两代中，中国最基本的工作是创造现代化的经济基础，这基础需要大量资本，这资本要由每个人节约聚积而成。在不饥不寒的水准之下要求人民节约是对不起人民，在不饥不寒的水准之上生活是对不起国家。

假定我们能做到了我在上篇所说的情形，现存的土地问题解决了，农村中的财富平均分配了，在提高他们生活水准到不饥不寒的程度是可以做得到，但是怎样能使他们达到了这水准就开始节约，把所剩余的投资到生产事业里去呢？我们得承认人基本上是自私的，在达到了不饥不寒的水准之后，他们的欲望并不会就满足的，达到了这水准还有余力时，自然有一个趋势就是要增加享受。增加享受本来是不错的，但是为了长期打算，我们要征服贫穷，只能把当前的享受延迟下去。怎样使人能延迟他们的享受呢？其实只有两条路，一是强迫，一是自愿。

强迫储蓄原则上本来没有什么可以反对。譬如现在的英国征收高度的累积所得税，正是以政治权力强迫储蓄的好例子。换一句话说，以政府代替地主来把握这一笔从乡土经济中得到的剩余。政府可以用财政政策保护收入较低的农民，而把小康水准上的收入征归国库，然后依政府的计划发展工业。这本是极合理想的路径，不但资本积聚得快而且利用资本的效率也较高。值得我们考虑的是中国的情形是否有实行这种路径的客观环境。

把这个权力交给政府必须先保证这政府不会滥用这个权力，而且不会比地主们更腐化。能做这个保证的不是某某少数人或少数集团的良心，而是人民一般的政治警觉性。我并不是愿意低估我们农民的政治程度，但是比较现实的说，因为曾经有几千年专制政治的传统，一下子就希望他们担负现代国家公民的责任，去监督政府的行为，似乎是不近于事实的。在人民尚没有能力来控制政府的时代，把政府的权力扩大，必然会引诱获得权力的人，滥用他的权力。所以在我看来，如果中国有一天真正走上民主的道路，使一个政府能向人民负责，受人民控制，在早期，还得设法减轻这政府的事务，减弱这政府的权力。减轻事务和减弱权力并不是说社会上的事情停顿，而是说让出很多事务和权力来给各种非政府的，直接由地方人民经营的团体去做，去负责。这个广泛的基层民主才是民主政府不致变质的保证。

我提出这个看法因为我见到用政治力量来强迫储蓄的办法很容易有流弊。目前的情形值得我们时时引以为戒。现在的政府的权力是够大了，它可以用通货膨胀的手段，征集财富，老百姓的所得可以在几天之中打了个对扣。但是人民并不能控制政府怎样去利用这笔钱。试问有多少是用到了生产事业里去的呢？就以那些国营工厂来说，究竟有多少可称作合理的投资。一个没有工业经验的国家，一上来就从国营入手是难于胜任的。

我固然相信我们中国总是会有个有效率而且民主的政府，我所希望的是我们得预防这种政府的一再变质，所以觉得不应加重这种政府的权职。

还有一点我们得考虑到的，如果人民看不到他们被政府所征收去的财富所做的事对于他们的利益，政府要强迫他们纳捐，就会发生阻力。中国在经济建设中如果利用政府收税的力量，积蓄了财富，投资于一时不易有生活上见效的重工业里，在相当长的时期中很可能遭遇类似苏联早年所碰着的困难。要广大的农民明了吃不得、穿不着、摸不到、看不见的重工业的重要性是一件极繁重的教育工作，不是轻而易举的。结果，为了要激速地工业化，要很快地得到所需的资本，不能不加强压力，在这情形中，民主的幼苗最易遏制。

一个工业落后的国家，政治程度较低的人民，很可能产生一个强有力的集权政府，用政治力量积聚资本，计划工业，等这经济基础安定之后，再讲从来没有享受的政治自由等一类在生活上比较了饥寒为次要的权利。如果这种国家能有这个机会不能不说是幸运，因为一个人民所不能控制的权力能为人民服务是一件奇迹。奇迹可以有，但不能视作当然，所以为了要保证一个权力不能不向人民服务，还得先由人民控制住这权力，这才是政治上的常轨。为了避免官僚资本和独裁政治的出现，所以我不能对以政府来强迫人民储蓄，以政府负责经营工业的路线发生戒心。

效率和储蓄的保证

我愿意偏重于自愿的储蓄。如果中国大多数的农民确已到了深具国家观念的程度，政府的“强迫”也可以成为“自愿”的。我是假定中国老百姓还是把家族看得比国家为重的事实，所以我怀疑以政府权力来推行国家经济不能不出于强迫一路。我想偏重自愿，就得把经济建设的重点放到老百姓认为是自己的家族范围之内。我并不说我们应当如此，我明白家族范围内的经济有着很大的限制，但是要老百姓宁愿忍受一些痛苦，就得就他们能看得到的“光明的希望”设法，他们所看得到的不是绕了大圈才回到自己利益的国家经济，而是比较切近他们的家族的前途。要他们储蓄就得使他们看得到所储蓄的确实增加了他们的收入，这些收入即使再用来投资，还是属于他们自己的。

说到这里，我想可以提出分配对生产的积极作用了。把分配看成处理生产结果的方式是一种静态的看法，忽视了通过心理要素所发生对于生产的影响。动态的看法必须记住生产和消费是人的行为，人的行为是有动机的，也就包括汪先生所谓“光明的希望”。动机决定生产的效率和储蓄的速率。哈佛大学工业研究所曾于第一次世界大战起开始研究工作效率的问题，继续了20多年，结果认为了解工作的意义是增加效率最基本的条件。所谓工作意义是工作者认为自己的工作是有价值的。什么才是有价值的呢？那就得依这社会的文化来决定。譬如在我们传统文化中“光耀门楣”是一种价值，那是在家族主义之下发生的。又好像美国的“比别人强”是一种价值，那是在竞争社会中发生的。这些价值标准并非一成不变，它是相配于一定的社会形态；在一定的社会形态中，要鼓励一个人做一件事，就得把这件事和这社会的价值标准联系起来。

中国乡土社会中，一直到现在，最有力的动机是“创立家业”。在一个天灾人祸不断的生活中，安全是主要的企求。中国的农民是现实的，不轻易信任人的；他们把安全的基础筑在自己能力所及的家园。他们为了要得到一方比较可靠的土地，可以劳苦终身。经济剩余的微小，又奖励了他们世代间的累积，一个勤俭起家的农户经常是要几代不懈的努力。这被自己祖先血汗所浸透的土地，在他们自有着超出于经济打算的爱护。中国这片贫乏的大地上能有这样多的人，勤俭耕植，甚至已落到了值得利用的边际以下，不能不归功或归罪于这种深入人心的意识。

我们尽管可以客观地指出这种乡土意识有很多方面已不合于现代要求，但是我们不能不承认这是客观存在的事实，而且如果我们想自力更生积聚重建资本，要求广大人民抛弃享受的欲望，勤俭节约，我想我们还得通过这传统的意识，来完成这急迫的任务。

这就是说，把土地给渴望土地的人，把生活中节约下来的财富创立他们自己能支配，能保障他们生活的资本。土地里能吸收的资本是有限的，多余下来的，并不应像以往一般的在土地权的转手上叉麻将，而得开出一条广大的投资领域，那就是我在乡土复员论中一再提出的乡土工业。资本原是生产工具的价值，我们所谓积聚资本，并不是窖藏财富，而是增加生产者所以利用的动力和工具。如果农民不必每年把一半的收获贡献给地主，而可以由自己支配时，他们很容易看到去买一头牛，添一把镰刀比多喝半斤酒、吃二斤肉为有“光明的希望”。这就是积聚资本的具体过程。由买牛买镰刀进而买织袜机、缝纫机，那就是由农业走上工业的正道。他们对于用自己血汗换来的牛和镰刀、织袜机和缝纫机的爱护必然是热烈的。他们绝不会像滇缅公路上的司机，关了油门下坡，宁愿损坏机器，牺牲旅客安全，而不肯多费几滴自己可以揩油的汽油。他们不会像许多国营工厂里的机器一般可以搁在灰尘里不加利用。那是因为“动机”不同。我们在这种分配方式中保障了工作效率，也保障了资本积聚的速率。

我并不主张我们将停留在这种家族生产之上，但是我觉得这是一个最可靠的起点，也是一个最可靠的基础。从这起点，有了这基础，我们才能通过家族合作的道路去兴办集体的生产事业。譬如各家有了缝纫机，他们就会了解联合批购原料，聘请技师，联合运销的合作社的利益。又譬如各家都有了土地，才会有集合去购买打水机的要求。集体性的生产和经营还得从每个人体悉了它的利益之后才能有基础。集体生产有了基础，乡土经济才能迈进一步。

只有在广大的农民开始有力量储蓄，开始在他们的生产事业中投资，我们才能希望有供给这些生产工具的大工业的兴起。在抗战后期我们从联总等一类机关运来了不少农业的机械，我们也在若干地方开设了制造生产工具的工厂，但是这些东西并没有有效地吸收到农村中去，那是由于计划者本末倒置的结果。一个无力投资的贫乏的乡土连送给他们的工具都使用不上的。这种教训应当使我们认清症结的所在了。

中国并不是贫乏到毫无积聚资本的能力，这能力还是在我们乡土的基层。我们可以自力更生，但是先得爱护和培植这力量，把传统损蚀这力量的土地制度改革了，更从传统勤俭的美德下手，在所得归所有者支配的奖励下，表现出这美德的实际利益。在乡土基层上着手开始积聚资本，充实生产，中国的经济现代化才有着落。这是本文所要说明的主要意见。

对于各家批评的总答复（后记）

这本《乡土重建》继续《乡土中国》，加入《观察》社的《观察丛书》。这两本集子虽则是同时写的，但性质上却属于两个层次。在《乡土中国》里，我想勾出一些中国基层社会结构的原则，接下去应当是更具体地把这结构，从各部分的配搭中，描画出一个棱角。关于这工作，我也在尝试。就是我在《观察》周刊所发表过的从"社会结构看中国"那一套，但是牵涉太广，一时还不能整理出一个样子。这里所做的其实是第三步工作，就是把这传统结构配入当前的处境里去看出我们现在身受的种种问题的结症，然后再提出一些积极性的主张来，希望有助于当前各种问题的解决。现在我把第三步的工作倒过来先做，至少是先发表了，总不免有一点乱了步骤。

其实我所规划给自己所做的工作早就超过我的能力。如果为了我自己打算，最好是等自己的思想长成了，好像树上的果子结得熟透了，再摘下来，给人家尝，不至于生涩难堪。但是我并不想这样做，反而愿意这样生涩涩的拿出来，甚至给人吐弃了也甘心，那是因为我相信，思想这个东西是社会性的，不但得之于社会，而且只有在社会中才能成长，并不能关了门让它坐大。

我承认历史上曾经有过一个时代，文字是少数人用来下酒消遣的，是一种娱乐，这个时代我想是过去了。我承认历史上也有过一个时代，文字是被视作威权的，是载道的，是经典；从文字的玩弄里，像符咒一般，可以获取权力和利益，支配别人，这个时代我想即使还没有完全过去，也快要过去了。我们现在所处的时代，文字不过是人类社会化的一种工具。我所谓社会化就是从交换经验获取共同了解以发生共同行动来达到共同生活的过程。

我们所生活的处境已经不再是孤立的、自足的、有传统可据的乡土社会。现代生活是个众多复杂，脉脉相关，许多人的共同生活。这许多人各自带着他个别的历史，怀着各人的抱负，走入这个没有人可以独善其身的场合。在这场合里，起初每个人，囿于自我的经验，都会觉得自己才是对的、正确的、应当如此的。但是每个人如果都是如此的话，共同生活也就没有了基础。你要强迫别人依着自己认为对的走，别人也在要强迫你依他所认为对的走。如果不能各自走各自的路时，局面也就僵了。这时，要维持共同生活不能不大家说个明白再走。说个明白就是把自己认为对的说出来；各人说出来的不同，于是要问什么使各人看法不同的？各人所根据的经验怎样？每个人的经验决不能是完全的，是否可以互相补充？把各人的经验会合了，是否大家可以求得一个一致的看法？——这是社会化的必经阶段。人多了，不能大家直接用嘴，用话商量，于是用笔用字来代替。文字在这里有了新的用处，它是用来表达一种经验，一种看法，一种意见，不是一种真理，更不是一种教条。

我这样说无非是想交代明白我自己写作的态度。我忠实的记录下我思考的结果，这结果是从我自己的经验和我所听到和读到的许多别人的经验和思想中所思索出来的。我把这结果用文字记录下来，也不过是供给别人思索时的参考。世界在变动，人类的经验，靠了语言的传递和文字的保留，在累积，在丰富。我不是个宗教家敢于承认自己在全知全能的上帝的启示中得到了真理；我不过是个摸象的瞎子，用自己有限的手掌去摸索我所要知道的对象，所不同的是并不敢自以为见了全象而排斥别的瞎子在同一对象上摸索所得的知识，我所希望的是许许多多瞎子所得片面的知识能加得拢来，使我们大家共有的知识能更完全一些，更丰富一些。

在这种态度之下写作出来的论文，在作者并不在说教，在读者也不应求全。目的既在讨论，讨论的参加者只有想在看到别人和自己不同的意见中去求自己看法的修正，互相尊重，互相观摩是必须的精神。

本书里所收集的论文都分别发表过。大概是因为在这些论文中所提到的问题比较上和现实生活更接近，所以引起的讨论也比较更多。这自是令人高兴的事。我写这些论文的目的本是在抛砖引玉，在各家踊跃的发表意见中使我得到许多启发。这是我不能不在这里对肯给我指示的朋友表示感谢的。

同时我也不能不承认，在相当多的读者里对于我所写出的意见有若干误会。当我读到梁漱溟先生说起："真令人怀疑：究竟写一篇文章所给人的影响，是增加了明白，还是增加了不明白？"不免深具同感。我也在答复一位朋友的信上说过："那真是使我不太明白我的文字怎样会这样的传达了和我相反的意见。我甚至想这种误会可能读者应负的责任比作者更多一点。"一个作者看到别人歪曲他的原意是件很苦恼的事。我也承认近年来言论界里确有过分"断章取义"对不起作者的批评，但是再往远处一看，也有令人兴奋之处。因为从这种热烈的讨论，热烈到感情用事，感情用事到攻击私人，我们可以看出近年中国思想界的一个重要现象，一个很好的现象，虽则好的里面不免也夹杂着不应当有的部分。

假如我们分析为什么现在写文章的人常会增加"不明白"的原因，我们可以注意到思想社会化的范围在激速地扩大中。以往那些有关于中国文化、社会、政治、经济的问题只在很小的圈子里讨论，在熟人里辩论。在熟人所组成的小圈子里，经过长期的亲密接触，读阅同样的书籍，有着相类的经验，所以他们有着一套共同能理解的名词。而且每个圈子有它自己的问题，有它自己的语言，井水不犯河水似地各自说它们自己的话。近10多年来，每个人的生活一天不如一天，最大多数的人都已到了快要无法生活下去的绝境，这时，大家对造成这绝境的各种因素不能不注意，而且大家已深切感觉到这是全国人民的共同问题，于是对于这类问题的讨论也感觉到共同的兴趣和需要。不但注意这些问题人数增加，而且参加讨论的情绪也更热烈。以往在小圈子里讨论的限制被这势力所打破了。在这过程中，许多讨论者之间的观点、假设以及所用名词的意义不免有很大的距离，文字的隔膜因之也特别表现得清楚。

如果在这过程中，我们有尽量发表意见的自由，在思想的交流里，这套文字的隔膜不难克服的。误会固然不免，但是在可以坦白的交换意见中，误会不过是要求更深了解的表示。不幸的是在现有局面中，发表意见的自由并未得到保证。限制这种自由的有政治的和物质的两种条件。政治上我们不能享受言论的自由是大家都知道的事，用不着我在这里多说。我所要指出的是言论的充分自由是民主社会的基本条件，也只有在民主社会中，人民才能真的提高他们对自身生活问题理解的水准，使他们能得到从理知里发挥出来的共同意见，产生负责任的一致行为。

我们现在不但受到因政治原因而发生对自由发表意见的限制，而且同时，物质的环境也剥夺了我们发表和获悉意见的机会。在出版界的现状里，能有机会把自己意见写下，印出，送到读者面前的作者在数量上说实在太少了。就以有此机会的作者说，他们又受到严格的篇幅限制。在一般刊物上所能发表的文章，不过从几百到几千字。作者不容易把他的意见所根据的事实和假设在这有限篇幅中尽量说明。很多误会是从这些限制中发生的。

为了迁就发表的篇幅限制，一个作者不能不把一套相关的意见切成了片断，送到读者面前。同一读者却又并不常能接触着所有的片断，结果不免断章取义。这结果实在不能完全由读者负责。

这一个充满着需要思想交流的时代，碰着这一个发表意见的机会重重受到限制的局面，文字所引起的“不明白”是必然的。我们固然要在各方面努力去解除我们身受的限制，但在限制充分解除前，讨论时参加的人也不能不尽量的体悉和谅解，避免由文字的误会而引起私人的意气。否则由误会增加歧异，讨论也反而会成为思想社会化的障碍了。

因为这个原因我在这后记里对于若干我认为是由于文字隔膜而发生的误会，不愿多提，只想就本文里没有充分说明的若干假设加以申论、补充和修改。

本书的代序是前年年底我在伦敦母校的一篇公开演讲记录。这篇演讲的听众是母校的师生，大都是英国人，因此其中的语气和措辞是以不太了解中国文化的朋友作对象而发的。但是这篇演讲却说明了我对于中国传统文化和当前社会变迁的关系的一个简略、但亦是综合的看法。在我的看法里，文化是推陈出新的，因为文化不过是一种求生的手段。生是目的，“生”而要“求”那是因为生活的维持需要利用物资，物资最终的来源是自然，所以文化是人利用自然时所采取的方法。生活、自然、文化三者都是变数。生活的基础是生物性的，温饱是生物基础给人规定下的生活最低水准，因为饥寒会使人的生命不能维持下去。但是生活却不等于生命，比生命还要多一点，那是因为人有理想，要活得更好，更有价值，在追求更有价值的生活，使人不肯停留在一种生活水准上，因而使“生活”成了一个变数。自然也是变动的，这里不但指地理上的变动，像山变成海，海变成山一类的变动，而且从自然和人的关系上说，也跟着人利用自然的知识而改变。对于印第安人，美洲的油藏并不构成和生活有关的自然部分；但是在汽车和飞机的时代油藏是一种重要的资源了。生活和自然既然都是变数，沟通二者的文化更不能不是变数了。

文化是一种手段，它的价值在它是否能达到求生的目的，所以文化一离开人使用它的处境也就不发生价值问题，自身没有所谓好或是不好。生活的要求和生活的处境既是变动的，一种手段在某一个情景可以是有效的，但这并不保证它在另一情况中一定也有效，所以文化的价值也是常会变的。在一个情景中是好的，在另一个情景却可以是不好的了。皮毛的衣服在寒带有用，在热带没有用，甚至有害。这也是说，文化的批评必须是相对的，必须从一定的情景中去说的。

人类创造文化为的是要增进他们生活的价值，他们并不会以维持文化为目的而牺牲生活的。所以拉长了看，一个对于生活没有用处的文化要素，不论是物质的器物或是社会的制度，甚至信仰的教条，决不能长期保留。一个活着的文化要素因之必然对于利用它的人有他的用处。

问题开始复杂的原因是起于在一起生活的人中间有了利益上的分化。一种文化要素可以对于社会中一部分的人有利益而对于其他部分的人没有利益，甚至有害。有利的要保持它，有害的要取消它，没有利害关系的对之无所谓。保守和改革双方因之发生了争执，这文化要素能否维持就得看双方力的消长。这是政治过程。

文化要素——包括社会制度——的功罪不能脱离它的社会背景而作定论的。譬如说当资本主义初兴起的时期，它解放了被封建社会所遏制的生产力，在这点上讲，它曾把人类的生活提高了一层。而且在资本累积之初，新生产力的利用，使在封建社会中的中产阶层得到了新的权力，使被拉住在土地上的农民得到了新的解放，所以对他们都是有利的，但是对于封建社会中特权阶层却是有害的，因为他们的特权被新的生产力和新的社会势力所取消了。这是就资本主义发展的早期历史而说的。到了资本主义成熟，又发生了新的社会分化。在独占性的企业控制之下，新技术和新组织所带来的更大的生产潜力却又被遏制了。劳动阶层的生活并不能得到可能的提高。这时资本主义对文化的发展却成了阻碍了。因之，我们对于一种文化要素的了解不能离开它的历史背景。

从它的历史背景里去分析它——这是研究文化的科学态度。再换一句话，我们得先了解每一个文化要素在当时社会中各种人生活上发生的作用；客观的叙述比了依照另一时期另一社会背景去作感情上的贬褒更能帮助我们对它的了解。

我企图从我们传统的小农经济中去指出各种文化要素怎样配合而发生作用的。这是一种想去了解我们传统文化的企图，这企图并不带着要保守它的意思。相反的，这是一切有效改革所必须根据的知识，文化的改革并不能一切从头做起，也不能在空地上造好了新形式，然后搬进来应用，文化改革是推陈出新。新的得在旧的上边改出来。历史的绵续性确是急求改革的企图的累赘。可是事实上却并不能避免这些拖住文化的旧东西，旧习惯。这些是客观的限制。只有认识限制才能得到自由。认识限制并不等于顺服限制，而是在知己知彼的较量中去克服限制的必须步骤。

文化的改革必须有步骤，有重点。我们身处在生活中充满了问题，传统文化不能答复我们要求的情况中，不免对一切传统无条件地发生了强烈的反感，否定传统的情感。这情感固然是促进社会去改革文化的动力，但是也可以使改革的步骤混乱而阻碍了改革的效力。战争中讲策略，建筑时讲设计，医学里讲诊断，文化的改革同样要用理知去规划。文化的分析是规划改革的根据。

我多年来研究的对象是中国的乡村。乡村只是整个中国社会的一部分，我从这部分的认识中得来的看法自不免亦有所偏。这一点读者必须先知道的。我决不敢说乡村之外的中国是不重要的，更不敢相信乡村可以和其他部分隔绝了去解决它的问题。我只能说在乡村里可以看到中国大部分人民的生活，一切问题都牵连到这些在乡村里住的人民。我也相信目前生活最苦的是住在乡村里的人民，所以对于他们生活的认识应当是讨论中国改造和重建的重要前提。

我研究中国乡村的原因有一大部分是出于我私人做学问的程序。我最早是读人类学的，从人类学里我发觉要去了解人类的生活，最好是先从比较简单的标本下手，所以我第一次实地研究的对象是广西的瑶民。从广西回来，我才着手研究比较复杂的乡村的乡村社区，最先是挑定我所熟悉的家乡。抗战开始后，我在云南工作，于是集中力量去研究内地乡村。从乡村的研究里，我曾想逐渐踏进更复杂的市镇社区。可是因为种种限制，我并没有如愿以偿。我所计划的街集调查并没有实行。一直到现在我还在找求机会去实地研究一个市镇。至于比市镇更复杂的都会，我还不敢作任何具体的研究计划。

但是我明白如果不了解乡村以外各种性质的社区，很容易像摸象的瞎子把象形容成四个大柱子。所以我在讨论乡土重建问题之前收了两篇有关城乡关系的论文。我更在第二篇中把我对于乡村以外各种社区的性质作一些初步的分析。这种分析在我个人的研究程序上说可能是太早，因为这里所根据的材料大都并非有系统的研究结果，而多偏于个人的印象；但是因为城乡关系这个问题曾引起过许多讨论，在概念上似乎应当加以厘正，以避免各人所用同一的名词指着不同的内容，使讨论无法进行。

我还留着“都会”性社区没有在这书里提出来详论。可是有些主张都市化的朋友常把上海这一类“商埠”和纽约、伦敦等一类“都会”合并在一起不加分别。在有些现象上它们是相同的，但是也有许多方面是不同的。我很愿意在这里，就它们不同的方面补充一说。

纽约、伦敦这类都会可以说是广大的经济区域的神经中枢。它支配着这一个区域里的经济活动。这个中心的繁荣也就代表这区域的繁荣。不同区域间的经济往来是由中枢相联系的，譬如美国内地和英国内地小镇间货物的交易，也是一种分工的表现，并不是直接的，而必须经过纽约和伦敦这类都会。同一区域内经济上的配合也靠这中枢的调排。这中枢的效率愈高，对整个区域的经济也愈有利。这是一个“城乡”相成的都会形式。

上海在这方面却和这些都会不同。它不是一个独立的经济区域的中枢，而是一个被政治条约所开出来的“商埠”。上海式的商埠（treaty-port），在它们历史发展上有它们特别的性质。它们是一个经济上处于劣势的区域向外开的一扇门。它们的发展并不像纽约伦敦式的都会一般由于它们所处的区域自身经济发展的结果。它们是由外来势力和一个经济劣势的区域接触时发生的。譬如上海它在没有辟为商埠之前不过是一个小渔村。它在原来的经济区域中处于一个极不重要的地位。但是自从成了一扇门之后，情形却完全改变了。它繁荣了，但是它的繁荣却并不代表它所在区域的繁荣，因为它是优势区域势力伸入劣势区域的一个驻足所。上海式一类商埠曾有很长的时间在政治上被划成特别区域，称作租界，甚至这租界可以是“公共”的；这并非偶然，因为它在经济上并不是中国经济的中枢，中枢像是心脏，必须是机体本身的，而租界性商埠在经济上只是一个缺口，一种漏卮。

我说商埠是一个经济缺口，目的是想指出它基本上和“城”一般是消费的社区。或者有人会质问我商业是两利的，有外货输入自然也有土货输出，否则贸易终于会停顿的。这种说法在纽约和伦敦的关系上是对的，在上海却不尽然。上海的确有东西向外输出，土货输出不足，继之以黄金白银；再不足，把将来的收入都押了出去。但是这些东西都不是上海本身、甚至它所支配区域之内的工业产品，而是以乡村里所出产的工业原料为主。如果上海这种商埠只是内外的沟通者，那也可以成了纽约和伦敦。事实上又不然，它从生产者手上拿来的输出原料运了出去，并不拿相等价值的输入还给生产者。它白拿了东西，和外国做了买卖，得到的洋货却自己消费了。

这种商埠和“城”不同的地方是在前者所消费的并不仰仗自己经济区域里的制造品，而后者的消费品还是在自己区域里制造出来的。商埠的经济作用是以洋货代替土货，在地主之外加上一种买办。“城”的主角是地主，而商埠的主角是买办。洋货固然经过商埠一直侵入到内地的城镇里，但是主要销路还是在商埠本身。由于政治上的特殊地位，给各种在内地住不下或住不舒适的人一个客栈。我说是“客栈”，因为他们是带了钱进去住的。他们的收入来源并不在商埠本身，而是在周围的乡村里。大大小小的麦管插在中国经济基地的乡村，把财富在各式各种的名目中吸收到这种商埠里来。我们只要想工业这样落后的上海能维持这样的人口，它决不可能是自足自给的，它是被供养着的，用了从乡村里的剥削出来的财富，到外国去换了工业品来，在“租界”里消费，这是“商埠”异于“都会”的特性。这是城乡相克的形式。

现代都会是现代化工业的产品，一个没有工业化的区域里不能发生纽约伦敦之类的都会的。商埠都是工业化的区域侵入另一个结构上还维持着封建性的劣势经济区域的过程中所发生的特殊性质的社区。把它看成一个普通的都会就不正确了。

我并不能在这方面多作发挥，因为我已说过，我对于这类社区还没有深切的研究，这里所说的不过是一种提示，也许可以作研究这问题的朋友们的参考。同时我加上这一小段补充，也可以对城乡社区性质分析作初步的结束。

因为我的知识偏重在乡村方面，所以我看一个问题时也不免从这方面入手。《不是崩溃而是瘫痪》是就乡村这方面说的。我在那篇论文中已明白交代清楚在都市里也许不免发生崩溃，而在乡土经济中崩溃却似乎不容易发生，会发生是瘫痪的现象。不但我这样说，而且我也说明了所谓崩溃是好像一部机器因为零件脱落而陷于停顿，是一种有类于机械性的现象；瘫痪是构成一个有机体的各个不太相关的细胞的破坏，它所给全体的影响并不是致命的，而是逐渐的，亏耗性的，有一点相类于生物性的现象。这些都是譬喻，为了比较容易表达我的意思而作的譬喻，都市和乡村的区别并非真是机械和生物的区别，只是有类于这种区别罢了。

我这篇论文是在分析乡土经济瘫痪过程，同时也部分的解释了为什么中国的经济，会在这样逆转的处境中拖得这样久，不发生像现代工业经济里所可能发生的生产停顿式的崩溃。

这篇文章引起了不少并不包含于作者原意中的联想，而且所引起的联想也因读者着眼点不同而相差很远。有些认为这样说法等于是说这种已使人难堪的局面还可以拖下去，所以是在回护既成局面；有些认为这是一种极深的悲观主义，因为瘫痪将延长下去一直到全身的细胞都溃烂才结束。别人在我描写出来的画面前作什么联想是他们的自由，我所希望的只是最好不必因为所联想到的不愉快的事，归罪到描写这画面的人。

有些朋友指出说我所描写的画面并不完全，因为旧的细胞确是在瘫痪，但是新的细胞也不断地在生长，瘫痪不是一个形容全体的确当名字，更确当一些应当是新陈代谢。因为一个大体上是乡土性的中国，单靠神经中枢的改变并不能使这躯体得到新生，必须经过脱胎换骨地一步一步，一个一个细胞的转变，旧的死去，新的发生。如果只看旧的不免充满着悲观，应当看到眼睛里去的是这新陈代谢的过程。

我想这个说法是很可能对的，可是我自己却处于正在逐渐瘫痪的过程中，我所可以描写的、分析的也只是我所自己能经验到的事实，所以偏重于被认为太悲观的画面了。读者大概不应希望我写出我所没有看到的事实。假如中国确是在新陈代谢，关于新生的一面，让看到的人根据事实去分析罢，我极愿做一个这类分析的读者。

我同情于希望能多知道、知道得更完全些的读者们，我自己在阅读别人的作品时也是这样的。但是我也希望读者能就作者所说的话去批评，而不必从“没有说的话”去表示不满。如果能就作者没有说到的部分加以补充，那是最理想的，也就是我在这后记的开始时所说到的希望。如果因为作者有些话没有说而就加以种种有关作者私人用意的猜测，对于增加对问题的认识的一点上是毫没有帮助的。

我认为应当鼓励的是每个人根据他自己所看得到的说话，各人都能这样，则经验可以加得起来，使每个人都能在讨论中增加他的知识。事实上，没有一个人能看得到全局的，重要的是在不要排斥任何现实的材料，把部分的逐渐能综合起来。

《基层行政的僵化》是我想从政治的角度里去认清我们乡

土社会的结构的企图。在发表这篇论文之前，我在《观察》周刊开始了那个“从社会结构看中国”的系统，第一篇就是《论绅士》。我挑这个对象入手是因为这是个比较上没有被人注意，而在中国传统结构里相当重要，也相当复杂的部分。这篇《基层行政的僵化》想指出传统绅权解体之后所发生的僵化现象。这篇论文很快地得到了反应，其中有一部分认为我在提倡绅权的恢复，这和我原意不合的，我是主张用另一套的政治机构来代替绅权的，所以在《再论双轨政治》中申论了一番，说明我所希望的是民主的建立；但是为了要说明知识分子下乡服务的重要，所以提到我在英国乡间看到的情形。接着说，如果这些人也能包括在绅士一流人物中，则我确对他们寄托着希望。有些读者对于假设词没有注意，不但断章，甚至断句去念，把假设词取下了，自以为可以用来作为我在提倡绅权的证据了。其实如果肯耐心把全文细读一遍，我很相信可以不致得到这种结论的。

我觉得要了解中国传统的政治结构应当注意四种不同权力间错综复杂的关系。这四种权力是皇权、绅权、帮权和民权。皇权这名词曾引起过问题，因为皇字在历史上可能只可指秦统一之后的中央统治权力。我想指的对象却要包括秦统一以前一直到现在那种不向人民负责的政府权力。在《论师儒》一文中，我用了“皇权”一词来说秦以前这种权力，但曾经朋友指出，“皇权”这名词这样用法是和历史不合的。我曾想用“君权”一词来代替“皇权”。但“君权”一词似乎又带着最高当局个人的权力，并不能包括和他共同执行、甚至分享统治权的许多不同的分子。君和臣是相并立的两词，不易用君字包括臣字。用“皇权”一词却可以包括得广一些。

皇权本身是个复杂的结构。譬如说，汉代的皇权中可以分出：皇帝、重臣、皇室、宫廷、外戚、宦官和官僚，官僚中还有文武的分别。这许多部分间有着他们共同的利害，但同时也包含着矛盾，皇权的重心跟着有变动。如果我们根据这一段历史加以分析，也可以找出一个变动的过程，有着可以理解的程序。

提到这些话是要说有时一个概念要找到一个确当的名词去表示它是很困难的。我所要表示的是一个不限定于哪一段历史现象里表现出来的权力形态，而我们所用的那套名词却都带着历史意味的。所以我在没有找到比皇权更好的名词前，只能在这名词之下加上一个括弧，说明这种权力并不是一定指统一的中央权力，凡是根据武力取得和以武力维持的统治权力都可以归在我这里所谓“皇权”的一类里。如果有人能想出这更确当的名词，我是最先愿意放弃这名词的人。

在上述的四种权力中，在传统社会中，民权是最不发达，不发达到有人认为并不存在。他们认为前三者交横错综地统治着基层的人民，一切决定众人有关事件的权力都集中在统治者手上，人民是一层没有自身组织的被统治者。我的看法稍有不同。我承认民权很不发达，但是在基层上还有着并不由上述三者权力所顾问的领域。这领域我在写这几篇论文时笼统地留给了民权。后来我因为既有朋友提醒了我，我不能不再细细看看这领域里的复杂情形，于是在《乡土中国》里申引起四种不同性质的权力来：横暴权力、同意权力、教化权力和时势权力。民权的意思应当属于同意权力的性质，但是在中国基层的宗族和地方组织中，同意权力的活动极有限，主要的却是教化权力。因之我用民权一词去指上述皇权、绅权、帮权留下的领域并不太确当而且因之发生了疑问。我在这里还不能理出一个更明确的看法来答复这疑问，只愿意用这个例子来说明讨论的重要和用处。我们对于现实的认识就是这样一步一步深入进去的。我愿意和大家一同切磋，交换意见。但是对于有些人因为一两句话不合他们的感情，根本把问题取消的，则觉得是件憾事。

在我那几篇论文中引起最多的讨论的是绅权的性质，这是个值得从长商榷的题目。我很想接着本书再编出一本《中国社会结构讨论集》，把各家的讨论收集起来作为深入研究的开端，所以在这里不必多作申论。简单地说，对于绅权的性质有两种看法：一是认为绅权乃是皇权的延长，它是皇权统治人民的一种机构，绅和官是一体。另外一种看法是绅权和皇权来源不同，绅权是社会经济的产物，握有传统的势力，而皇权却是靠武力获得的，建立在武力上，因之皇权和绅权可以发生冲突的。在中国历史上，这两项势力常常发生争执，因之也时有相对的消长。在一个时间，譬如六朝门第制度坚强时，皇权固然可以用武力来夺取，但支配社会标准的势力却握在帝皇所无可奈何的绅权手上；门第制度的破坏可以说是皇权打击绅权的胜利。科举发达，加强了皇权对绅权的控制，皇权的集权性也随之加强。这时，绅权退取消极的守势，利用官僚机构消极地怠工以软禁皇权，自求逃免专制权力的压迫。这一种看法我在《论绅士》一文中曾发表过。

这两种看法可能只是各有偏重，前者偏重于皇权和绅权合作以对付其他势力的现象，后者偏重于皇权和绅权二者的矛盾性。我认为二者都有事实根据的，至于哪一方面比较重要，也得看在哪种情况之下来决定。至于把绅权的来源归于皇权，我却并不同意。发生这种印象的是因为在法律上说皇权是全能的，可以高于一切的。其实法律本是皇权所颁布的，从这方面看去，当然看不见其他权力的存在了。我们应当注意不是这些表面的法，而是权力实际的运用，法不过是权力运用中的一个工具。实际上皇权是否全能的呢？这里引起了权力的限制问题，也是我在《再论双轨政治》中所要讨论的主题。

我认为一个毫无限制的统治权力是不可能长久存在的。名义上尽管有绝对的权力，但在实际上却是不能维持的。所以我认为一个政治机构，要能维持，不能只有自上而下的一条轨道。能维持的政权必然是双轨的，就是说在自上而下的轨道外还要有一条自下而上的轨道。有形的双轨政治就是现代的宪法和民主。宪法限制了政治权力，民主加强了自下而上的轨道。在我们传统结构中并没有宪法和民主，有形的双轨并不存在，于是我要问，传统结构有没有自下而上的轨道？这轨道的效率如何？这里我看到绅权的作用。我说绅权有着自下而上的轨道的意味，但并不就是说这是民主的，绅权并不是民权，这点我早已说明过。

绅权既不是一条康庄的自下而上的政治轨道，中国专制的皇权怎么会维持得这样久的呢？于是我又提出“两道防线”的说法，意思是说自上而下的轨道如果不四通八达，轨道上的车子也开不快，自下而上的轨道也可以不一定要浚导开阔了。这两条轨道是相配的。

我所提到的两道防线是“无为政治”和“绅权缓冲”。我所谓无为政治并不是指像现在的英皇一般在宪法上的无能，而是指事实上的无能。这里还得立刻指出，历史上并非没有大有作为、能力强的皇帝，但是有为的结果却在单轨上开快车，促起人民的反抗而终归消灭。这道防线是无形的，所以有时可以是无效的，但是受到历史教训的皇帝，为了要保持自己的统治，却得承认无为是一种自保之道。这道防线和第二道防线是相关的。一个用武力得来的皇位，固然可以用武力防止别人来夺取它，但是却不能凭武力来推行政务。于是发生了一个庞大的官僚机构。皇权固然希望这机构成为自己的爪牙，但是要使爪牙能统治天下，就得给他们足够的武力作支持，而在这一个交通困难、幅员辽阔的天下，有了武力的爪牙，很可能就是要

“取而代之”的人物。皇权要自固，武力必须独占。这里发生了皇权自身的一种矛盾，在中国历史上有着不少从这矛盾里闹出来的变动局面。为了要独占武力，又要能统治天下，皇权和绅权妥协了。官僚机构成了两种权力的重叠地带。

皇权和地方权力的绅权妥协，从皇权本身说是受到了事实上的限制。名义上皇权是无限的，但是“天高皇帝远”中间夹着“官僚——绅士”这一层，使人民并不直接和“政治老虎”对着面。

这两道防线是消极性的，而且在一个有为的皇帝面前可以不发生有效的作用。这和用宪法民主一类积极方面去限制皇权不同。

至于有人以为我在提倡绅权，那是他们的“以为”，我觉得大可不必辩白的。我在原文中已屡次说传统机构已经不合当前的情况，我亦曾强调说无为政治是做不通了。虽则我也认为在一个民主政府实现的初期最好不要太集权，太集权可能会使这种政府又变质。但是我承认事实上为了经济复兴需要的强迫，这个政府不能太不管事。这里要取得怎样一个平衡，我自己还没有答案。但是可以说的，政府权能的增加必须在人民控制得住的范围之内。如果要加强政府权能，必须先加强民主的机构，那也就是说，政治双轨同时加强。集权的中央必须是向人民负责，而且要直接负责。那是说行使政权的职位必须由直接代表人民的组织决定它们的存废去就。

简单地说，我所希望的是：皇权变质而成向人民负责的中央政权，绅权变质而成民选的立法代表，官僚变质而成有效率的文官制度中的公务员，帮权变质而成工商业的公会和职业团体，而把整个政治机构安定在底层的同意权力的基础上——这是我所希望的转变，至于怎样转变得过来，我一时还不能直接加以答复。

在这里可以附带提到的是：在这几篇论文中，帮权这个对象不但没有分析，而且也很少提到它。我自己对这方面的知识实在太少，很希望有朋友能向这方面深入研究，那是要了解中国社会整个结构时所不能少的部分。

从基层乡土着眼去看中国的重建问题，主要的自是：怎样把现代知识输入中国经济中最基本的生产基地乡村里去。输入现代知识必须有人的媒介。知识分子怎样才能下乡是一个重建乡土的一个基本问题。现在的情形却正是相反，乡土社会中一批一批地把能有机会和现代知识接触的人才送走了，为此我写下了《损蚀冲洗下的乡土》。接着这一篇分析之后，我开始提出“乡土复员论”。

在我看来，乡土重建有一个前提就是要解决土地问题。为了要说明土地问题的严重性，我提出了一种看法：中国的土地制度在传统经济中其实早已伏下了病根。我们的土地已有大部分只能生产仅足维持劳动者生存的报酬，它们已到了利用的边际上，实际已不发生经济地租。这种土地应当是租不出去的，因为如果这土地的收获中交出了一半作地租后，所剩余的不够养活在这土地上的劳动者了。但是在中国乡村里，这类土地却还有人承租，原因是租这种土地来耕种的人并不完全靠土地上的收获来维持生活，而利用农业里多余的劳力从事各种手工业，增加收入。单从土地利用上看是不值得租种，但是在农家经济上说，租了田地来种，多少可以得到一些收入，和其他收入合并了，足以维持生存。从整个乡土经济说，那是手工业津贴了土地制度。

农工混合的乡土经济才能维持住传统土地制度，也维持了地主的收入。我接着指出西洋工业的侵入，打击了手工业，把中国乡村逐渐单纯农业化了，这时，土地不能同时养活地主和佃户的事实暴露了，形成日益严重的土地问题。

我这项分析是同时顾到了引起土地问题的和外来的两方面的因素，但是有些读者不知怎么会看出题外的枝节来，甚至有说我不明白地租的意义，也有说我抹煞历史事实等一类的话。既有这类批评，我只有承认原文中大概有词未达意的地方，所以重复说了一篇。至于断章断句地说我在维护地主利益等一类话，我只有信托公平的读者自己的断决，在这里用不着辩白了。

构成当前土地问题的内外两个因素，是必须加以应付的。一块不能同时养活地主和佃户两重人物的土地上要能续继生产，只有让耕者去享受这土地上的出产，这是惟一的办法；换一句话说是"耕者有其田"。这已是句老话，至于怎样能实现这目的，其实也不出下面几个可能性：地主自动放弃地租。放弃可以是有赔偿的，可以是没有赔偿的；有赔偿的话赔偿的数目决不能影响到耕者的温饱水准，不然也就等于没有放弃地租了。地主如果不自动放弃地租，而事实上，当前的情势已无法维持，则只有走上被迫放弃的一路。放弃的程度可以是一部分的，可以是全部的。要希望地主有远见，在没有受到压力就自动放弃特权是不容易想像的，问题是要用多少压力才能使地主明白非放弃不可了。决定这问题的因素很多，其中一个因素是要看原有靠地租生活是否能在转变到生产事业里去，不一定要和传统土地制度共存亡。我提出地主阶层的子弟转变的问题曾被那些以为我在维护地主利益的批评者发生了误会。我愿意明白地说，我所着眼是地主这个制度，要取消的是制度，不是那批人，人可以转变到别的社会层里去的。要减少改革制度的阻力就得对那些人的生活有个合理的安排，最合理的安排就是使原来不事生产的，现在也加入生产了。

土地问题的解决，可以减少寄生在土地上的一层人物。但是只从这分配上着手，我们并不能希望对生产上有太大的促进作用。要提高乡村里的人的生活程度，还得开源，增加收入，在这里就得应付引起土地问题的外来因素，重建西洋工业所摧残的乡土工业了。

乡土工业这个名词是我在这一个系统的论文中造下的。最初我常用手工业这个名词，譬如在讨论《人性和机器》这本小册里就用了“中国手工业的前途”作为副题。乡土工业在以往确是等于手工业，而我的意思却在希望乡土工业的技术基础由手工而变成机器，因之在名词上引起了许多混淆。有人认为我提倡手工业而反对机器，有人说我“留恋”于过去。为了免除这些混淆我才采用这乡土工业一词。乡土工业可以是手工的，也可以是机器的；可以是家庭性的，也可以是工厂性的。重要的是在这种工业并不隔离于乡村，在原料、劳工、资本等各方面以乡村的来源为主。

我屡次说乡土工业是我们在打算重建中国经济时应当注意的一项。这也说明了我并没有说一切工业都要分散到乡村里去。这是不可能的。任何人都能明白，一个炼钢厂不可能化成乡土工业的。但是许多批评者，我不明白为什么原因，一定要咬定我在设想一个全盘乡土性的经济，这样咬定之后当然很容易加上一个幻想的帽子，而把怎样去推进乡土工业的问题轻轻取消了。

我也并没有认为乡土工业可以单独发展。乡土工业要变质，就得有许多机器，而且在动力上，需要电力的供给。在这里又有人反过来认为中国电气化是个幻想，说是幻想，又可以把变质问题取消了。在我看来乡土工业的转变并不是突然也不一定是彻底的。重要的是在增加乡民的收入，增加一点是一点，愈多愈好，愈快愈好。有多少可用的机器就用多少，有多少可以引入的现代知识就引进去多少。

这里当然还有许多值得研究的问题，那就是在有限的资本下，重工业和乡土工业之间应当维持什么样的比例？重工业的经营应当采取什么方式？我对于这问题的看法，在最后两篇里曾经间接暗示了，如果工业建设的资本得由广大农民节约储蓄出来，最有效的办法是让这些资本直接由积聚者投在他们可以看到的乡土工业里。至于重工业的建设依实际情况说总得由政府去经营，如果政府不能把握住一笔大的资本（不从豪门积聚的财富里征收得来，就得从国际借款上想法），就得慢慢靠人民的节约储蓄。现在这样贫乏的状况里要很快地拥出大笔资本，很难会不遭受反抗的。在我看来，一个要能受人民拥护的政府，经了这多年的战争，必然得先做到与民休息，培养元气的最低标准，那就是说不再增加人民的担负；不但不增加人民的负担，而且得很具体地增加人民的收入，看得到的收入。在这创痛之后即刻强制人民去为国营工业积资本，在政治上看去，是件冒险的政策。所以我倾向于先发展乡土工业的意思，然后用这种工业里所创造出来的资本去发展较大规模的重工业。简单说，我们得从土地里长出乡土工业，在乡土工业长出民族工业。这条路线是比较慢的，但也比较稳的。

在确立乡土工业的过程中，政府有很多事可以做，而且必须做的。现代技术的下乡不能不由政府出来推动。我在上面所提到知识分子下乡的困难，就因为乡村里缺少可以应用现代知识的事业。在种种能应用现代知识的事业中，最基本的是生产事业，而生产事业中最容易有效的是工业。

以往种种乡村建设的尝试，似乎太偏重了文字教育、卫生等一类并不直接增加农家收入的事业。这些事并不是不重要，但是它们是消费性的，没有外力来资助就不易继续。要乡土在自力更新的原则中重建起来，一切新事业本身必须是要经济上算得过来的，所以乡土工业可能是一种最有效的入手处。

我们有理由想到如果乡土工业不过是一种中国工业化的过渡步骤，这个步骤会不会阻碍中国高度工业化的发展。换一句话说，如果我们投了资在不太有效率的乡土工业，而到后来这些工业还是要被大规模工业所代替的话，这笔资本不是投得冤枉了么？我觉得事实上虽则有此可能，但是并不会太严重的。第一是在许多轻工业大规模生产的利益并不一定是显著的，而且乡土工业并不限于家庭工业，有许多乡土工业，开头就可以用村子或区域作设计的单位。每种工业有它适中的规模，需要我们研究和试验。第二乡土工业本身是可以演进的，投资的数量既然小，设备的利用在较短期间就可以出本，所以改良和扩大并不会招致过甚的损失——我在这里只能就原则上作些提示，事实上非在实际情况中不能答复这类问题。

如果说我这种想法是幻想，倒不如说我这种想法太迁就了事实。所以我在社会学年会讨论这问题的开始曾这样说："如果原子能征服了月球，吴景超先生和我一同去设计一个建设月球的方案，我相信我们不会有什么不同的意见的。每个人所想像的天堂离不了树上长满葡萄，河里淌着牛乳那一套。可是我们现在要应付的是吴先生描写在《劫后灾黎》一书里的中国。"

话又说回来，我这本《乡土重建》能完全不成为一个幻想么？我不敢说，因为现实告诉我们，我们讲"重建"还太早，洪流正在冲洗，《劫后灾黎》的"后"字还用得不太切当，乡土要重建必须有一个前提，那就是有一个为人民服务的政府。这个前提如果不存在，这一套讨论重建问题的话也都不发生直接意思了。我这套话也可以说都是白说的。但是我也不能想像中国永远能这样下去，有一天重建乡土的前提存在了，我这里所提出的问题还是要我们细细研究的。所以我觉得这套意见还是有用的。也许早一些把这些问题着手研究，到重建的时候到来时，不致完全靠一时的冲动去应付，而遭受许多不必要的损失。而且，像我这样的书生，除了这种工作之外，还能有多少为国家服务的机会呢？为了这个原因，我还是写下了这许多字，而且还要把它印成小书，贡献给读者作思考时的参考。

最后，我得感谢王芸生先生，他鼓励我把这套意见写出来，更给我机会在《大公报》上陆续发表，而且还允许我把这些已发表过的论文编成此书，在《观察》社出版。其中有一篇《论城·市·镇》曾在《中国建设》发表过，在此也附带向编者道谢。

我本来的计划是把各家对这套论文的批评一起编入，成为一本讨论集。为此我曾经分别得到了许多原作者的同意。但是编就一看，分量太重，在印刷和出版的条件下，不能不放弃这计划。让我对许多曾经给我指教，又允许我重印他们批评的朋友们表示我的感激。

1948年6月19日于清华胜因院